한국사상선　25

나혜석
염상섭

개성의 해방과 문명전환

창비 한국사상선 간행위원회

백낙청(위원장, 서울대 명예교수)

임형택(성균관대 명예교수)

최원식(인하대 명예교수)

백영서(연세대 명예교수)

박맹수(원광대 명예교수)

이봉규(인하대 교수)

황정아(한림대 교수)

백민정(가톨릭대 교수)

강경석(『창작과비평』편집위원)

강영규(창비 편집국장)

창비 한국사상선 25

나혜석·염상섭
개성의 해방과 문명전환

초판 1쇄 발행 / 2026년 2월 20일

지은이 / 나혜석 염상섭
편저자 / 강경석
펴낸이 / 염종선
책임편집 / 박주용 박대우
조판 / 황숙화
펴낸곳 / (주)창비
등록 / 1986년 8월 5일 제85호
주소 / 10881 경기도 파주시 회동길 184
전화 / 031-955-3333
팩시밀리 / 영업 031-955-3399 편집 031-955-3400
홈페이지 / www.changbi.com
전자우편 / human@changbi.com

ⓒ 염홍익 강경석 2026
ISBN 978-89-364-8119-3 94150

한국사상선 25

나혜석
염상섭

강경석 편저

개성의 해방과
문명전환

창비
Changbi Publishers

창비 한국사상선 간행의 말

　나날이 발전하는 세상을 약속하던 자본주의가 반문명적 본색을 여지없이 드러내며 다수의 삶을 고통으로 몰아간 지 오래다. 이제는 인간 문명의 기본 터전인 지구 생태를 거세게 위협하는 시대에 이르렀다. 결국 세상의 종말이 닥친다 해도 놀랄 수 없는 시대의 위태로움이 전에 없던 문명적 대전환을 요구한다는 각성에서 창비 한국사상선의 기획은 시작되었다. '전환'이라는 강력하게 실천적인 과제는 우리 모두에게 다른 삶의 전망과 지침이 필요하며 진망과 지침으로 살아 작동할 사상이 절실함을 뜻한다. 그런 사상을 향한 다급하고 간절한 요청에 공명하려는 기획으로서, 창비 한국사상선은 한국사상이라는 분야를 요령 있게 소개하거나 새롭게 정비하는 평시적 작업을 넘어 어떤 비상한 대책이기를 열망하며 구상되었다.

　사상을 향한 요청이 반드시 '한국사상'으로 향할 이유가 되는지 반문하는 이들도 있을지 모른다. 사상이라고 하면 플라톤 같은 유구한 이름으로 시작하여 무수히 재해석된 쟁쟁한 인물과 계보로 가득한 서구사상을 으레 떠올리기 때문이다. 우리가 겪는 위기가 행성 전체에 걸친 것이라면 늘 그래왔듯 서구의 누군가가 자기네 사상전통에 기대 무언가 이야기하지 않았을까, 그런 것들을 찾아보는 편이 더 효율적이지 않을까 하는 생각은 사실 오래된 습관이다. 더욱이 '한국사상'이라는 표현 자체가 많은 독자들에게 꽤 낯설게 느껴질 법하다. 한국의 유교사상이라거나 한국의 불교사상 같은 분류는 이따금 듣게 되지만 그 경우는 유교사상이나 불교사상의 지역적 분화라는 인상이 강하다. 한국사상이 변모하고 확장하면서 갖게 된 유교적인 또는 불교적인 양상으로 이해하는 방식은 익숙지 않을 것이기에 '한국사상'에 대한 우리의 공통감각은 여전히 흐릿하다고 말할 수 있다.

하지만 이런 사정이야말로 창비 한국사상선 발간의 또 다른 동력이다. 서구사상은 오랜 시간 구축한 단단한 상호참조체계를 바탕으로 세계 지성계에서 압도적 발언권을 유지하는 한편 오늘날의 위기에 관해서도 이런저런 인식의 '전회turn'라는 형식으로 대응하고 있다. 그럼에도 그 위상의 이면에 강고한 배타성과 편견이 작동하고 있음을 지적하는 목소리가 높다. 무엇보다 지금 이곳 — 그리고 지구의 또 다른 여러 곳 — 의 경험이 그들의 셈법에 들어 있지 않고 따라서 그 경험이 빚어낸 사상적 성과 역시 반영되지 않는다는 느낌은 갈수록 커져왔다. 서구사상에서 점점 빈번해지는 여러 전회들이 결국 그들 나름의 뚜렷한 한계 안에서 이루어지는 뒤집기 또는 공중제비에 불과하다는 인상도 지우기 어렵다. 정치, 경제, 문화 등 여러 부문에서 그렇듯이 이제 사상에서도 서구가 가진 위상은 돌이킬 수 없이 상대화되고 보편의 자리는 진실로 대안에 값하는 사상을 향한 열린 분투에 맡겨졌다.

그런가 하면 '한국적인 것' 일반은 K라는 수식어구를 동반하며 부쩍 세계적 이목을 끌고 있다. K의 부상은 유행에 민감한 대중문화에서 시작되어서인지 하나의 파도처럼 몰려와 해변을 적셨다가 곧이어 다른 파도에 밀려가리라 생각되기도 한다. '한류'라는 지칭에 집약된 이 비유는 숱한 파도가 오고 가도 해변은 변치 않는다는 암묵적 전제에 갇혀 있지만, 음악이든 드라마든 이만큼의 세계적 반향을 일으킨다면 해당 분야의 역사를 다시 쓰면서 더 항구적인 영향을 남길 수 있다고 평가받아야 한다. 중요한 것은 이제 한국적인 것이 무시 못 할 세계적 발언권을 획득하면서 단순히 어떻게 들리게 할까가 아니라 무엇을 말할까에 집중할 수 있게 된 점이다. 대중문화에 이어 한국문학이 느리지만 묵직하게 존재감을 발하는 이 시점이 한국사상이 전지구적 과제를 향해 독자적 목소리를 보태기에 더없이 적절한지 모른다.

그러기 위해 한국사상은 스스로를 호명하고 가다듬는 작업을 함께 진행해야 한다. 이름 자체의 낯섦에서 알 수 있듯 한국사상은 그저 우리 역사에 존재했던 여러 사상가들의 사유들을 총합하는 무엇이 아니라 상당 정도로 새로이 구성해야 하는 무엇에 가깝다. 창비 한국사상선은 문명전환을 이룰 대안사상의 모색이라는 과제를 중심으로 이 작업에 임하고자 했는데, 이는 거꾸로 바로 그런 모색이 실제로 한국사상의 면면한 바탕임을 발견하는 과정이기도 했다. 여기 실린 사상가들의 사유에는 역사와 현실을 탐문하며 새로운 삶의 보편적 비전을 구현하려 한 강도 높은 실천성, 그리고 주어진 사회의 시스템을 변혁하는 일과 개개인의 마음을 닦는 일이 진리에 속하는 과업으로서 단일한 도정이라는 깨달음이 깊이 새겨져 있다. 이 점은 오늘날 한국사상의 구성과 전승이 어떤 방식으로 지속되어야 할지 일러준다. 아직은 우리 자신에게조차 '가난한 노래의 씨'로 놓인 이 사유들을 참조하고 재해석하면서 위태로운 세계의 '광야'를 건널 지구적 자원이자 자기 삶의 실질적 영감으로 부단히 활용하는 실천을 통해 비로소 한국사상의 역량은 온전히 발휘될 것이다.

창비 한국사상선이 사상가들의 핵심저작을 직접 제공하는 데 주력한 이유도 여기에 있다. 학구적 관심이 아니라도 누구든 삶과 세계에 대해 사유하고 발언할 때 펼쳐 인용하고 되새기는 장면을 그려본 구성이다. 이제껏 칸트와 헤겔을 따오고 맑스와 니체, 푸꼬와 데리다를 언급했던 만큼이나 가까이 두고 자주 들춰보는 공통 교양서가 되기를 기대한다. 그러기 위해 원문의 의도를 훼손하지 않는 범위에서 되도록 오늘날의 언어에 가깝게 풀어 싣고자 노력했다. 핵심저작 앞에 실린 편자의 서문은 해당 사상가의 사유를 개관하며 입문의 장벽을 낮추는 역할에 더하여, 덜 주목받은 면을 조명하고 새로운 관점을 보탬으로써 독자들의 시야를 넓혀 각자 또 다른 해석자가 되도록 고무한다. 부록과 연보는 사상가를 둘러싼 당대적·세계적 문맥을 더 면밀히 읽는 데 도움이 되고자 한다.

사상선 각권이 개별 사상가의 전체 저작에서 중요한 일부를 추릴 수밖에 없었듯 전체적으로도 총 30권으로 기획되었기에 어쩔 수 없이 선별적이다. 시기도 조선시대부터로 제한했다. 그러다 보니 신라의 원효나 최치원같이 여전히 사상가로서 생명을 지녔을뿐더러 어떤 의미로 한국적 사상의 원류에 해당하는 분들과 고려시대의 중요 사상가들이 제외되었다. 또 조선시대의 특성상 유교사상이 지나치게 큰 비중을 차지한 느낌도 없지 않을 것이다. 하지만 조선의 유학 자체가 송학 내지 신유학의 단순한 이식이 아니라 중국에서 실현된 바 없는 독특한 유교국가를 만들려는 세계사적 실험이었거니와, 이 시대의 사상가들이 각기 자기 나름으로 유·불·선 회통이라는 한반도 특유의 사상적 기획에 기여하고자 했음이 이 선집을 통해 드러나리라 믿는다.

조선시대 이전이 제외된 대신 사상선집에서 곧잘 소홀히 되는 20세기 후반까지 포함하며 이제껏 사상가로 이야기되지 않던 문인, 정치인, 종교인을 다수 망라한 점도 본서의 자랑이다. 한번에 열권씩 발행하되 전부를 시대순으로 간행하기보다 1~5권과 16~20권을 1차로 배본하는 등 발간 방식에서도 20세기가 너무 뒤로 밀리지 않게 배려했다. 1권 정도전에서 시작하여 30권 김대중으로 마무리되는 구성에 1인 단독집만이 아니라 2, 3, 4인 합집을 배치하여 선별의 아쉬움도 최대한 보충하고자 했으나, 사상가들의 목록은 당연히 완결된 것이 아니고 추후 보완작업을 기대해야 한다. 그럼에도 이 사상선을 하나의 '정전'으로 세우고자 했음을 굳이 숨기고 싶지 않다. 다만 모든 정전의 운명이 그렇듯 깨어지고 수정되고 다시 세워지는 굴곡이야말로 한국사상의 생애주기에 꼭 필요한 일이다. 아니, 창비 한국사상선 자체가 정전 파괴와 쇄신의 정신까지 담고 있음에 주목해주시기를 바란다. 특히 수운 최제우와 소태산 박중빈 같은 한반도가 낳은 개벽사상가를 중요하게 배치한 점은 사상선의 고유한 취지를 한층 부각해주리라 기대한다.

창비 한국사상선은 1966년 창간 이래 60년 가까이 한국학에 남다른 관심을 기울여온 계간 『창작과비평』, 그리고 '독자와 함께 더 나은 세상을' 꿈꾸어온 도서출판 창비의 의지와 노력이 맺은 결실이다. 문명적 대전환에 기여할 사상, 그런 의미에서 단순히 개혁적이기보다 개벽적이라 불러야 할 사상에 의미 있는 보탬이 되고 대항담론에 그치지 않는 대안담론으로서 한국사상이 갖는 잠재성을 세계의 다른 구성원들과 공유하는 계기가 된다면 더없는 보람일 것이다. 오직 함께하는 일로서만 가능한 이 사상적 실천에 독자 여러분의 많은 관심과 참여를 부탁드린다.

2024년 7월
창비 한국사상선 간행위원회 일동

차례

일러두기

1. 나혜석과 염상섭의 3·1운동 이전 글에는 국한문 혼용체의 흔적이 적지 않게 남아 있는데, 국문의 경우라도 원문의 의미를 보존하되 현대어로 풀고 필요한 경우〔〕표로 원문을 병기했다. 예) "하(何)를 운(云)함인고"→"무엇을 말할까요", "고위(高位)"→"높은 자리〔高位〕", "하고(何故)냐"→"무슨 까닭이냐" 등.

2. 3·1운동 이후의 글 가운데도 오늘날 자주 쓰이지 않는 한자어는 현대어로 고쳤다. 예) "작야(昨夜)"→"어젯밤", "기간(其間)"→"그간" 등.

3. 별도의 조사와 최신 연구물 참조 등을 통하여 기존 전집에 수록되지 않았던 자료를 일부 추가했다. 나혜석의「대구에 갔던 일을 김마리아 형에게」, 염상섭의「작자의 부기」및 2편의 부록이 그에 해당한다.

4. 나혜석 편의 경우, 이상경 편집교열『나혜석 전집』(태학사 2000) 및 서정자 엮음『원본 나혜석 전집』(푸른사상 2013)을 기초로 하되, 원문을 대조하여 한자 등 오류를 가능한 한 바로잡았고 필요한 경우 각주를 달아 관련 정보를 보충하거나 의미를 해설했다.

5. 염상섭 편의 경우, 한기형·이혜령 엮음『염상섭 문장 전집』(전 3권, 소명출판 2013~14)을 기초로 하되, 원문을 대조하여 한자 등 오류를 가능한 한 바로잡았고 부분적으로 원문 자체의 오류도 교정했다. 다만 오늘날의 독자들을 고려하여 가독성을 높이는 차원에서 필요한 경우 원뜻을 훼손하지 않는 한에서 최소한의 윤문을 가했다.

새로운 문명의 단서들
나혜석과 염상섭 사상의 재인식

1. '문제적 개인'과 문명비평가

　나혜석은 우리 서양화의 개척자로, 염상섭은 한국 근대소설의 명실상부한 완성자로 널리 평가받아왔다. 한국 근대문학사의 첫머리를 함께 일구었던 이 예술사의 두 거인은 사상사적 맥락에서도 결코 무시되어서는 안 될 존재들이지만, 사상가로서 이들의 지위는 상대적으로 안정적이지 못한 편이 있다. 남성중심사회의 편견으로 더욱 떠들썩했던 이혼스캔들과 불우한 말년에 가려져 나혜석의 생애는 오랫동안 풍문거리에 지나지 않는 것처럼 보였고,[1] 좌우를 막론한 어떤 형태의 비현실적 극단주의와도 긴장을 유지했던 염상섭은 전쟁과 분단체제 성립기를 거치면서 이념적으로는 해방 전보다 오히려 더 고립되어버렸기 때문이다.[2] 3·1운동 참여를 정점으

---

[1]　"1930년대 중반 이후 담론의 장에서 점차 사라지기 시작한 나혜석이 다시 문화계 담론의 장으로 나타나는 것은 1990년대에까지 기다려야 했다." 박계리 「나혜석 연구사를 통해 본 나혜석의 현재: 『나혜석연구총서』 서평」, 『나혜석연구』 7집, 나혜석학회 2015, 175면.

[2]　"일제시대에 염상섭은 주로 좌파 프로문학론자들로부터 비판적 규정을 받았다면, 해방 이후에는 우파 이데올로그들과 긴장을 형성"했다. 이종호 「염상섭 문학의 대안근대성 연구」,

로 개화한 나혜석·염상섭의 삶과 사유가 3·1운동을 점진혁명적 과정으로 충실화해 나아가는 데 있어 어떤 이바지를 했는지는, 따라서 아직 밝혀져야 할 대목이 남아 있다. 무엇보다 '개성의 해방'을 골자로 한 자주적 각성 그리고 거기서 더 나아가 자신의 땅에서 자신의 역사와 전통, 생명에 근거를 둔 "조선 특수"[3] 또는 "'조선'이라는 독자성"[4]의 인식이 그들의 출발점이었다. 나혜석이 "우리들로 하여금 알게 만들고 또 안 것을 실행하게 만드는 이상하게 헤아릴 수 없는 근본되는 힘"[5]이라 부른 것을 염상섭은 "거룩한 '독자적 생명의 드러남'"[6]이라 압축했거니와, 개성의 자유로운 발전은 "그 토지, 그 자연 속에서 자연의 이법理法대로 된 그 백성의 영혼과 개성의 울림"[7]에서 시작되는 까닭이다. 그것은 '개성의 해방'을 식민지 극복이라는 당대의 역사적 과제상황과 떨어뜨려 사고할 수 없게 만드는 핵심 논거가 된다.

두 사람 사이의 인연 또한 각별했다. 둘 다 한말에 입신한 지방관료의 슬하였다는 점뿐 아니라 3·1운동 전야의 선구적 여성해방론자들이었다는 점에서 우선 교집합이 성립한다. 나혜석과 염상섭이 공식 지면에 처음 발표한 논설이 각각 「이상적 부인」(1914)과 「부인의 각성이 남자보다 긴급한 소이所以」(1918)였다는 사실은 우연이 아니다.[8] 무엇보다 그들은 '최소월 네트워크'[9]의 맹원으로 "자아를 살리러, 시대의 도어door를 개방하러 가는

　　성균관대 박사학위논문 2017, 65면.

3　나혜석 「1년 만에 본 경성의 잡감」(1924), 이상경 편집교열 『나혜석 전집』, 태학사 2000, 260면. 이하 인용은 『전집』으로 약칭하고 면수만 부기. 이 책에 실린 글은 제목만 표기했다.

4　염상섭 「소설시대＝사대사상」, 이 책 226면.

5　나혜석 「생활개량에 대한 여자의 부르짖음」, 이 책 48면.

6　원문은 "거룩한 '독이적(獨異的) 생명의 유로(流露)'". 염상섭 「개성과 예술」, 이 책 165면.

7　염상섭 「민족, 사회운동의 유심적 고찰 ── 반동, 전통, 문학의 관계」, 이 책 222면.

8　여기서 '부인'은 성인 여성 일반을 가리키는 당대의 관용적 표현.

9　정우택의 표현을 원용했다. "최승구가 맺고 있었던 인적 네트워크를 정리하면, 최승구를 중심으로 염상섭과 최승만, 나경석과 나혜석 그리고 정태신, 김억, 황석우와 『근대사조』 등이 얽혀 있었다." 정우택 『한국근대시의 영혼과 형식』, 깊은샘 2004, 149면. 여기서 정우택은

여행"[10]의 동반자였다. 이 "내적 생활의 백병전에 종군하는 투사"[11]들에게는 식민치하의 정치적 제약과 성차별에 이중으로 구속된 '여성'이야말로 '자아해방' 투쟁의 최전선이었던 것이다. 두 사람을 연결해준 소월素月 최승구崔承九(1892~1917)는 토오꾜오 조선유학생 사회의 청년지도자로 기관지『학지광學之光』을 이끌던 아나키스트 시인·선각자였거니와 나혜석은 그의 널리 알려진 연인이었고 염상섭은 동지적 우애를 나눈 벗이었다. 염상섭의 첫 단행본 창작집인 중편『해바라기』(박문서관 1924,『신혼기』로 개작, 금룡도서 1948)의 제재가 된 것이 바로 최승구의 요절과 뒤이은 나혜석·김우영의 결혼 사건이었다. 이 창작집과 두번째 단행본『견우화牽牛花』(1924)의 장정을 나혜석이 맡았고, 나중에 무연고 사망자로 불우한 삶을 마감한 그를 문장으로 처음 기린 사람이 바로 염상섭이었다는 사실 또한 특기할 만하다. 사실 그대로라 보아도 손색없을 소설「추도追悼」(1954)는 해방 전 두 사람 사이에 우연히 이뤄진 마지막 해후를 포착한 에세이체 단편으로 "여성해방의 여명기黎明期에 예술을 들고 앞잡이로 나서서 패배와 희생에 일생을 바치고 만"[12] 나혜석의 일면을 탁월하게 형상화한 작품이다. "그의 뒷모양을 바라보고 섰다가, 차차 차차 곱아드는 등성이 길목을 훌떡 넘어서 자취마다 스러진 뒤의 인생의 공허와, 적막이 자위 없이 가만히 가라앉는 것 같다"[13]는 작품의 마지막 문장들은 그래서 "옛 친구가 고인이 되었다는 사실 앞에 새삼스럽게 놀라고 뉘우치고 마음 아파하는 자기"[14]의 회

"이러한 인적 네트워크의 바탕에 깔려 있는 사상적 공통점이 바로 아나키즘이었음을" 강조하고 있지만 아나키즘의 구심력이 이들 모두에게 균질적 힘을 발휘했던 것 같지는 않다. 나혜석, 염상섭과 아나키즘의 관계에 대해서는 후술하기로 한다.

10 최승구「정감적 생활의 요구」,『학지광』3호, 1914, 16면. 현대어 표기는 필자. 이 문장은 최승구가 나혜석의 오빠 나경석의 서한 중 한 대목을 인용한 것임.

11 염상섭「문인회 조직에 관하여」,『동아일보』1923년 1월 1일자.

12 염상섭「추도」(『신천지』1954년 1월호), 서정자 엮음『원본 나혜석 전집』, 푸른사상 2013, 776면.

13 같은 책, 781면.

한 너머로 시대적 상징성마저 띠게 되는 것이다.

나혜석과 염상섭은 한반도 근대의 여명기에 태어나 20세기의 전반기를 치열하게 살았던 '신지식인'[15]들이었다. 이 문명전환기의 신지식인들을 사로잡은 것은 새로운 주체적 각성이었고, 그 결실이자 정점으로서 3·1운동이었으며, 무엇보다 예술이었다. 그러나 최소월 네트워크 안에서의 짧은 동거 시기를 제외하면 그들의 행로는 대체로 엇갈렸다. 나혜석이 마치 ──『해바라기』와 「추도」의 '모델'이 되었던 것처럼 ── 시대의 가능성과 한계를 온몸으로 입증하는 소설 속 문제적 개인Problematic Individual[16]에 비유할 만한 존재였다면, 염상섭은 그와 같은 '주인공'들에 공명하되 일정한 거리 뒤에서 그들의 시대와 장래를 함께 사색한 문명비평가 유형이었다고 할 수 있다. 특히 모든 가치가 동요하며 새롭게 수립되는 전환기에 "그 시대의 선각자가 되어 실력과 권력으로 (…) 내적 광명의 이상적 부인이 되지 아니하면 불가"[17]하다고 생각했던 나혜석은 다음과 같은 발언들을 통해 자신의 삶 자체를 시대의 표상으로 만드는 소설 속 '문제적 개인'에 육박해갔다. "나폴레옹이나 비스마르크에게 만일 성공이란 허영심과 위인 될 욕심이 없었던들 어찌 백천년 후세를 전하여 수억만 사람이 뇌 속에 기억을 삼았으리까."[18] 이는 '백마를 탄 세계정신'이나 '철혈鐵血 재상'으로 불

---

14   같은 책, 771면.

15   주로 1910년대에 『학지광』 『근대사조』 등의 매체를 플랫폼 삼아 아나키즘의 이론적 자장 안에서 형성된 "개성, 혁명, 生, 美, 진리, 민족 등의 근대적 개념"들을 추구한 일군의 토오꾜오 유학생들을 지칭하는 정우택의 용어다. 정우택, 앞의 책 149면 참조.

16   루카치의 개념으로 여기서 '문제적'이라는 말의 의미는 '문제가 있다'거나 '문제가 많다'는 등의 일반적 용례와는 달리, 사람들의 삶 속에 진·선·미 등의 가치가 이미 내재해 있는 상태를 뜻하는 '완결성(Geschlossenheit)'에 대조되는 말이다. 이 '완결성'이라는 말에는 '닫힌' 혹은 '폐쇄된'이라는 의미가 포함된 만큼 그 반대인 '문제적'이라는 말에는 '열린' '개방된' 등의 뜻이 담긴다. 요컨대 아직 '완결되지 않은 가치'를 의미한다고 할 수 있다. 김경식 『루카치 소설론 연구』, 아카넷 2024, 123~25면 참조.

17   나혜석 「이상적 부인」, 이 책 77면.

18   나혜석 「잡감 ── K언니에게 여함」, 이 책 85면.

린 부국강병론자들을 기리자는 데 머무는 발언이 아니라, 그것이 어떤 욕망에서 발원했든 여성에게는 지금보다 더 많은 향상욕이 필요하며 그것을 통해 스스로를 발전시키려 하면 할수록 자기 자신의 성장뿐 아니라 사회적 모순과 시대의 한계를 새롭게 드러내고 극복하는 데에도 이바지할 것이라는 신념의 토로였다. 저 유명한 「이혼고백장」(1934)의 선전포고는 그래서 겉으로 보는 단순 여성우위론이 아니라 인간해방의 예고편으로 상승한다. "여성을 보통 약자라 하나 결국 강자이며, 여성을 작다 하나 위대한 것은 여성이외다. 행복은 모든 것을 지배할 수 있는 그 능력에 있는 것이외다. 가정을 지배하고 남편을 지배하고 자식을 지배한 나머지에 사회까지 지배하소서. 최후 승리는 여성에게 있는 것이 아닌가."

다른 한편 이러한 나혜석의 사례를 포함해 아직 가능성이 열려 있다는 의미에서 '문제적'인 시대와 인간상에 대한 염상섭의 예민하고 집요한 비평적 탐구열은 그를 질과 양 두 측면에서 한국 근대소설사상 최대의 작가로 만들어주었고 그때그때의 세계정세와 문화현상, 예술, 풍속에 대한 통찰의 깊이와 폭을 더하게 했다. 그는 식민지의 모습으로 찾아와 전쟁과 분단으로 굴절되어갔던 자본주의 근대를 누구보다 앞서 정확히 파악함으로써 자기 시대에 적응하는 동시에 그 한계를 극복하려 했던 사상가이기도 했던 것이다.

2. 여성해방과 예술의 재가수행: 나혜석

예술가로서 나혜석은 우선 단편 「경희」(1918)로 "3·1운동 이후 정립될 근대 단편의 탄생을 일찍이 예고"한 첨단의 소설가였고,[19] "갈 바를 몰라

---

19   최원식 「한국현대문학사 연습 (6): 정월 나혜석」, 웹진 〈작가들〉 2025년 여름호.

서 네거리에 헤매는 만萬인간의 신新생명 충동을 길이 펴도 마름이 없는 구원久遠의 미美로 인도"하기 위해 "우리가 만들어내는 예술 위에서 저 흐늘거리는 시대의 신경을 죄어"주자고 역설했던[20] 한국 최초의 페미니스트 서양화가였다. 사상 및 사회운동 차원에서 그가 "기미己未 당시에 열 손가락 안에 드는 전위적 여성이었다"[21]는 세간의 평가 또한 결코 과장이 아니었다. 물론 기미 이후로도 그것은 크게 다를 바 없었다. "토오꾜오 유학 시절 유학생학우회와 조선여자유학생친목회 활동과 투고, 귀국 이후의 3·1운동 참여와 조직화, 여자야학과 여자미술학교 설립·운영 등 교육활동, 국외 항일세력과 의열단에 대한 후원, 언론을 통한 문화계몽운동 참여 등은 이를 반증한다."[22] 그러나 소위 민족운동 참여를 중심에 둔 이러한 평가 방식은 나혜석 세대 여성 선각자들의 실력양성·계몽운동이 자유주의적이고 부르주아적인 신여성운동, 즉 제도개혁의 요구 또는 소극적 항일의 수준에 머물 뿐 보다 적극적 의미에서 민족해방·계급해방의 차원으로까지 나아가진 못했다는 비판의 논거로도 자주 동원된다는 점에서 양면성이 있다. 예컨대 3·1 전후의 민족운동에 대한 공헌을 일정하게 평가하면서도 정작 나혜석의 글쓰기에 "당대 식민지화에 대한 인식이나 이를 극복하기 위한 대안 등은 거의 나타나지 않는다"거나 "단지 불합리한 제도나 인습 등을 비판하고 있을 뿐" 이혼 스캔들(1930) 뒤로 현실 문제에서 후퇴했다는[23] 등의 평가가 대표적이다.

그러나 이러한 시각은 그가 일관되게 주창했던 개성의 해방과 여성해방

---

20   나혜석 「화실의 개방 ― 여자미술학사」(1933), 『전집』, 649면. 원문은 "우리의 만들어내는 예술~".
21   비파동주인(琵琶洞主人) 「백화난만의 기미 여인군 ― 광무·융희시대의 신여성 총관 (2)」, 『삼천리』 16호, 1931, 28면.
22   김형목 「나혜석의 현실인식과 민족운동에서 역할」, 『숭실사학』 24집, 2010, 113면. 활동에 대한 자세한 내용은 본서의 연보 참조.
23   같은 글, 134면.

이 식민지 극복이라는 대전제를 속종으로 감춘 '노예의 언어'[24]이기도 했다는 점을 과소평가하게 만들며, 그를 둘러싼 인적 관계망이나 그 정치적 공기의 영향을 간과하게 한다. 무엇보다 중일전쟁(1937) 이후 한두편의 수필 발표를 제외하곤 사실상 침묵에 잠겼던 그는 속령자치론과 참정론[25]으로 대별되는 친일노선에서 거의 자유로웠다. 가령 다음과 같은 나혜석의 발언들은 식민지 상황에 대한 인식이나 극복의 비전과 무관하다고 보기 어렵고 단순한 '제도개혁의 요구'에 안주한 것은 더욱 아니었다.

사랑하고 사랑할 수 있는 것은 사람의 본질에서 나타나는 가장 높은 사상이요, 가장 높은 경험인 줄 압니다. 사랑할 수 있는 것으로 말미암아 비로소 이상과 실행, 영靈과 육肉, 이성理性과 정의情意가 융합 일치하여 활동하는 것이 아닌가 싶습니다. 이 점으로 보아 진심으로 사랑할 수 있는 것은 진심으로 살 수 있는 것과 조금도 다름이 없다고 생각합니다. 사랑할 수 없는 자가 누구라 능히 자기 생명의 존귀와 위력을 체험할 수 있겠습니까. (…) 이리 되어야만 조선 사람의 생활개량이 근본적이요 계속적일 것이며 급진적일 것입니다. 따라서 생활의 안착이 생길 것이요 민족적 평화가 낳아질 것입니다.[26]

여기서 나혜석은 "사랑" 같은 더 높은 보편 차원을 제시함으로써 "생활

---

24 『제국주의론』(1917) 서문에 등장하는 레닌의 표현. 짜르 체제의 검열을 피하기 위해 왜곡을 감수하며 암시 등에 의존했던 글쓰기를 가리킴.

25 속령자치론은 일제의 지배를 수용하면서 내정의 독자화를 추구하는 노선이고 참정권론은 민족의 구별이 없는 '국민화'를 통해 조선과 일본을 통합함으로써 조선인이 제국의회에 진출해 조선반도에 지배력을 행사하려는 노선이었다. 양자 공히 반(反)독립론 또는 독립회의 론에 해당하나, 전자는 1920년대 들어 쇠퇴했고 후자가 이후의 친일논리를 주도하게 되었다. 이에 대해서는 이태훈 「일제하 친일정치운동 연구: 자치·참정권 청원운동을 중심으로」, 연세대 박사학위논문 2010이 상세하다.

26 나혜석 「생활개량에 대한 여자의 부르짖음」, 이 책 49~50면

개량"과 "민족적 평화"라는 하위 의제가 위계적으로 뒤따라 나오는 논법을 구사하고 있다. 그런가 하면 "생활 내용은 버려두고 살림, 즉 제도부터 고치려 하는 데는 어딘지 잊은 것이나 있는 것 같은 저어한 마음이 생깁니다"[27]라거나 "평범한 여자들은 참정권 운동에 야단들이나 비범한 여자들은 세계적 애愛에 참가"[28]한다는 등의 발언을 통해 자신의 사유와 당대 신여성운동의 그것을 구별하고 있다. 개인적으로는 사회적 고립 상태였을 뿐 아니라 민족해방·계급해방 운동이 해체위기에 직면했던 1930년대 중반에도 "가시덤불 속의 들장미화, 너는 언제나 빛나는 꽃이 되려나. 그러나 타임은 간다. 그 타임은 모든 변화를 가지고 온다. 그 타임은 미구未久에 너에게 자각과 의식과 실행을 옮겨 주리라. 아니 지금 진행 중에 있다"[29]고 씀으로써 '보편적 사랑'이 전개되는 과정으로서의 역사에 대한 신뢰를 분명히 했던 것이다.

초기 민족운동의 주도세력 가운데서 나혜석이 지녔던 차별성은 그와 깊숙이 관계 맺었던 다른 남성지식인들과의 대비에서 한결 뚜렷하게 드러난다.[30] 요절한 최승구를 제외하면, 우선 나혜석의 토오쬬오 유학과 사상 형성에 지대한 영향을 끼쳤던 것은 오빠 나경석이었다. 그는 초기 아나키스트로서 역시 '최승구 네트워크'의 일원이었고 '자유주의적' 실력양성론의 표상으로 알려진 조선물산장려운동을 주도했던 인물이었다. 집안에서 나혜석의 신임을 가장 크게 받았던 그는 물산장려운동을 놓고 급진사회주의 진영과 반목 끝에 만주로 이주, 주로 실업계에 종사하며 적어도 중일전쟁 이후로는 친일에 경사했지만, 1920년대만 하더라도 "산업이 어느 정도까

---

27   같은 글.

28   나혜석 「백결생에게 답함」, 『동명』 1923년 3월호.

29   나혜석 「구미 여성을 보고 반도 여성에게」, 이 책 74면.

30   여성지식인들과 나혜석의 관계에 대해서는 본서에 수록된 「대구에 갔던 일을 김마리아 형에게」(1920) 같은 글이 주목할 만하다. 여성문학사의 맥락에서는 최원식, 앞의 글 및 「한국 현대문학사 연습 (7): 김명순·일엽 김원주」, 웹진 〈작가들〉 2025년 가을호 참조.

지 발전하여 빈부의 양 계급이 서로 이해상반한 처지에 거居하여 도회에서 대치하게 되어야 신경이 영민한 도시노동자가 혁명의 도화선을 작作하여 농촌에 전달할 것이니, 이 순서와 계단을 무시하면 이는 공상적 사회주의라 지칭할 수밖에 없다"[31]고 주장함으로써, 계급모순을 은폐하는 부르주아 논리라는 급진사회주의 진영의 낙인에도 불구하고 어디까지나 맑스주의적 견지에서 물산장려운동을 변호했던 터였다.

그러던 그가 소련 공산당을 "인류의 공적"으로 규정하고 "총후銃後의 방패가 되어 모든 희생 봉사를 바쳐 황군 및 국군을 지원하여 동양평화의 화근을 없애고 이번 사변(중일전쟁)에 있어서 유종의 탐스런 과실을 수확하여 동아시아 왕도연맹 결성에 한걸음 나아가게 할 각오가 있어야 할 것"[32]이라는 논리로 만주국의 이념을 체화하기까지 어떠한 내적 요철이 있었는지는 자세히 알려져 있지 않다. 다만 중일전쟁을 전후한 시기에 참정론의 주류가 일방통행적 청원운동에서 '국민의무'의 선先이행을 통한 반대급부로서의 참정권을 요구하는 방향으로 선회했고 이 과정에서 왕년의 민족주의·사회주의에서 이탈한 전향자들이 상당수 결합했다는 사실을 감안하면 나경석 또한 비슷한 경로를 밟았을 것으로 추정할 만하다.[33]

활동 분야가 달랐음에도 나혜석과 관련된 남성지식인들의 훼절 경로는 크게 다르지 않았다. 이혼스캔들의 당사자였던 천도교 신파 지도자 최린崔麟은 3·1운동 당시 민족대표 33인 가운데 한 사람이었으며 그로 인해 옥고를 치르기까지 했지만, 이른바 자치운동이 쇠퇴하자 시중회時中會[34]를 통한 참정권운동에 적극 가담함으로써 나경석과 비슷한 행로를 걸었다. 시

---

31   나공민(羅公民) 「물산장려와 사회문제 (4)」, 『동아일보』 1923년 2월 27일자.

32   「재만조선인통신」 36호, 1937. 9. 17; 황민호 「나혜석의 독립운동과 관련 인물들」, 『나혜석연구』 6집, 나혜석학회 2015, 92면에서 재인용.

33   여기에 대해서는 지승준 「일제시기 참정권운동 연구: 국민협회·동민회·시중회 계열을 중심으로」, 중앙대 박사학위논문 2011의 제2부 '전쟁협력과 참정주의 세력 확대'가 상세하다.

34   1934년 천도교 신파 인사들이 주축이 되어 결성한 친일 정치단체.

중회라는 명칭은 "군자의 중용은 군자로서 때에 맞게 행하는 중도〔君子之中庸也, 君子而時中〕"라는 『중용』 2장이 출전일 것이다. 일찌감치 독립투쟁에서 이탈한 최린 등이 참정권 획득이라는 자신들의 가망 없는 정치적 계산을 '군자의 중용'으로 분식하려던 것은 하나의 역설이 아닐 수 없다. 남편이었던 김우영金雨英이 3·1 이후 국내 사상범들의 변호 활동에 앞장서던 법률가에서 민족운동을 소극적으로나마 후원한 일제관료로, 끝내는 적극적 내선일체론에 기울어간 사정 또한 큰 틀에서 다르지 않았다.

  이들의 행적에 비할 때 나혜석의 입장은 남다른 시야와 일관성을 지닌 것이라고 할 수 있다. 그럴 수 있었던 원동력은 무엇보다 그가 여성해방에 각성한 예술가였다는 데 있을 것이다. "예술이 무엇이며 어떠한 것이 인생인지, 조선 사람은 어떻게 해야 하겠고 조선 여자는 이리 해야만 하겠다는 것을, 이 모든 일이 결코 타인에게 미룰 것이 아니라 내가 꼭 해야 할 일이었다"[35]는 다짐이 벌써 예술 문제를 출발점으로 삼아 조선의 여성 문제로 확장되어가는 나혜석 사유의 전개과정을 함축한다. "아버지의 딸인 인형으로 / 남편의 아내인 인형으로 / 그들을 기쁘게 하는 / 위안물慰安物"[36]의 자리를 박차고 집을 나선 노라가 바로 그 자신이었고, 그러한 자각이 있었기에 주류 남성지식사회에 휩쓸리지 않는 비판적 거리두기가 가능했던 것이다. 인형의 집에서 스스로를 해방시킨 노라의 여정을 나혜석 자신은 이렇게 회고한 바 있다.

  나의 10년 생활 중에는 계급과 빈부와 귀천의 굴곡이 가로 내려질리고 세로 흘러 나를 웃기고 혹 울리고, 즐겁게 또는 괴롭게 만들었다. 그러나 이 모든 것을 억제게 하는 것은 오직 내게 깊이 뿌리 박혀진 예술심과 보리심

35 나혜석 「모(母)된 감상기」(1923), 『전집』, 220면.
36 양백화·박계강의 번역극본 『인형의 가(家)』(헨릭 입센 원작)를 위해 나혜석이 덧붙인 노랫말 부분. 『매일신보』 1921년 4월 3일자.

菩提心이다.[37]

이 "예술심과 보리심"이야말로 초기 민족운동을 주도했던 남성지식인들의 정치적 오류에서 그를 구원한 "이상하게 헤아릴 수 없는 근본되는 힘"[38]의 원천일 것이다. 나혜석은 위의 문장 바로 뒤에 불가의 사홍서원四弘誓願[39]을 열거함으로써 여기서 말하는 보리심이 혼자만의 고독한 깨달음에 그치지 않는 이른바 '상구보리上求菩提 하화중생下化衆生' 즉, 위로는 깨달음을 구하고 아래로는 중생을 교화한다는 마음의 일으킴을 뜻한다는 사실을 분명히 했다. 요컨대 나혜석의 보리심은 사회성을 강하게 띤 대승大乘적 문맥에 속한다. "사람이 무섭고 사람 만나기가 겁이" 날 정도의 고립과 좌절 속에서도 그는 "한 사람이 이만큼 되기에는 조선의 은혜를 많이 입었다"며 스스로에게 "보은할 사명"이 있음을 잊지 않거니와[40] 예술심 또한 보리심과 별개의 차원은 아닌 듯하다. 가령 그의 행복론은 평범한 듯하면서도 독특한데, 그것은 부와 명예를 얻었을 때가 아니라 "어떤 일에 일념이 되었을 때" 획득되는 것으로 그러한 순간에 전신이 깨끗해지는 듯한 행복을 느끼게 된다는 것이다. 그리고 이는 "즉 예술적 기분을 깨닫는 때"이다.[41] 따라서 '일념'과 '예술적 기분'은 같은 경지를 가리키는 동의어이고 여기서 일념은 불가의 일반용례에 따른 '한 생각', 그러니까 빗어나야 할 어떤 마음의 집착 상태가 아니라 글자 그대로 완전한 몰입의 순간을 의미한다. 이러한 순간을 나혜석은 "사물과 사물 사이에 신이 왕래하는 일

---

37   나혜석 「화가로 어머니로 —— 나의 10년간 생활」, 『신동아』 1933년 1월호. 보리심은 상구보리 하화중생의 대승불교적 초발심을 말함. 위로는 깨달음을 구하고 아래로는 중생을 교화함.

38   나혜석 「생활개량에 대한 여자의 부르짖음」, 이 책 48면.

39   이루기 위해 노력해야 할 네가지 큰 서원으로, 한량없는 중생들을 모두 제도(濟度)하고 번뇌를 끊으며, 모든 법문을 배워 가장 높은 불도를 이루겠다는 네가지 서원을 가리킴.

40   나혜석 「신생활에 들면서」, 이 책 70면.

41   나혜석 「이혼고백장」, 『삼천리』 1934년 8~9월호; 『전집』, 423면.

넘이 되었을 때"[42]라거나 사람은 "사람과 사물 사이에 신의 왕래를 볼 때만 만족을 느끼게 되는 것"[43]이라 부연하기도 했는데, 신의 왕래를 목도한다는 비유로밖에 설명할 길이 없는 그것은 결국 사람과 사물, 사물과 사물 사이의 분별이 사라지는 더 높은 차원의 통합 즉, '나'의 몰각을 경험하는 순간을 말한다. "모든 것의 출발점은 다 자아에게 있는 것"[44]이지만 그 목적지는 오히려 사람과 사물, 사물과 사물 사이에 신의 왕래를 보는 '나'의 몰각 상태인 셈이다. 자아에서 출발하되 끝내는 자아에 대한 집착마저 내려놓는 일종의 예술적 선정禪定으로서 '일념' 즉, 예술심은 그 궁극의 경지에서 결국 '나'와 모든 중생을 함께 제도하는 참된 보리심과 정확히 겹친다. 나혜석의 예술론·여성해방론은 바로 이러한 정신적 근저 위에 세워진 것이었기에 제도주의적 신여성운동의 한계나 자치·참정론의 역사적 오류에 빠지지 않는 중심잡기가 가능했던 것이다. '인형의 집'을 벗어난 나혜석이 당대 현실의 제약 가운데 스스로를 희생하고 말았다는 서사가 흔하지만, 사실 그는 거의 단 한번도 외력에 스스로를 꺾지 않았다.

식민지시대 사상사에서 사회주의와 민족주의의 대립이라는 낡은 틀을 유지하는 한 나혜석 사상의 자리가 충분히 확보되기는 어려울 것이다. 나혜석을 "아나카 페미니즘"의 계보에 배치하려는 시도[45] 또한 그러한 고민의 표현 가운데 하나다. 그러나 제도든 학문이든 언제나 "조선화시킬 욕심"[46]을 강조했던 나혜석 사유의 독자성을 20세기 서구사상의 계보 어딘가에 반드시 수렴시킬 필요는 없다. 1924년 경성에서 열린 조선미술전람회를 관람하고 난 후기에서 나혜석은 말한다. "그리하여 우리는 벌써 서양

---

42   나혜석 「조선에 태어난 것을 행복으로 압니다」, 『삼천리』 1934년 5월호; 『전집』, 654면.

43   나혜석 「이혼고백장」, 『삼천리』 1934년 8~9월호; 『전집』, 402면.

44   나혜석 「이혼고백장」, 『삼천리』 1934년 8~9월호; 『전집』, 401면.

45   김복순 「'조선적 특수'의 제 방법과 아나카 페미니즘의 신여성 계보: 나혜석의 경우」, 『나혜석 연구』 창간호, 나혜석학회 2012.

46   나혜석 「잡감 ─ K언니에게 여함」, 이 책 86~87면.

류의 그림을 흉내낼 때가 아니요, 다만 서양의 화구와 필筆을 사용하고 서양의 화포畵布(캔버스)를 사용하므로 우리는 이미 그 묘법描法이라든지 용구用具에 대한 선택이 있는 동시에 향토라든지 국민성을 통한 개성의 표현은 순연한 서양의 풍과 반드시 달라야 할 조선 특수의 표현력을 가지지 않으면 아니 될 것이다."[47] 이것이 '자아', 개성, 조선적 특수성에 관한 진술이라면 그가 남긴 유일한 희곡 「파리의 그 여자」(1935)의 제2막 'H'의 마지막 대사는 그가 앞서 '사랑'이라고도 불렀던 종교적이고 보편적인 무엇에 관한 발언이다. "사람도 가고 천지도 변하고 상주하여 움직이지 않는 것이 없는 이 세상에 우리가 무엇을 바라고 무엇을 의지하고 살까. 한갓 우리 속 사람에게 빛이 되는 그 빛 하나만을 굳게 붙잡고 이에서 기쁨을 얻고, 힘을 얻고, 무한한 가치를 얻는 것이 얼마나 아름다운 것인가."[48] 이는 단순한 초월주의가 아니다. 독립투쟁에 등을 돌린 여러 개량주의 노선과 불화했으되 예술가적 정진에 몰두했던 나혜석은 식민지 극복이라는 과제 상황에 유념한 실력양성론자에 근사할 것이다. 중일전쟁 무렵부터 해방 직전까지 수덕사 수덕여관에 자신을 의탁했던 나혜석은 김일엽金一葉의 출가 제안을 거절했다. 예술심과 보리심의 통합이라는 나혜석 사상의 맥락을 놓고 볼 때 어쩌면 그는 어디까지나 세속 가운데서 여성해방과 예술이라는 화두를 붙들고 끝까지 용맹정진했던 최초의 재가수행자였는지 모른다.

3. 근대극복과 문명전환: 염상섭[49]

염상섭의 사상적 입장은 종종 주장되어온 것처럼 중인中人에서 근대 부

47　나혜석 「1년 만에 본 경성의 잡감」, 『전집』, 260면.
48　나혜석 「파리의 그 여자」, 『전집』, 148면.

르주아지로 넘어가는 계선을 요철 없이 대변한 근대주의가 아니었다. 오히려 대개는 그에 회의적이거나 비판적이었으며, 자기 시대에 현존했던 '근대극복'의 여러 노선들 ── 가령, 사회주의나 아나키즘 ── 을 당면한 현실의 1차적 과제인 식민지해방 후위에 설정하는 입장에 가까웠다. 물론 "제국주의·자본주의·현실사회주의 등 근대의 주류적 권력 및 아류 들과 끊임없이 불화하고 싸우며 부정의 언어를 통해 (…) 주류 질서와는 다른 대안을 모색했던"[50] 염상섭이 식민지해방 저 너머의 중·장기적 전망 가운데서 넓은 의미의 사회주의 스펙트럼에 공명하고 있었음은 사실일 것이다. 그런 의미에서 "그의 사회주의는 아나키즘과 맑스주의 그리고 그의 고유한 사유들이 융합된 것이었으며, 유심적 변화와 유물적 변화 모두를 추구하는 것"이었고, 정통 맑스주의의 입장에서 "오염된 사회주의"로 보였을지언정 "식민지라는 현실과 자신의 사유를 숙고하는 가운데 다양한 사상들의 융합적 조합을 통해 최량의 힘의 배치를 만들어내고자"[51] 한 시도였다. 다만 이 "최량의 힘의 배치"를 통해 수행하고자 하는 과제들 사이에서 당면한 현실에 비춰 무엇이 우선이고 무엇이 부차적인가 하는 선차성에 대한 고려가 누락될 때, "다양한 사상들의 융합적 조합"은 변화무쌍하고 구체적인 현실과의 역동적 관계를 상실하고 '중도'나 절충이라고 불리곤 하는 산술적 종합 혹은 제3의 이념 모델로 축소·고정되고 말 것이다.

염상섭의 사상적 입장이 중요한 이유는 예의 과제의 선차성에 대한 분명한 인식 아래 그러한 단선적인 주의·노선들과 비판적 거리를 확보하면

---

49 이 절은 졸고 「염상섭의 문명비평과 전환의 비전: 1920년대의 작품과 비평을 중심으로」, 『문명전환의 한국사상: 개벽의 사상사 2』, 창비 2025의 일부를 바탕으로 본서의 체제에 맞게 개고한 것임.

50 이종호, 앞의 글 5면.

51 같은 글, 251면. 이 문장은 다음과 같이 이어지기도 한다. "그는 트로츠키가 발신한 심퍼사이저(동반자) 개념을 전유(번역)함으로써 식민지 조선에서 사회주의운동과 민족운동이 병진할 수 있는 조건을 창출하고자 했다."

서도 순전한 배제에 머물지 않았을 뿐 아니라 그때그때의 주어진 현실에 따라 '최량의 힘의 배치'를 지속적으로 재구성하려 했다는 데 있다. 그는 자본주의 근대를 불가항력의 현실로 수락함으로써 환멸의 포즈 뒤로 모습을 가리고 궁극적으로는 근대주의에 투항하고 마는 단순한 '자연주의'[52] 작가가 아니었지만, 자본주의 근대를 20세기 사회주의자들처럼 과소평가하지도 않았다. 다음은 1927년 1월 4일부터 16일까지 『조선일보』에 총 7회 연재된 염상섭의 「민족, 사회운동의 유심적 고찰: 반동, 전통, 문학의 관계」(이하 「유심적 고찰」)라는 중요한 글의 한 부분이다.

(3·1운동 이후) 순純정치운동에서 경제운동에 완만한 보조로 전향하여 '민족 대 민족'의 착취를 자민족의 자본주의적 발달로서 방어할 수밖에 없는 답안에 득달得達하였다. 이것은 확실히 변태요, 역류다. (…) 까딱하다가는 무산자 스스로의 묘혈을 준비하는 것이지마는, 일면으로 보면 과연 여기에 피압박민족, 피착취민족의 남에게 말 못 할 이중, 삼중의 고통이 있고 딜레마가 있는 것이다. 그러나 이것이 자민족의 현실을 유지하는 유일로唯一路일 지경이면 순리적 입장을 버리고 사태에 순응하여 일시적 권도權道를 취하는 수밖에 없다. 그렇다! 이 점이다! 민족주의가 현재에 지지하는 경제정책이 어떠한 시기까지의 임기응변적 권도인 깃을 자진하여 인식하는 때부터 사회운동의 우익에 출진할 자격을 가지게 될 것이다. (…) 다만 한가지, 자민족의 내국적 자본주의 발전에 대하여 보호정책을 취하는 점이 장래의 제국주의적 민족주의에 유도하는 발효소라고 비난할 것이요 의심할 것이나, 그것은 너무나 실제를 무시한 순리적 견해라 할 것이다. 왜 그러냐 하면 '현실생활의 유지'라는 긴박한 조건이 있는 것이 일ー 이유요, 현시의 조선

---

[52] 염상섭이 말하는 자연주의는 서구 문예사조사에서 말하는 그것과 많은 차이를 지닌다. 요컨대 그것은 1910년대 이후 일본사회 반체제사상을 널리 아우르는 일종의 대명사라고도 할 수 있다. 이에 관해서는 이종호, 앞의 글 4부 1장 2절 참조.

부르주아가 발전된다 하자 미미함에 불과할 뿐 아니라 상당한 발달을 할지라도 부르주아의 공통한 필연적 운명하에 놓이게 되리라는 것이 其 이二의 이유며, 보호정책 그 자체가 수단이라는 것이 최후의 이유이겠기 때문이다.[53]

앞에서 보듯 염상섭의 사유가 여러 버전의 사회주의 근대극복 기획과 뚜렷이 갈라지는 지점은, 바로 근대극복의 지향을 놓지 않으면서 동시에 자본주의 근대를 건너뛰지도 않는다는 점일 것이다. 어떻게 보면 이는 맑스주의의 본래 면목에 오히려 부합하는 측면마저 지닌다.[54] 「유심적 고찰」을 직접 거론하고 있지는 않지만 작품 『삼대』의 다시 읽기를 통해 염상섭의 작품과 사유가 '근대적응과 근대극복의 이중과제'[55]라는 문제의식을 내장한 것이었음은 아마도 임형택에 의해 처음 제기되었을 것이다. 그는 "리얼리즘은 본디 자본주의에 대한 미학적 비판인데 진정한 리얼리즘이라면 사회주의에 대한 성찰까지 요망하게 된다"는 전제 아래 『삼대』 서사의 리얼리즘이 자본주의에 대한 부정뿐 아니라 사회주의에도 일정한 거리를 둔 것이라며, 이는 "그가 자본주의적 근대에 매몰되어서라기보다 '근대적응과 근대극복의 이중과제'를 한층 원만하게 수행하려는 자세라고 해석할 수 있는 것"이라고 썼다. 염상섭의 입장에서는 "식민지적 속박에서 벗어나는 것이 일차적 과제이지만 자본주의가 미발달한 조선의 현실로서

53 염상섭 「민족, 사회운동의 유심적 고찰」, 이 책 220~21면.
54 "마르크스는 다가올 체제의 대전환을 가리켜 자본주의 시대의 성과인 토지 및 생산수단의 공동점유와 사회적 협업을 기초로 하여 '개인적 소유를 재건'하는 과정으로 표현했다. (…) 이 개인적 소유의 재건은 사회적 소유와 대립된 것이 아니라 사회적 소유의 토대 위에 서 있다는 점에서 프루동이 주장한 소생산자 체제와는 전혀 다른 것이라 할 수 있다." 유재건 「자본주의의 탄생과 종말에 대하여: 마르크스와 월러스틴」, 『역사와 경계』 126호, 2023, 551~52면.
55 이 개념이 제안된 맥락과 의의에 대해서는 백낙청 「한반도에서의 식민성 문제와 근대 한국의 이중과제」, 이남주 엮음 『이중과제론: 근대적응과 근대극복의 이중과제』, 창비 2009.

는 (자본주의적 생산력의 발전을) 건너뛸 수도 없다고 판단"[56]했다는 것이다.

염상섭의 근대 인식이 이중과제적 통찰을 내장한 것이었음은 초기 논설에서부터 드러나기 시작하지만[57] 적어도『만세전』이 '묘지'라는 제목으로 잡지『신생활』에 연재되다 중단되고『시대일보』에서 연재를 재개한 후 단행본으로 출간되기에 이르는 시기(1922~24)까지는 소급이 가능할 것이다. 저 유명한 관부연락선의 목욕탕 장면이 벌써 그렇지만, 부산항에 도착한 이인화의 눈에 비친 풍경은 맑스가 "자본의 역사의 전주곡"[58]이라고 불렀던, 이른바 본원적 축적primitive accumulation[59]이 무차별적으로 진행 중인 식민지 조선사회의 축소판이었다.[60]

몇천 몇백 년 동안 그들의 조상이 근기 있는 노력으로 조금씩 조금씩 다져놓은 이 토지를, 다른 사람의 손에 내던지고 시외로 쫓겨나가거나 촌으로 기어들어갈 제, (…) 이것이 어떠한 세력에 밀리기 때문이거나 혹은 자기가

---

56 임형택「『삼대』론: 염상섭의 작가정신과 한국 근대」,『동아시아 서사와 한국소설사론』, 소명출판 2022, 720면.

57 가령「현상윤씨에게 여(與)하여 '현시 조선청년과 가인불가인(可人不可人)을 표준'을 갱론함」(『기독청년』1918)의 결론은 다음과 같다. "나의 표준하는 '가인'은 '악착 모지게' 살려고 하는 사람'이란 일언(一言)에 진(盡)한다. 과연 낙심 않고 '강하게 살려고' 부둥부둥 발버둥질 칠 만한 '힘'있는 사람이 제일 좋은 사람이다. 일본상점에 고용이 되든지, 총독부 판임관이 되어 금모루를 번쩍거리고 다니든지, 하여간 살아야만 한다. 하지만 한가지 조건이 있다. 배가 부른 때든지 배가 고파서 눈이 여산 칠십리를 들어간 때라도 항상 의문을 가지고 전 노력을 다하여 이 의문을 해결하려 하여야 한다는 조건이다. 무슨 의문? '산다는 것은 무엇인가? 무슨 까닭에 사나? 어떻게 살아야만 정말 사는 것인가? 하는 의문! 이것이다.'" 한기형·이혜령 엮음『염상섭 문장 전집』1권, 소명출판 2013, 35면. 이하 인용은『문장전집』, 권수, 면수'로만 표기.

58 카를 마르크스『자본론』1(하), 김수행 옮김, 비봉출판사 2015(개역판), 1044면.

59 논지는 다르지만 "『만세전』은 식민지배의 본원적 축적을 드러내기 위한 방법적 장소로 이뤄진 텍스트"라는 관점 아래 쓰인 선행 연구로는 김항「식민지배와 민족국가/자본주의의 본원적 축적에 대하여:『만세전』 재독해」,『대동문화연구』82호, 2013, 9~35면.

60 "조선을 축사(縮寫)한 것, 조선을 상징한 것은 과연 부산이다." 김경수 책임편집『염상섭 중편선: 만세전』, 문학과지성사 2014(개정판), 74면. 이 책에 수록된『만세전』의 저본은 1924년 고려공사판이다.

견실치 못하거나, 자제력과 인내력이 없어서 깝살리고 만 것이라는 생각은 꿈에도 없다. (…) 어떠한 사정이 어떻게 되어서 한 가구가 주는지 그 내막이야 아무도 모를 것이다. (…) 이같이 해 한 집 줄고 두 집 줄며 열 집 줄고 백 집 주는 동안에 쓰러져가는 집은 헐려 어느 틈에 새 집이 서고, 단층집은 이층으로 변하며, 온돌이 다다미가 되고 석유불이 전등이 된다.[61]

『만세전』의 많은 부분은 식민지 조선의 전근대적 유제와 자본주의화 과정을 분석하는 데에 할애되어 있거니와, 1인칭 주인공이자 관찰자이기도 한 이인화는 조혼한 아내의 죽음을 계기로 토오꾜오 귀환을 결심하면서 일본에서 만난 시즈꼬에게마저 결별을 선언한다. 이는 작품의 제목이 이미 상징하는 바와 같이 3·1운동이 폭발하기 직전, 그러한 폭발이 일어날 수밖에 없는 고양된 조건들을 '질식할 것 같은 묘지'로 압축상징한 데서 이미 드러나듯 환멸의 일방통행만이 아닌 부활의 선포이기도 했다. 마지막 장면에서 그의 토오꾜오 귀환이 지닌 함의가 단순치 않은 것은 바로 그 때문이다. 다음은 이인화가 작품의 결말에서 토오꾜오로 떠나는 길에 시즈꼬에게 쓴 편지의 일부다. "나는 잃고 가는 것이 아니라 얻고 간다고 생각 않을 수 없습니다. 어떻든 우리는 우리의 길을 찾아서 나가십시다. (…) 우리는 다만 호흡을 하고 의식이 남아 있다는 명료하고 엄숙한 사실을 대할 때에 현실을 정확히 통찰하며 스스로의 길을 힘 있게 밟고 굳세게 살아나가야 할 자각만을 스스로 자기에게 강요함을 깨달아야 할 것이외다. (…) 가슴을 훨씬 펴고 모든 생의 힘을 듬뿍이 받으소서."[62]

여기서 '나' '생의 힘'에 대한 강조가 개인주의나 아나키즘 쪽으로 시선을 뺏기도 하지만 문필활동 초기부터 "개념적 사상의 복창"[63]을 타기해 마

---

61 같은 책, 76~77면.

62 같은 책, 160~61면.

63 염상섭 「계급문학을 논하여 소위 신경향파에 여함」(1926), 『문장전집』 1권, 468면.

지않았던 작가에게 더욱 중요한 것은 "현실을 정확히 통찰하며 스스로의 길을 힘 있게 밟고 굳세게 살아나가야 할 자각"의 내용이거니와 '묘지'라는 비관적인 제목이 어떤 가능성과 위기를 동시에 예비하는 듯한 '만세전'으로 바뀐 데서 이미 일정하게 드러난다. 이인화는 자본의 공세 아래 형질변이 중인 식민지의 현실은 구체제의 종언(조혼한 아내의 죽음과 매장을 둘러싼 논란)과 분리하기 힘든 불가피한 과정으로 섭수하되, 식민종주국에서 타전되어온 모더니티에도 투항하지 않는 것(시즈꼬와의 결별 선언)을 선택한다. 그럼으로써 결말의 토오꾜오행은 근대극복의 전망을 견지한 적응이면서 동시에 그러한 적응 과정을 생략하지 않는 극복의 사회적 상징행위가 되는 것이다.

작가 염상섭의 사상을 이해하는 데 있어 근대 이중과제적 함의를 포착하고 규명하는 일 못지않게 중요한 지점은 근대 이중과제론이 충분히 감당하지 못하는 차원, 즉 문명전환의 비전과 관련된다. "개성의 표현은 생명의 유로流露(드러남)이며, 개성이 없는 곳에 생명은 없다"[64]는 염상섭의 강조는 활동 초기부터 많은 평문을 통해 유사한 형태로 반복되었지만 그것이 문명전환의 비전으로 확대되어 하나의 완성된 논리로 정리된 것은 「유심적 고찰」에 와서가 아닐까 싶다. 그 열쇳말은 '자연의 이법理法'이다. 물론 그보다 이른 시기에 「노동운동의 경향과 노동의 진의」(1920)에서도 노동의 5대 의의 가운데 첫손에 꼽은 것이 "생명의 발로"였고, 그것이 노동생산에 엄연히 개입하면서도 인간의 노력 여하를 넘어선 '자연의 대법칙'을 포괄한다는 맥락이었기에 「유심적 고찰」의 발상이 갑작스러운 것은 아니었다. 여기서 그는 "금후의 인류의 대목표는 자연에, 자연의 이법에 돌아가는 데에 있다"고 전제하면서 "이 목표에 용왕매진勇往邁進할 자각이나 근기根氣가 없다 하면 인류의 운명은 내림길이다. 인류는 쇠미衰微하여

---

64   염상섭 「개성과 예술」, 이 책 166면.

갈 길밖에 없다"[65]고 단언한다. 자본주의와 기술문명이 가져온 물질적·정
신적 폐단들을 규탄하는 목소리는 염상섭 당대에도 수없이 많았지만 일방
적인 부정에 떨어지지 않으면서도 그 갱생의 도道를 제시하는 경우는 희
소했다는 측면에서 우선 주목에 값한다.

오늘날의 문명인은 자연을 구축驅逐하고 기계를 주인 삼은 데에 그 전소
생활의 알파와 오메가가 있는 것임은 물론이다. 금대인今代人은 자연의 대
지 위에서 낳아가지고 기계에 집어넣어서 조금도 틀림없도록 나사를 잔뜩
조여놓은 데에 특징이 있다. 기계의 법칙은 자연의 이법에서 나왔다. 그러
나 기계는 자연이 아니다. 자연의 아들을 기계의 노예로 한 데에 인류생활
의 현실은 폭로되었다. 인간은 인간을 생산하는 기계로서야 비로소 존재의
이유가 성립되는 것이요, 인간으로서의 존재는 벌써 예전에 쓰러졌다. 사람
이 기계의 노예라는 말은 '기계 대 노동자' '자본가 대 노동자'인 경우에만
특정적으로 지칭하는 것이 아니다. 자연을 정복하였다는 자신自信은 자연
의 이법이라는 대실재大實在, 대본의大本義를 무시하고 기계가 산출하여주
는 부富를 중심으로 하여 생활의 법칙을 스스로 만들었다. 이 일장一章 법규
야말로 빗들어선 인류생활의 최후 결산인 동시에, 유물적으로만 기계에 노
예가 된 것이 아니라 그 기계를 통하여 유심적으로도 노예가 되었다. 그 노
예 된 점에 있어서는 자본가나 노동자나 일반이다. 다만 노동자는 이것을
깨달아 가졌고, 자본가는 깨닫지 못하였거나 깨닫고도 그 생활법칙이 자기
의 소유충동을 토대 삼아 작성된 것인 고로 현상 지속에 급급하는 데에 차
이가 있을 따름이다.[66]

보기에 따라 한 세기에 이르는 시간적 거리가 무색해지는 발언이기도

---

65   염상섭 「민족, 사회운동의 유심적 고찰」, 이 책 216면.
66   같은 곳.

하려니와, 주목할 만한 지점들을 나누어 살펴볼 필요가 있다. 우선은 자연과 기계, 자연의 이법과 기계의 법칙을 단순 대립항으로 설정하기보다 전자가 후자를 낳고 포함하는 관계로 본다는 점이 우선 눈에 띈다. "기계의 법칙은 자연의 이법에서 나왔다. 그러나 기계는 자연이 아니다"라고 한 것은 그 때문이다. 따라서 인류의 대목표가 자연의 이법으로 돌아가는 데 있다 하더라도 그것은 기술문명의 소거·배제로 단순화할 수 없다. 염상섭이 문제 삼는 것은 대립하는 양자 간의 적자생존이 아니라 일종의 본말전도다. "자연의 아들을 기계의 노예로" 만든 것이 오늘날 문명의 본질이고 더구나 "유물적으로만 기계에 노예가 된 것이 아니라 그 기계를 통하여 유심적으로도 노예가" 되었다면 바로 그 주인과 노예가 뒤바뀐 본말전도의 현상을 타파하고 재전도하는 과업이 인류에게 요청되는 것이다. 자연의 이법을 무시하고 기계의 노예가 되어 생산한 부와 생활의 법칙이란 한마디로 자본주의를 말하거니와, 노동자뿐 아니라 자본가조차 노예로 만드는 이 자본주의 물질문명을 자연 또는 자연의 이법에 귀순시키는 일이 단순한 기술문명 부정론이 아님은 물론이다. 여기서 말하는 자연은 현실이나 환경에서 분리된 형이상학적 개념이 아니라 만물의 생성과 운동, 변화 가운데 이미 주어져 있는 것이다. 따라서 그 이치 또는 이법에 "순응해야 한다는 명령은 단순히 윤리의 문제가 아니다. 어떤 왕의 포고령이나 철학자의 담론, 성인의 기도로도 납이 금으로 바뀌거나 석유가 밀이 되는 일은 없"[67]기 때문이다. 지금까지 인류가 이룩한 기술문명의 성취는 성취대로 인정 ─ 그 또한 본질적으로는 자연의 이법에서 나왔으므로 ─ 하는 토대 위에서 자연의 이법/기계의 법칙 양자 간 지배예속 관계의 재전도를 요청한다는 면에서 이는 오히려 다음과 같은 맑스의 설명을 연상시킨다.

---

67   C. 더글러스 러미스 『래디컬 데모크라시』, 이승렬·하승우 옮김, 한티재 2024, 219면.

자본주의적 생산방식으로부터 생기는 자본주의적 취득방식은 자본주의적 사적 소유를 낳는다. 이 자본주의적 사적 소유는 자기 자신의 노동에 입각한 개인적 사적 소유의 첫번째 부정이다. 그러나 자본주의적 생산은 자연과정의 필연성을 가지고 자기 자신의 부정을 낳는다. 이것은 부정의 부정이다. 이 부정의 부정은 생산자에게 사적 소유를 재건하는 것이 아니라, 자본주의 시대의 성과―협업, 그리고 토지를 포함한 모든 생산수단의 공동점유―를 바탕으로 개인적 소유를 재건한다.[68]

맑스가 말하는 "개인적 소유의 재건"이 그렇듯 염상섭이 말하는 "인류의 대목표" 또한 지금까지 물질문명이 이룩한 성과를 근거와 바탕으로 새롭게 열리는 비전이다. 다만 차이가 있다면 맑스에게 비중이 흐릿한 '유심적' 차원을 염상섭은 상대적으로 명확히 자각하고 있었다는 점인데, 그럴 수 있었던 이유는 아마도 그의 문명비평 사상이 다음과 같은 대지大地적 사유의 토대 위에 서 있었다는 점에 있을 것이다. "아무리 새로운 생활환경에 안적安適할 수 있더라도 민족적 개성을 상실하였거나 지리적 조건으로 약속된 민족의 전통을 무시하는 사회원은 자연의 이법에 귀순하려는 인류의 신新행로의 동행자가 되기 어려울 것이다. 어떠한 세대, 어떠한 생활조직하에서라도 반도의 흙은 조선말을 하는 사람과 및 그의 자손의 손에서 갈〔耕〕리고 조선말은 반도의 흙을 가는 사람 이외의 사람의 입에서 회화되지 않을 것이기 때문이다."[69] 인류역사상 유례없는 대생산력의 시대로서 자본주의 물질문명이 만연한 불평등과 기후생태 위기 등을 초래함으로써 대전환을 요구받고 있는 중이라면, 그것은 앞에서 말한 '기계/자연' 논의에서와 같이 물질과 정신의 단순대립이 아니라 양자 간 포함관계를 근본적으로 전도시키는 사유와 실천을 필요로 할 것이다. 염상섭이 자

---

68 카를 마르크스, 앞의 책, 1046면.
69 염상섭 「민족, 사회운동의 유심적 고찰」, 이 책 221~22면.

연 또는 자연의 이법이라는 열쇳말을 통해 가리키고 있는 문명전환의 실마리가 그것을 말해주거니와, 이것이 또한 오늘날 염상섭 사상의 현재화가 절실한 이유이기도 하다.

나혜석

나혜석, 자신의 화실에서. 수원시립미술관 소장.

1장
자주와 자립

강명화康明花의 자살에 대하여[1]

6월 15일 제1021호 『동아일보』를 통하여 "강명화의 자살"이란 제목하에 간단한 기사를 보았고 그다음 날 또 이 신문에서 그의 내력의 일란一欄을 보았다. 그 최후에 하였던 말을 볼 때에는 내 전신에 소름이 쭉 끼치고 눈앞이 아물아물하여왔다. 나는 그대로 고개를 땅에 박고 10일 하오 11시경에 약을 먹고 11일 하오 6시 반에 별세別世하였다는 그것을 계산하어볼 때 20시간이나 두고 그 죽음의 길(死路)에 향하여 고통하고 신음하고 최촉催促하였을 것이 환하게 보이며 몸이 일층 우그러지고 벌벌 떨리었다. 나는 일찍이 5년 전에 우리 어머니 돌아가실 때 그렇게도 일각이 바쁘게 아파하시던 그 무섭고 두려웠던 기억이 번개같이 내 머리에 왔다 갔다 하였다(나는 언제든지 누가 죽었다 하면 반드시 이런 경험을 한다). 아, 무서워. 아, 무서워. 그 아픈 길을 어떻게 갔을까. 왜 그런 어렵고 두려운 길을 선택

---

1   『동아일보』 1923년 7월 8일자.

하였을까. 아이구 무서워, 아이구 참말 무서운 길.

나는 이때 마침 병석에 있어서 생로生路에 제일 중대한 조건인 음식을 먹지 못하는 고통과 또 무수한 일을 두고 노동할 기력이 없어 비관하는 과민한 신경으로써 우연히 강씨의 자살에 대하여 동감, 동정할 점이 많았을 뿐 아니라 옳고 그름을 분석해볼 만치 여유가 있는 좋은 기회였다. 그러나 오직 그의 자살 내용 전체가 기생 생활로 인한즉 내가 살아온 가정이나 사회와는 별세계였던 그의 번민과 고통인 경로에 대하여는 나로서는 능히 알지 못할 점이 많은 것은 사실이요, 큰 유감이다. 그러나 나는 어떤 사회의 인사人事를 물론하고 그 '사람'인 본능성은 일반이라고 생각한다. 그러므로 누구든지 사람으로서는 생에 대한 욕망, 죽음에 대한 공포심이 강약대소의 차는 있을지언정 그 소질을 겸비하고 있는 줄 안다. 그러므로 이 통성상通性上으로 보아 소소한 사정을 제하고는 대체를 능히 동감, 동정할 수 있는 것이라고 생각한다. 더구나 이 문제에 들어서는 같은 여성인 출연자, 같은 조선의 배경, 같은 과도기인 무대, 같은 풍속 습관의 각본 중에 있는 우리가 그 자살 동기의 비밀을 알 것이요, 또 알아야 할 것이다. 이로 인연 삼아 우리 조선 여자들의 전도에 계속할 생의 이유를 확립하여야 하겠고 자살의 무의미를 자성自醒하여야 할 것이다. 이럼으로써 비로소 우리의 생활에는 아무 모순 없는 열정이 있을 것이요, 노력적일 것이요, 낙관적일 것이다. 이 의미로 보아 생사의 문제는 확실히 우리 생활 동기 중의 기초가 되고 또 전부인 줄 안다. 나는 이 일념하에 우선 나부터의 내 방황하는 생활을 확립키 위하여 이 문제에 대하여 감상을 약술할까 함이다.

종로 복판에 서서 남산을 바라볼 때 만일 그 산정山頂에 정립正立한 사람이 보인다 하면 그 사람은 마치 천사와 같이 보이리라. 그리하여 천치, 무감각자를 제하고는 누구든지 이 먼지투성이인 시가에서 떠나 저기 저 사람과 같이 신선하고 청결하고 경치 좋은 저 꼭대기에 올라가서 장안長安을 내려다보는 천상인天上人이 되고자 하는 희망이 있을 것이다.

지금 조선 기생계의 일반 정신이 이러하다. 그중에 총명한 자면 자일수록 자기의 그 노예적 생활, 비인도적 생활에서 뛰어나와 다른 사람과 같은 사람다운 생활을 해보려는 이상이 있고 실행을 하려 든다. 그리하여 머리 올리고 구두 신은 여학생만 보면 다 선善이고 다 미美이며 일부일부一夫一婦의 신가정 생활을 볼 때는 재미가 깨가 쏟아질 듯싶고 행복이 무한량일 듯싶게 보인다. 그러할 때 자기 몸을 돌아보면 모든 것이 악惡이요 추醜이며 지옥불에 떨어져 허덕허덕하는 듯싶다. 세계가 넓다 하되 오직 한 몸의 안거安居할 바가 없고 사람이 많다 하되 오직 한 사람의 가슴에서 끓는 피, 사랑을 받지 못하고 또 줄 곳이 없는 기생들로서는 마땅히 갈망할 일이다. 마침내 산정에 이르면 '별것이 아니었다' 실망을 할 만큼 누구나 결코 그 경우에 만족하는 자가 없다. 행복이 있었다 하면 산정에 도달하였을 그 순간일 뿐이요, 그것도 벌써 과거의 것으로 돌아갔을 뿐이다. 이것이 인생인 것을 냉정하게 생각할 여유조차 없으리만치 기생의 생활은 건조무미하고 허위 적막이다. 행복과 만족은 결코 비아非我로서 구할 바가 아니요, 반드시 자기 내심內心의 작용으로 말미암아 영원토록 일신일변一新一變하는 느낌을 얻을 수 있는 것을 또한 기생과 같은 감정생활, 기분 생활자로서는 도저히 자각할 수 없을 것이다. 강씨의 금번 자살의 원인도 확실히 여기 있는 것이다. 즉 개인적 생의 존엄과 그 생을 전개하여갈 역량의 풍부한 것을 지신하면서 어디까지 할 수 있는 대로 살려고 하는 것이 현대인의 이상이요, 그 생의 전부를 전개하려고 노력하는 일체의 행위가 행복이요 만족인 것을 일찍이 자각하였던들, 종종 있는 저항력이 결핍한 자들이 환경의 압박을 감당하지 못하여 생활의지의 강욕強慾을 잃고 일신의 순결을 보존키 위하여 스스로 죽음을 촉박하는 데 빠지지 않았을 뿐 아니라 뜨거운 생존욕, 분투, 노력심이 더욱 더하였을 것이다. 기사 중에 그는 장씨張氏에 대하여 이렇게 말을 하였다 한다. "나는 결코 당신을 떠나서는 살아 있을 수가 없고 당신은 나하고 살면 사회와 가정의 배척을 면할 수가 없으니 차라리 사랑을 위하고 당신을 위하여 한목숨을 끊는 것이 옳소"하였다 한다. 얼마나 번민 고통을 쌓고 쌓아 견딜 수 없고 참을 수 없어 한 말인지 실로 눈물지어 동정할 말이다. 나는 언제든지 자유연애 문제가 토론될 때는 조선 여자 중에 연애를 할 줄 안다 하면 기생밖에는 없다고 말하여왔다. 실로 여학생계는 너무 이성에 대한 교제의 경험이 없으므로 다만 그 이성 간에 있는 불가사의의 본능성으로만 무의식하게 이성에게 접할 수 있으나 오직 기생계에는 이성교제의 충분한 경험으로 그 인물을 선택할 만한 판단력이 있고 많은 사람 중에서 오직 한 사람을 좋아할 만한 기회가 있으므로, 여학생계의 사랑은 피동적이요 일시적인 반면에 기생계의 이러한 자에 한하여만은 자동적이요 영속적일 줄 안다. 그러므로 조선에 만일 여자로서 진정한 사랑을 할 줄 알고 줄줄 아는 자는 기생계를 제하고는 없다고 말할 수 있는 것이다. 이 의미로 보아 장씨의 인물 여하는 물론하고 강씨가 스스로 느끼는 처음 사랑을 깊이깊이 장씨에게 대하여 느꼈을 줄 믿는다. 이에 불구하고 그 경우가 애인과 동거치 못할 처지에 있어 동거치 못할 수는 없겠다는 결심이 있다 하면 실로 난처한 문제이다. 이와 같이 씨는 비운에 견디다 못함으로 연애의 철저를 구하기 위하여, 정조의 순일純—을 보수하기 위하여, 자기 정신의 결백을 발표하기 위하여, 세태를 분노하기 위하여 자살을 실행한 것이다. 그러나 동기는 여하하든지 자기 생명을 끊는 것은 다 자포자기의 행위이다. 생명의 존귀와 그 생명 역량의 풍부를 자각한 현대인의 취할 방법은 아니다. 어디까지든지 살려고 드는 데 연애의 철저며 정조의 일관이며 정신의 결백이 실현될 것이다. 무슨 까닭인가 하면, 살려고 하는 노력에 있어야만 이들 조건은 가치가 있는 것이요, 살려고 하는 것을 제하고는 일체가 허무虛務인즉 세태의 혼란을 분노하는 것도 좋지마는 그것만으로는 살기 위하는 노력이 부족하다. 하물며 그로 인하여 스스로 분사憤死하는 것은 제일 부끄러워할 만한 비겁한 행위이다. 진심으로 세태를 분노한다 하면 자진하여 세태를 개조하는 책임을 깨달을 것이다. 혹 씨에게는 이렇게 냉정하게 본말本末 이치를 생각해볼 여유조차 없이 그 번민 고통이 고도에 달하였을는지도 모르겠다. 그리하여 그의 일편의 가슴속에는 선악, 비통, 환락의 상대가 생生이라 하면 이들의 차별을 초월한 절대일여絶對一如한 세계가 죽음으로 보였을는지도 모른다. 이 의미로 죽음을 절대의 안정으로 이해하였을 것이다. 누구든지 죽음의 공포를 감각하면 그것은 즉 '어떻게 살아갈까' 하는 목적이 있음이요, 언제든지 생의 욕망을 방기하면 곧 절대의 안정인 세계가 나타날 것이다. 그리하여 생의 욕망과 상대하므로 비로소 죽음이 공포될 것과 같이 절대의 죽음은 두려운 것이 아니요, 오직 상대의 죽음을 두려워하는 것인 줄 안다. 씨에게는 상대의 죽음을 두려워할 만한 견고한 의지가 없었고 그만한 교육이 없었으며 자기 한 생명의 존재를 자신할 만한 아무 능력과 희망이 없었음으로 기인한 비관이요, 새로운 여론을 일으킴으로써 자기의 연애를 일체 신선화新鮮化하려는 허영심이다. 즉 신식에 유행하는 신사상에 물들었다고 하는 비난은 면할 수 없을 것이다. 물론 누구든지 자살하는 내면에는 소질의 박약함과 환경의 불량과 교육의 부족한 원인이 있을 것이다. 그러나 다수는 이 운명을 무슨 숙명과 같이 알아 불가피한 팔자로 정하므로 그 운명의 대부분을 전개할 만한 역량의 자각이 없어 자살에까지 이르는 것이다. 그리하여 어떠한 동기의 자살이든지 무엇이든지 자기의 사려로 부담할 수 없는 사건을 만나면 목전目前의 고통을 피하기 위하여 모방성으로 나오는 이 착오된 생각을 유일의 지주支柱로 알고 경솔히 실행하는 것은 기실 아무것도 아니요, 무능력하다는 증거인 염세적 자포자기의 행동이다.

누구든지 자식을 낳아보고 길러본 자는 알 것이라. 모태로부터 얼마만큼 심혹한 고통을 우리 어머니에게 끼치고 또 우리가 경험하였었는지, 얼마마한 위대한 자애의 느낌을 받고 주고 하는지! 우리의 목숨은 결코 그렇게 헐값 가진 것이 아니다. 내 목숨이되 내가 끊을 아무 권리가 없는 것이다. 내 몸은 결코 내 소유가 아니다. 우리 어머니 것이었고 우리 조상의 것이었으며 내 사회의 물건이다. 내 생명이 계속되는 최후까지 내 힘을 다하여 남들이 하는 것을 다 해보는 수밖에 다른 아무 보은될 만한 것이 없는 줄 안다. 남과 같이 행복스럽고 만족한 생활을 좀 못 하기로 무슨 그다지 크게 자포자기할 것이 무엇이랴. 나 할 때까지 내 일만 하면 또한 이것이 행복스럽고 만족할 수 있을 것이 아닐는지? 자살은 개인의 자유요 권리라고 말할는지 모르나 권리는 타인의 권리를 침해치 못한다는 조건이 있다 하면 그 사람의 자살로 인하여 가족이나 사회에 손해를 끼치는 위험이 있다 하면 권리의 정당한 행사가 아니요, 도리어 불법비리不法非理의 행위일 것이요, 타살과 한 모양으로 죄악으로 볼 수밖에 없는 것이다. 여하한 동기의 자살을 물론하고 동정하고 찬미할 이유는 아무리 생각하여도 없을 것이다.

연連하여 한강철교상 자살에 대한 기사를 보았다. 절대의 안정세계로 향하는 그네들은 하여간 근심 걱정 다 버리니 편안할는지 모르거니와 그 후면에 있어 살아보려고 애쓰는 우리들을 위하여 한번이라도 걱정하여주기를 바란다. 우리들의 처지가 꼭 죽어야만 할 것인지 모르지마는 그래도 좀더 살아보고 싶다. 요 고비만 눈 꿈쩍 넘겨보고 싶다. 설마 꼭 요대로만 살라는 법이 어디 있으랴, 다 같은 인생으로. 그러지 아니해도 조선 사람의 생활의 전부는 대대로 죽지 못하여 살아가는 살림이었다. 아무 살 이유가 없었고 자각이 없었고 노력이 없었으며 열정이 없는 오직 죽음의 차례를 고대하고 있었을 뿐이었다. 게다가 일층 자살의 실행자, 결심자까지 나면 우리 살려고 하는 사람들의 정신에는 매양 자극을 받게 되고 방황을 얻게 된다. 개인이나 사회를 물론하고 좋은 환경에 있기보다 역경에 있을 때 비로소 굳어지고 여물어지는 것이다. 여기에서 나타나는 인물이라야 위대한 인물이요, 여기에서 출한 사상이라야 철저한 사상일 것이요, 여기에서 출한 예술이라야 심오한 예술일 것이라. 이는 과거 러시아 상태로 실례實例를 들 수 있음과 같이 우리의 이 한 고비를 참고 이겨 살아가는 데 조선 사람의 민족적 생활 근지根地가 철저하게 잡힐 줄 안다. 더구나 이에 직접 또는 간접으로 임무인인 우리 일반 여자들은, 현대인의 살아가는 이상은 전날과 같이 파괴적이요, 부정적이요, 소극적인 사상은 내재치 아니하고 철두철미하게 우리들의 이상은 건설적이요, 긍정적이요, 적극적으로 삶의 전개가 있을 뿐이요, 죽음은 이상의 적으로 알고 그것을 우리가 힘껏 정복하려는 결심하에 자살의 행위를 평범화하고 추화醜化하고 우열화愚劣化하고 죄악화하는 경향이 있기를 바란다. 결론에 이르러 강씨와 같은 명민한 두뇌와 미려한 용모와 열정의 가슴이 허무에 돌아간 것을 지자知者 중 한 사람으로 애도하며 일념一念을 영전에 드리고자 한다. (1923. 6. 21)

생활개량에 대한 여자의 부르짖음[2]

먼저 마음부터 고치자. 그리고 살림을 고치자.

나는 조선 사람의 살림살이를 불러 야명조夜鳴鳥[3]의 살림과 같다고 하고 싶습니다. 인도 설산雪山 히말라야 산중에 야명조라는 새가 있답니다. 이 새는 웬일인지 일평생을 두고 결코 보금자리를 짓는 일이 없답니다. 그리하여 밤이 되면 높은 산의 추위는 우모羽毛를 씨르고, 고르소크Korzok[4] 넓은 들을 넘어드는 찬바람은 노수老樹의 가지를 흔들어 겨우 부접하여 있는 새들을 쫓아냅니다. 캄캄한 밤과 찌르는 찬바람에 싸여 갈 길을 방황할 때 새들은 일제히 "밤이 밝거든 보금자리를 짓자〔夜明造巢〕"라고 운답니다.

2   『동아일보』 1926년 1월 24~30일자(7회 연재). 주로는 '~습니다' 체이나 간간이 '~한다' 체가 혼용되어 있다. 예외적 뉘앙스를 지닌 마지막 문장을 제외하곤 '~습니다' 체로 통일했다.

3   불교 설화에 등장하는 상상의 새. 밤만 되면 내일은 집을 짓겠다고 울지만 날이 밝으면 전날 밤의 추위를 잊고 집짓기를 미룬다 함. 원문에서 '야명조(夜明鳥)'의 '밝을 명(明)'은 '울 명(鳴)'의 착오.

4   인도 라다크 지역의 고산마을. 원문의 '코렌직쿠'를 바로잡음.

그러한 무섭고 괴로웠던 끔찍끔찍한 밤이 다 가고 붉은 아침 햇빛이 남쪽 바다로부터 솟아오를 때 비로소 활기와 빛을 얻어 휘황한 우모에 두 날개를 펴서 삼삼오오 짝을 지어 동서남북으로 흩어지나니 이 오천광야五千廣野[5]에는 예부터 곡물과 곤충이 많이 있으므로 밤새도록 "야명조소, 야명조소" 하고 울고 있던 새들도 눈앞에 널려 있는 밤나무, 무화과며 포도잎새 그늘에 숨어 있는 모충毛蟲에만 마음이 쏠려 그만 보금자리 지을 생각은 멀리 잊어버려두고 그와 같이 종일 실컷 놀고 마음껏 먹고 나서 설산 산림 중에 돌아와서는 밤이 되면 또 "야명조소, 야명조소"라고 운답니다. 이렇게 하기를 일생을 두고 하다가 죽는답니다. "살림살이를 개량하여야겠다. 사는 것답게 살아야겠다. 지금 아는 것으로는 부족하니 더 배워야 하겠다." 이러한 부르짖음이 웬만한 사람 중에는 당연한 문젯거리가 되고 말았습니다. 그러나 지금까지 딱 결단을 하여 실적을 보인 이를 별로 볼 수 없습니다. 다만 안심치 않은 살림으로 하루 이틀을 지내고 있을 뿐입니다.

물론 여러 원인과 장애가 있을 것입니다. 그러나 의지가 약하고 반성이 박한 것이 큰 원인일 것입니다. 그리고 선조로부터 내려온 인습에 얽매어 당장으로 고칠 수 없는 사정도 있을 것입니다. 더욱이 주위의 비난으로 하여 고칠 수 없는 수도 있을 것입니다. 즉 '이렇게 하면 다른 사람들이 웃지나 아니할까, 감정을 사지나 않을까, 교제상 비평하지나 아니할까' 하는 경우도 적지 않을 것입니다. 그리하여 대담하게 해야만 할 때까지 하지를 못하고 언제든지 안정이 없고 본뜻이 아닌 살림을 하게 됩니다.

남이야 어찌 알든지 상관없이 자기 혼자 정당한 길을 밟는다든지 습관된 폐풍弊風을 개량한다는 것은 실로 쉽지 못한 일입니다. 혹시 이러한 결심이 있어 남이 못 하는 일을 해보겠다고 하다가도 자칫하면 많은 가운데로 끌려가고, 시간을 따라 결심하였던 것이 언젠지 모르고 쇠멸해서 버리

5   원문에는 한자가 병기되어 있지 않으나 이는 성경에서 오병이어(五餠二魚)로 오천명을 먹였다는 광야의 기적을 뜻함.

기 쉽습니다. 즉 다른 사람과 같은 행동을 취하여야만 할 때에 일종의 고통을 깨닫게 되었었으나 어느덧 아무 고통을 깨닫지 않게 되면 벌써 생활개량이라든지 더 배우겠다는 여지가 없어지고 힘쓰지도 않을 뿐 아니라 동화同化해지는 것을 알지 못할 만치 별로 살림 개량할 필요까지 없어지며, 결국 아무렇게나 이럭저럭 되는 대로 살다가 죽으면 그만이지 하는, 귀찮은 생활을 하게 되는 것을 몇이라도 볼 수가 있는 오늘날입니다. 일본 유학생이 일본 있을 때 책상머리를 주먹으로 치며, "조선 사람은 부지런하여야만 하겠다. 책을 많이 보아야겠다" 하고 생활개량을 부르짖다가도 조선 땅을 밟으면 어느덧 아침잠이 늘어가고 매일 오는 신문도 접은 채로 쌓아두는 일을 흔히 볼 수 있습니다. 또 시골서 서울로 올라온 남녀 사람들은 자기 고향의 더럽고 정돈 못 된 살림살이를 개량하겠다고 결심하고 돌아갔다가는 그냥 돌아서 올 뿐 아니라 자기조차 더럽고 질서 없는 짓을 내어버리지 못하는 것을 많이 볼 수 있습니다. 이런 예를 매거枚擧하려면 얼마라도 있을 것입니다. 하여간 '그대로 그럭저럭 살자'는 것이, 죽지 못하여 사는 이것이 우리 지금 생활의 방법이요 목적입니다. 다시 말하면 한 사람의 개량이 무슨 그다지 큰 효과가 있으랴, 하고 스스로 머리를 숙여 게으름을 부려 서로 앞을 사양하는 동안에 또다시 전과 같은 살림을 되풀이하게 되는 것입니다. 어느 때까지든지 이와 같이 계속해가면 개량 진보는 감히 바랄 수 없는 것입니다. 그러나 우리 중에 오직 한 사람이라도 진정으로 자기의 행복을 구하고 자기의 이상을 실현하기 위하여 분발奮發 용투勇鬪한다면 거기에 생활에 대한 새 뜻을 찾을 수 있을 것이요, 그리하여 오직 한 사람의 힘이라도 반드시 영향을 끼칠 일이 있을 것입니다. 이렇게 사람마다 그 마음을 늘 개량에다 두고 살 수 있음으로써 우리 생활에만 활기를 띠울 수 있겠고 살아 있는 맛을 알 수가 있을 것입니다. 이것이 우리 사람들의 생활을 견실하게 하는 상태라고 생각합니다.

　나는 그동안 신문에서나 잡지에서 생활개량에 대한 언론을 많이 보았습니다. 물론 같은 생각도 많이 있었으나 그 생활 내용은 내버려두고 살림, 즉 제도부터 고치려 하는 데는 어딘지 잊은 것이나 있는 것 같은 저어한 마음이 생깁니다. 다시 말하면 이와 같이 우리들은 시시각각으로 당하는 다른 사람들 사이의 감정은 문제 삼지 않고 먼저 살림살이를 개량하려면 백년을 지나더라도 우리의 살림살이는 아무 개량한 실적이 드러나지 않을 것입니다.

나는 이렇게 생각합니다. 우리 살림을 전부 뜯어고칠 것이 아니라 우리 살림의 방법을 일부 고칠 것이라고 생각합니다. 즉 예부터 우리 살림살이를 다시 세울 것이 아니라 아름다운 풍속이요, 좋은 습관은 다 그대로 두고 악하고 추한 것만 추려서 개량이나 개선을 할 것인 줄 압니다. 하고 본즉, 우리 살림은 너무 난잡하므로 어느 것을 먼저 고쳐야 옳을지 모르겠습니다. 그러므로 질서를 세워 개량의 고안考案으로 시일을 보내는 것보다 오히려 현상에 불만을 품은 자는 누구든지 제일 가깝고 쉬운 자기로부터 힘자라는 대로 개량하는 것이 제일 상책이 아닐까 합니다.

나는 우선 생활개량의 근본 되는 힘을 찾아 얻고 싶습니다. 다시 말하면 자기 마음속에서 끌려 나오는 심화하고 확대하려는 생활욕을 얻고자 하는 근본심이 생겨야 할 것입니다. 물론 우리 사람은 순간이라도 방심과 무지로 있으려고 아니 합니다. 즉 긴착緊着과 직관과 용진勇進이 강자의 생활의 진상인 것을 스스로 깨달을 만한, 몸소 경험하여볼 만한 감정과 지식과 수양이 절대로 필요할 줄 압니다.

그러면 이와 같이 우리들로 하여금 알게 만들고 또 안 것을 실행하게 만드는 이상하게 헤아릴 수 없는 근본되는 힘을 어찌하면 얻을 수 있겠습니까.

우리는 사랑으로 삶으로써 비로소 이 근본 힘을 얻을 수 있겠습니다. 이에 누구보다 먼저 여자 자신이 자기 일신이 땅 위에 있는 것을 자각하여야 하겠습니다. 자기 자신에 과로過勞한 것을 가히 할 줄 알아야 합니다. 자기 자신의 행복을 계획하여야 하겠습니다. 그리하여 자기 자신을 사랑할 줄 알고 동시에 남을 사랑할 줄 알아야 할 것입니다. 다시 말하면 우리 조선 여자는 너무 오랫동안 자기에게 대한 제일 중요한 것을 잃고 살아왔습니다. 즉 '나도 다른 사람과 같이 생명이 있다' 하는 것을 억제하고[6] 왔습니다. 가만히 앉아서 제 숨소리를 들어보시오. '나도 한 사람이다' 하는 자부심이 이상스럽게 전신에 흐르리다. 이렇게 여자의 눈이 뜨임과 동시에 지금까지의 자기가 불행하였고 불쌍했던 것을 알게 될 것입니다. 누구를 막론하고 불행인 역경에서 행복인 순경順境으로 옮기려는 본능에 따라 여자 자신도 어떻게 하면 행복하게 행락行樂스럽게 살아갈까 고심하게 될 것입니다. 그리하여 지금까지 받아보지 못하던 영원불변으로 있을 자기 자신이 귀하고 사랑스러운 것을 자주자주 느낄 것입니다.

이와 같이 자기 자신을 진실로 사랑할 줄 알면 모든 다른 사람을 사랑할 것입니다. 사랑하고 사랑할 수 있는 것은 사람의 본질에서 나타나는 가장 높은 사상이요, 가장 높은 경험인 줄 압니다. 사랑할 수 있는 것으로 말미암아 비로소 이상과 실행, 영靈과 육肉, 이성理性과 정의情意가 융합 일치하여 활동하는 것이 아닌가 싶습니다. 이 점으로 보아 진심으로 사랑할 수 있는 것은 진심으로 살 수 있는 것과 조금도 다름이 없다고 생각합니다. 사랑할 수 없는 자가 누구라 능히 자기 생명의 존귀와 위력을 체험할 수 있겠습니까. 사랑할 수 없는 자가 인생을 단편적으로 보는 반면으로 인생의 진체를 직감할 수 있는 기쁨은 오직 사랑 가운데만 있을 줄 압니다.[7] 사랑 없고서는 한개의 그림 조각이라도 그 아름다운 것을 진실로 향락할 수 없거든, 하물며 사랑 없고 어찌 남자가 여자를, 여자가 남자를, 부모가 자식을, 자식이 부모를, 친구가 친구를, 개인이 사회를, 사회가 가정을, 양해하고 동정하고 서로 도울 수 있겠습니까. 만일 있다 하면 일시의 것이요, 장시의 것은 못 될 것입니다. 나는 바랍니다. 우리 여자는 자기를 사랑하고 또 다

6   원문은 "아니 억제하고"이나 뜻이 통하지 않으므로 교열함.
7   원문의 "사랑할 수 없는 자기 인생을 (…) 오직 사랑 가운데뿐만 있을 줄 압니다"를 교열함.

른 사람을 사랑하며 또 남자를 사랑함으로써 생활개량의 근본 힘을 얻어야 할 것같이 영원히 짝을 지어 살아갈 남자들에게도 자기를 사랑하고 또 여자를 사랑함으로써 생활개량의 근본 힘을 얻을 수 있기를 바라고 천만 번 바랍니다.

이리 되어야만 조선 사람의 생활개량이 근본적이요 계속적일 것이며 급진적일 것입니다. 따라서 생활의 안착이 생길 것이요 민족적 평화가 낳아질 것입니다. 이와 같이 속마음에 근본 힘을 얻은 후면 즉 먼저 마음을 고치면 다시 못 할 바 없이 개량은 저절로 앞을 다투어 진보 발전될 줄 압니다. 그러나 아래에 몇 가지 예를 들어 개량을 부르짖기 위하여 우선 가정제도로부터 쓰고자 합니다.

사람마다 누구든지 완전한 자기를 실현하려면 먼저 자기의 전인격을 실현하여야 할 것이니 반半인격만으로는 자기실현이 불가능한 것입니다. 즉 남녀 상합하여야 비로소 전인격이라고 하고 보면, 남자만이나 여자만으로는 자아실현을 못 하는 것입니다. 그러므로 한 사회 중의 단위는 각각 다른 성질로 서로 채운 남녀 두개의 인격적 상합이요, 두 사람 중에서 나온 자식으로 된 가정입니다. 이로 보면 예부터 지금까지의 조선 여자는 어느 사람과라도 동등할 만한 생활을 하여왔습니다. 조금도 남녀평등이나 자유를 주창할 필요가 없다고 생각합니다. 더구나 남녀가 그 이해를 다르게 생각하는 것은 큰 오해인 줄 압니다. 날마다 사는 데 불가불 써야만 할 불, 물, 나무 중에 하나라도 없고 보면 하루라도 살 수 없나니 물은 물 된 원소와 불은 불 된 원소가 다 각각 다를 뿐이요, 물의 값이 셋이면 불이나 나무의 값도 셋일 것입니다. 요사이 남녀문제를 들어 말하는 중에 여자는 남자에게 밥을 얻어먹으니 남자와 평등이 아니요 해방이 없고 자유가 없다고 흔히들 말합니다. 이는 오직 남자가 벌어 오는 것만 큰 자랑으로 알 뿐이요 남자가 벌 수 있도록[8] 옷을 해 입히고 음식을 해 먹이고 정신상 위로를 주어 그만 활동을 하게 해주는[9] 여자의 힘을 고맙게 여기지 못하는 까닭입니다. 이같이[10] 의식주에 대한 남녀 간의 문제는 오직 곁에서 보는 사람들에게 조소거리밖에 아니 될 것입니다. 우리 가정 살림살이가 좀처럼 개량이 되지 못하는 것은 이와 같이 남자가 자기만 일하는 줄 알고 자기만 잘난 줄 알며, 따라서 여자를 위해주지 않고 고맙게 여겨주지 않는 가운데 불평이 생기고 다툼이 생기며, 남편은 어디까지든지 강자요 우자優者며 부인은 어디까지든지 약자요 열자劣者로 되고 보니 여기에 무슨 살아가는 맛을 볼 수 있겠습니까. 오직 남자 그 사람만 잘못이라 할 수 없고 여자 그 사람만 불쌍하다고 할 수 없이 사회제도가 그릇되었었고 교육 그것이 잘못되었던 것이니 이에 누누이 말할 필요도 없거니와, 그렇게 치더라도 남자는 너무 자기 일신밖에 모르는 극도의 이기적이었고 여자는 너무 다른 사람만 위하여 사는 극도의 희생적이었습니다.

남자들의 변명이, 이는 여자의 과실이라 할는지 모릅니다. 그렇습니다. 이는 꼭 여자 자신이 자기를 잊고 살아온 까닭이요 그 여자들이 또 여전히 딸은 천히 기르고 아들은 귀히 길러 저만 잘난 줄 알게 교양해온 까닭입니다. 나는 모르겠습니다. 남자들과 같이 학문이 많고 문견이 넓어 외사外事[11]를 논하고 내사內事를 평하는 자로서 자기 눈앞에 닥쳐 있는 것을 왜 모르는지 자기 일신의 행복은 오직 가족을 사랑하는 데 있는 것을 왜 반성치 아니하는지, 왜 실행치 아니하는지, 나는 이것이 큰 의문입니다. 즉 평화의 길은 오직 강한 자가 약한 자를 보호하고 우승優勝한 자가 열패劣敗한 자를 도우며 부자가 가난한 자를 기르는 데 있나니, 우리의 가정이 화평하

---

8   원문의 "벌어지도록"을 교열함.

9   원문은 "활동을 주는".

10   원문에는 "이같이" 뒤에 "여자의 반감을 일으키는 것보다 여자 자신이 반성하는 것밖에"가
     따라 나오지만 문맥이 끊어지는 데다 뜻이 잘 통하지 않아 편집상의 오류로 추정하고 이를
     삭제함으로써 문맥을 명료하게 했다.

11   원문은 한자병기 없이 "의사"로 되어 있으나 뒤이어 나오는 "내사"와의 호응을 고려할 때
     "외사"의 오식으로 추정했다.

려면, 행복하려면, 강자요 우승자요 부자인 남자가 약자요 열패자요 가난한 자인 여자를 애호하는 데 있는 줄 압니다.

아닙니다. 나는 구태여 여자를 낮추고 그 도움과 아껴주기를 구걸하는 것이 아닙니다. 오직 남자 자체를 위하여 애달파하는 것입니다. 그들은 한 번이나 그 처가 정성을 다하여 만들어주는 의복과 음식에 대하여 고마운 뜻을 표한 때가 있었습니까? 그 노력을 아껴준 때가 있었습니까? 그 처가 두 사람 중에서 생긴 3, 4인의 자식을 혼자 맡아가지고 밤잠을 못 잘 때 한 번이라도 같이 일어나 앉아주었는지, 다 각각 자기 마음을 헤아리면 '과연 잘못하였다' 하고 사과할 사람이 많을 줄 압니다.

아닙니다. 나는 꼭 우리의 본심에서 발하는 그 정력에 대하여 값을 요구하는 것이 아닙니다. 그대들은 우리를, 우리들은 그대를 믿고 바라고 사는 동안 아니, 살아가야만 할 동안 일껏 우리의 단순한 진정에서 끓어 나오는 정력과 희망이 그대들의 냉대에 접할 때 실망으로 돌아가는 것이 애처롭고 이로 인하여 그대들의 활동에 고독과 적막이 생기는 것이 가석하단 말입니다. 그러면 하필 남자에게 대하여 그 정신을 요구하느냐고 할는지 모르나 여자는 이 이상 그대들에 대하여 절대 맹종할 수 없고 절대 희생할 아무 남은 것이 없는 연고입니다.

한즉, 이에 반대로 절대 방종이었고 절대 이기利己였던 남자의 생활 도수가 일부만 좀 내려지면 우리 생활은 의외에 쉽게 개량할 수 있는 줄 압니다. 사실 어느 방면으로 보든지 우리 여자보다 선각자요 선진자이며 한 집, 한 사회를 지배할 수 있는 가권家權, 위정권爲政權을 가진 남자들의 장중掌中에 우리의 생활개량의 여부가 달린 것이 두말할 것 없을 만치 합리적이요 필연적입니다. 다시 말하면 가장 곤란할 듯하고도 가장 쉬운 것이니, 자기와 타인을 사랑하고 이해하고 동정할 수 있는 생활을 먼저 가정에서부터 실행이 된다 하면 같은 생生이지만 더 참되고 더 즐겁고 더 재미있는 길로 들어갈 수 있다는 것이 나의 절실히 원하는 바입니다.

우리 부인들은 지금 조선 남자들의 여러 가지 걱정 있는 것, 더구나 생활난에는 직접 책임자요 관계자인 그 고통에 대하여 눈물지어 동정하는 바입니다. 우리는 우리가 찬미하는 정신문명과 꼭 같이 물질문명을 찬미합니다. 이는 어떠한 사회를 물론하고 생활상 절대 필요한 단계입니다. 더구나 지금과 같은 때는 전과 달라서 장대신기壯大新奇한 물질문명의 창조로 하여 윤택과 행복을 더 얻을 수 있습니다. 즉 이것이 우리 생활 중에 중요한 지위에 있는 것은 누구나 다 아는 바입니다. 한즉, 지금 생활에 먼저 선 자가 되려 하든지, 또 용감한 자가 되려면 지금 사람들이 창조한 윤택한 물질문명을 기초 삼는 정신적 생활이 아니면 아니 되는 것인 줄 압니다. 이러한 정신적 생활을 하게 되어야 비로소 원만한 생활이라고 할 수 있겠습니다. 똘스또이의 "물질문명을 제외하고 처음부터 정신적 생활을 바라는 것은 마치 기초 없는 집과 같다"는 말과 같이 지금 세상이 전 세상보다 말할 수 없이 풍부한 것은 물질과 정신이 똑같이 진보한 까닭입니다. 이로 보면 우리는 우리 생활의 중요한 물질문명에 기초 삼을 만한 아무 기관이 없고 방침이 없으니 따라서 생산력[12]이 없고 노동력이 아니 납니다. 이로 인한 우리 살림은 비관이요 염세요 내용이 빈약한 것을 면치 못합니다.

물론 사람은 누구든지 어느 때를 물론하고 그때의 운〔環境〕이라는 것은 면할 수 없는 인연이 있습니다. 우리의 운명은 우리의 벌이 방면이 막히고 물질 방면의 발전이 불가능하다고 할는지 모르겠습니다. 그러나 운명이란 것은 꼼짝달싹할 수 없이 꼭 정해놓은 것이 아니라 어느 정도까지는 힘써서 펴갈 수 있는 줄 압니다. '힘쓰는 자에게 도움이 온다'는 말과 같이 하다가 못 하면 할 수 없거니와 하지도 않고 운명을 저주하며 사회를 원망하는 사람도 있는 것은 종종 볼 수 있습니다. 내가 거년去年에 귀국하였을 때에 고향에 가서 우리 일가 중에 삼대를 두고 가난하였으니 굶기를 부잣

---

12   원문은 "생산률".

집 밥 먹듯 하는 집에를 찾아가보았습니다. 한칸 방에는 다 떨어진 고리짝 두어개 놓여 있고 사방 벽에는 빈대 피로 종이가 보이지 않으며 너풀거리는 신문지 창살 사이로는 강풍이 쏟아 들어오고 고래 무너진 얼음 같은 구들 한구석에 칠십 노인이 3년간 숙환으로 신음하고 있으며 열살쯤 된 딸과 오십쯤 된 어머니는 굶은 배를 쪼그리고 마주 앉아서 손등에서 흐르는 피를 치마 자락에 씻어가며 남의 다듬이를 하고 있는데 꽃다운 나이가 22, 3세 되는 건장한 아들은 건넌방에 누워서 버르적버르적하고 있었습니다. 그를 보니 말쑥하게 옥양목으로 바지저고리를 입었으며 손은 분길 같고 머리는 찌꾸[13]를 발라 모양 있게 좌우로 갈라 붙였습니다. 나는 하도 어이가 없어서 어안이 벙벙하였습니다. 그리하여 참다못하여 물어보았습니다. "너도 사람이냐? 너는 왜 그 넓적한 등에 지게를 지고 나가서 그 굵은 팔로 나무를 아니 하느냐?"고 한즉 "그것을 창피스러워 어찌 해요?" 하고 대답합니다. 나는 기가 막혔습니다. 그때 그 옆에 선 어머니에 대하여, "저놈을 왜 옷을 입히고 죽을 먹이오?" 하고 물어보았습니다. 그는, "그러면 어찌하오? 다 팔자 소관인 것을" 합니다. 나는 다시 말 아니 하고 돌아서며 울었습니다. 조선 사람 중에 하필 이 사람뿐이리까. 그런 사실이 즐비하였습니다.

이와 같이 우리는 가난한 것을 잊어버리는 학자의 생활이었고 없는 것을 낙관하는 예술적 생활이었습니다. 직업을 취함에는 높고 낮은 선택이 심하여 그 체면과 문벌과 인격을 보존하기 위하여서는 비록 배에서 꼴꼴 소리가 나더라도 부라질을 하고 있는 자가 적지 아니합니다. 이는 과도기에 있을, 면치 못할 사실이라 하면 다시 말할 여지 없거니와 "우리도 생명이 있다. 있는 이상 우승자요 강한 자로 살자" 하는 이상과 요구와 희망과 실행이 있다 하면 남이 다 가져가고 남이 다 한 찌끄레기요 부스러기 가운

---

13   포마드의 싸구려 대용품을 뜻하는 속칭이자 방언으로, 원문은 "직구".

데라도 아직도 많이 취할 것이 있을 줄 압니다. 이와 같이 우리의 사상은 너무 고상하고 우리의 이상은 너무 조직적이니 따라서 물질도 이대로 같이 가야 하도록 힘써야 할 것입니다. 이는 오직 자기와 타인과 사회를 사랑함으로써 목표를 삼을진대 의외에 쉽게 실행이 될 것입니다.

우리에게는 취미성趣味性이 매우 박약했습니다. 하나 요새 와서는 청년 남녀 중에 취미를 가진 이도 많이 보겠고 또 가지려고 하는 이도 많이 있는 것은 다행한 일인 줄 압니다. 이 취미란 것은 그 생활이 안정되고 정신이 원만할 때 이것만으로 오히려 만족을 느끼지 못하여 다시 물질계를 떠나고 정신계를 떠나 일종의 신비계로 들어가려는 것으로 형언치 못할 쾌감을 느끼게 되는 것입니다. 지금까지의 모든 것이 피동적이요 의무요 책임으로 하던 것이라도 전혀 자동적 행동으로 일변하고 일진日進하여집니다. 그리하여 전에는 남을 위한 생활이었으면 지금은 다만 자기 자신을 위한 생활이 되어버립니다. 즉 각각 달랐던 자기와 남 사이가 합치해집니다. 우리가 간절히 얻으려는 행복은 오직 이러한 마음으로 있을 때 비로소 그 행복의 형상을 볼 수 있는 것입니다. 이러한 취미성의 싹이 자라가면 자라갈수록 인간성은 진선미眞善美에로 숙련할 수 있을 것입니다. 그러나 유감인 것은 우리 중에는 이러한 취미성의 숙련자가 많지 못합니다. 왜 그러냐 하면 취미성은 한때 씩은 돋을 수 있으나 그 취미성이 완숙하기까지는 몇 대 선조로부터 내려오는 취미성이 없고서는 완숙하기에 이르기 어렵다고 생각합니다. 한즉, 우리의 취미성이 풍부해지려면 아직도 몇 대의 역사를 기다려야 할는지 모릅니다. 그렇게 친다 하더라도 우리의 생활이란 참 살풍경하지 않습니까. 밥때가 되면 밥 찾아 먹고 밤 돌아오면 잘 줄만 알 뿐이요, 여자는 일평생 다듬이, 빨래하기에 꽃이 언제 피는지 단풍이 지거나 말거나 이렇게 철두철미로 취미가 없이 살아왔습니다. 우리는 장차를 살기 위하여 사는 것이 되지 말고 사는 그것이 유쾌하도록 살아가야 할 것입니다. 그리하여 우리가 남편의 옷과 자식의 옷을 지을 때 금치 못하는 재미가 생겨야 하겠고 남편이 비를 들어 마당을 쓸거나 어린애를 안아줄 때나 도 끼를 들어 장작을 패더라도 이는 그 부인을 도우려는 의무도 아니요 대장 부된 체면 손상도 아니 될 것이요, 오직 취미에서 솟는 쾌락뿐일 것입니다.

이와 같이 취미를 수양하여서 그 취미로 실생활에 실현케 된다 하면 이 위에 업힌[14] 우리 생활은 신성하고 고상하게 개량할 수 있다고 생각합니 다. 생산률과 소비력이 같아야 비로소 우리 생활은 안착을 얻을 수 있는 것 입니다. 이것이 피치 못할 우리 생활의 중요한 지위를 점령하고 있는 것은 사실입니다. 이로 인하여 우리에게는 생기가 있고 활동력이 생기며 한 가 정이 정돈되고 한 사회의 질서가 생깁니다. 그리하여 우리는 깊이 생각할 정력도 생기고 연구도 계속할 수 있습니다.

그러나 우리의 과거 및 현재를 보면 이와 반대가 됩니다. 버는 것이 다 섯이면 쓰는 것은 여덟이나 됩니다. 이와 같이 우리의 살림은 예산 없는 살 림살이입니다. 우리의 생활은 아주 기분적이었고 광열적狂熱的이었나니 순간의 쾌락과 한때의 수단을 취하기 위하여서는 일생의 불평과 실망될 것을 생각 못 합니다. 물론 누구에게든지 그 순간적 쾌감이란 다시 얻지 못 할 아름다운 감정이라고 생각합니다. 그러나 이 아름다운 감정이 자기와 타인 간에 해독이 생길 때는 망동으로 볼 수밖에 없습니다. 우리 중에 남자 들은 좋은 일에나 슬픈 일에나 요릿집에 가서 한잔씩 먹는 것이 교제상 큰 수단이요 큰 사교술이 되었습니다. 그리하여 집안에서는 용돈이 없어서 쩔쩔맵니다. 이렇게 없으면서도 있는 체하고 쓰지 아니해도 좋을 데 씁니 다. 따라서 여자는 그 남편이 수입이 얼마 되는지 무엇을 해서 어떻게 벌어 오는지(직업 없는 자가 많으니까) 모르고 평생을 살아갑니다. 두부 한푼 어치를 살 때도 사랑에 가서 타 와야 하고 고기 한근을 살 때도 사랑으로 나갑니다. 이같이 남편은 남편대로 예산 없이 살고 부인은 부인대로 예산

---

14 원문은 "업는"이거니와 이를 다른 용례를 따라 "없는"으로 파악하면 문맥이 통하지 않게 된 다. 여기서는 "업다"의 활용형으로 본다.

없이 사니 이러고야 무슨 사는 재미가 있고 무슨 안착이 있겠습니까? 항상 바람에 불리는 갈대와 같이 오늘을 요행히 지내고 내일을 요행히 지내는 것이 우리 사는 목표이니 이 무슨 살아 있는 의미가 있으리까. 참 가련한 것은 우리 살림살이입니다.

우리는 무엇보다 예산을 세워야겠습니다. 남편 된 이는 버는 것을 확실히 정하고 또 쓸 것을 확실히 정하여 그 부인에게 알게 해야겠으며, 그 부인 된 이는 남편의 벌이가 얼마나 되는 것을 짐작하여 절약하도록 할 것이니, 이리 하여야 우리의 살림은 비로소 안정이 되고 사는 것 싶게 될 것입니다. 이것도 또한 우리가 능히 실행할 수 있는 것 중의 하나인 생활개량 방침인 줄 압니다.

나는 이상 몇 가지 예를 들어 생활 개량을 부르짖었습니다. 그러나 우리 살림이란 어찌 이렇게 몇 장 종이에 올릴 만치 간단하오리까. 제도를 일일이 매거枚擧하여 개량을 부르짖으려면 무한할 것입니다. 다만 이 몇 가지 생활 기초만 서게 되면 그 나머지는 자연히 개량하게 될 것이니, 마치 확실한 사람이 된 후에 학문을 배우는 것과 일반이라는 것이 나의 생활개량을 부르짖음의 주지主旨입니다. 한즉, 서로 사랑하고 아끼는 근본된 힘을 얻도록 하는 것이 생활개량의 제일 가까운 길인 줄 압니다.

아! 광아로 찬바람은 불어 들어온다. 살을 에이내는 듯이 춥다. "야명조소, 야명조소."

신생활에 들면서[15]

"나는 가겠다."

"어디로?"

"서양으로."

"서양 어디로?"

"파리로."

"무엇 하러?"

"공부 하러."

"다 늙게 공부가 무어야."

"젊어서는 놀구 늙어서는 공부하는 것이야."

"그렇기는 그래. 머리가 허연 노대가의 작품이야말로 값이 있으니까. 그러나 꿈적거리기 귀찮지도 않은가."

"어지간히 짐도 꾸려보았네마는 아직도 짐만 싸면 신이 나."

"아무 데서나 살지, 다 늙게."

"사는 것은 몸으로 사는 것이 아니라 마음으로 사는 것이야."

"몸이 늙으면 마음도 늙지."

"아니지, 몸이 늙어갈수록 마음은 젊어가는 것이야. 오스카 와일드 시에도 '몸이 늙어가는 것이 슬픈 것이 아니라 마음이 젊어지는 것이 슬프다'고 했어. 그러기에 서양 사람은 나이 관념이 없이 언제까지든지 젊은 기분으로 살 수 있고 동양사람은 늘 나이를 생각하기 때문에 쉬 늙어."

"그러나 몸이 늙어 쇠퇴해지면 마음에 기분에 기운이 없는 것은 사실이요, 팔팔한 젊은 기분을 볼 때는 꿈속 같은 걸 어찌 하나."

"그야 그렇지만 한갓 마음 가지기에 달린 것이야. 다만 걱정거리는 나이 먹고 늙어갈수록 생각만 늘어가고 기운이 줄어드는 것이야."

"글쎄 내 말이 그 말이야. 그러니까 말이야, 친구도 나이 40에 이리저리 헤매지 말고 서울서 그대로 기초를 잡으란 말이야."

"나는 싫어. 내 과거와 현재와 미래를 다 알고 있는 조선이 싫어. 조선 사람이 싫어."

"흥, 그거는 모르는 말일세. 친구가 조선을 떠난다면 그 과거, 현재, 미래가 아니 따라갈 줄 아나?"

"글쎄 과거야 어디까지 쫓아다니겠지마는 현재와 미래만은 환경으로 변할 수가 있을 터이니까."

"그렇지만 암만 환경을 변하더라도 그 과거가 늘 침입하여 고쳐놓은 환경을 흐려놓는 것을 어찌하나. 그러기에 한번 과거를 가진 사람은 좀처럼 뿌리를 빼지 못하는 것이야."

"암, 뿌리야 빠질 수 없는 일이지마는 개척하는 데 따라 환경으로 과거를 정복할 수는 있는 것이지."

"그러자니 그 상처를 아물려는 비애가 오죽한가."

"그거는 각오만 하면 참을 수 있는 것이야. 어렵기야 어렵지."

"그만치 마음이 단단하다면 나는 안심하네. 해보고 싶은 대로 해보게."

강한 체하고 친구의 허락까지 받았으나 친구가 무책임하게 돌아설 때 내 가슴속은 다시 공허로 채워졌다. 이혼사건 이후 나는 조선에 있지 못할 사람으로 자타 간에 공인하는 바였고 4, 5년간 있는 동안에도 실상 고통스러웠나니, 첫째, 사회상으로 배척을 받을 뿐 아니라 나의 이력이 고급인 관계상 그림을 팔아먹기 어렵고 취직하기 어려워 생활안정이 잡히지 못하였고, 둘째, 형제 친척이 가까이 있어 나를 보기 싫어하고 불쌍히 여기고 애처로이 생각하는 것이요, 셋째, 친우 지인들이 내 행동을 유심히 보고 내 태도를 눈여겨보는 것이다. 아니다. 이 모든 조건쯤이야 내가 먼저 잊기만 하면 이겨낼 수 있는 것이다. 이보다 내 살을 에는 듯, 내 뼈를 긁어내는 듯한 고통이 있었나니 그는 종종 우편배달부가 전해주는 딸아들의 편지이다. '어머니 보고 싶어' 하는 말이다. 환경이란 우습고 무서운 것이다. 환경이 일변하는 동시에 과거의 공적은 공空이 되고 과거의 사실만 무겁게 처져 있다. 그러므로 나는 이 따라다니는 과거를 껴안고 '공'에서 생의 목록을 시작하지 않으면 아니 되게 되었다.

유혹

결코 손을 대서는 아니 된다고 한 과실에 손을 댄 것은 배암의 유혹이엇고 이브의 호기심이 아니었나. 이로 인하여 받은 신벌神罰은 얼마나 엄격하였나. 유혹처럼 무섭고 즐거운 매력은 없는 것 같고 유혹의 즐거움〔樂〕, 불안, 위구危懼(염려하고 두려워함), 우려는 호기심의 그것이나 같다. 동기는 여하한 것이든지 훨씬 열어 제친 세계는 이상히도 좋았고 더구나 구속 없고 엄숙하게 지켜 있는 마음에 어찌 자유스러운 감정을 가지지 않게 되겠는가. 나는 확실히 유혹을 받았었고 나는 확실히 호기심을 가졌었다.[16] 우리는 황무荒蕪한 형극의 길가에서 생각지 않은 장미꽃을 발견한 것이었다. 방향芳香(꽃향기)과 밀봉密蜂(벌꿀) 중에 황홀하였던 것이다. 그 결과는 여하하든지 나의 진보 과정상 감수하지 않으면 아니 되었다. 사람의 진보 경로는 여러 가지 형태가 있다. 행복스러운 환경과 조건 밑에서 아무 고로苦勞와 생각 없이 살아가는 사람도 적지 않다. 그러나 다수는 펼치기 전에 굽히게 된다. 여하히 누르든지 미혹하든지 분지르든지 하더라도 한뜻으로 살려고만 하면 되지 않는가. 겨울에 얼어붙은 개천 물을 보라. 그 더럽게 흐르던 물이 어떻게 이렇게 희게 아름답게 얼어붙는가. 이것은 확실히 그 본체는 순정과 미를 잃지 않았던 것이다. 이 점으로 보아 진보해가는 사람을 생각하게 된다. 이러한 사람에게는 떨어진 물이 더러우면 더러울수록, 떨어진 유혹의 길이 깊으면 깊어질수록 더 심각한 더 복잡한 현실을 엿보는 고로, 이 의미로 보아 이러한 사람은 미혹에 처하면 처할수록 외면으론 비록 고통스러울지언정 내막은 풍부한 감정으로 살 수 있는 것이다. 그리고

---

16   파리에서 일어난 최린과의 불륜사건을 가리킨다.

세상 범사로 긍정해버리고 만다.

독신자

이성 간 사랑은 순정이라야 한다. 이 순정을 잃은 자는 상처를 받은 자이다. 이 상처를 맛본 자에게는 몸에 끈기가 없고 마음에 끈기가 없나니, 즉 탄력성 적고 중간성을 잃어버려 조화성이 없다. 그리하여 그 상처를 얻은 자, 즉 독신자에게는 감정이 마비되어 희로애락의 경계선이 분명치 못하고 동시에 사물에 실증이 쉬 나고 애착심이 생기지 않는다. 그러므로 남녀 간에 상처를 받은 자는 반드시 남자면 순 처녀, 여자면 순 동정남〔童男〕으로 배우配偶하여야 조화성을 유지하게 된다.

여러 사람에게 허락하여 순간순간 쾌락으로 살아갈까, 혹은 한 사람에게도 허락지 말아 내 마음을 지키고 살까, 급기야〔及其〕 실행에 미치고 보니 어린 시절로부터 가정교육 인습에 쩔려 더구나 양심이 허락지 않아 전자를 실행치 못하고 후자를 실행해보니 과연 어렵다. 친우를 얻을 수 없고 동지를 잃는다. 이는 대개 독신자의 이성교제란 인격적 교제가 못 되고 성적 교제가 되나니 첫인상부터 상대자의 소유자 없는 것이 염두에 떠오른다. 결국 싱교 된 후에도 길지 못하나니 상대자가 자기에게 몸을 허락하듯이 타인에게도 허락하리라는 의심을 가짐이요, 성적 관계를 실행치 않으면 더구나 보잘것없이 교제시일이 짧은 것이라. 그리하여 독신자는 정신적 동요가 심하나니 갑이란 이성을 대할 때는 갑에게 마음이 가고 을을 만날 때는 을에게 마음이 가 마음이 집중되지 못한다. 그러므로 사람에게는 반드시 마음에 안착될 만한 사랑의 상대자가 필요하나니, 따로 마음 붙인 일이 있다 하더라도 인간인 이상 인간의 상대자를 요구한다. 이 사랑의 상대자를 구한다. 이 사랑의 상대자를 구치하지 못한 독신자는 늘 허순허순하고 허청허청하여 마치 황무지에 선 전신주와 같이 강풍에 쓰러질 듯 쓰러질 듯하게 된다. 독신자들이여, 그대들은 불행, 즉 배우자를 잃게 되거든 그 즉시 후보자를 구해 얻으라. 주저하고 생각할 동안에 제2, 제3 불행이 습래襲來하나니 그 불행을 이겨낼 만한 각오를 가졌으면 모르거니와 점점 끈기가 없이 보송보송해가고 사람이 싫어져가고 말이 하기 싫고 잡을 손이 떨어져 사람을 버려가는 것이야 어찌 하랴. 더구나 그들은 건강을 잃게 되나니 대개 남녀 간에는 생식할 시기 외에는 성적 관계보다 음양의 체온이 필요하고 음기가 필요한 것이다. 독신자가 다수는 나른하고 따분한 것은 이 관계가 많으니 독신으로 지내는 것은 두말할 것 없이 부자연한 상태이다.

'현실의 비애' 그것은 예술상 아름다운 문자로만 아는 데 지나지 않던 내가 지금은 과거 어느 시대와 현재를 비교하여 과연 현실의 비애를 알게 되었다. 나는 어느 지점에서 우右와 좌左의 길을 잘못 밟은 것 같다. '실패'에 들어 어지간히 걸어온 나는 지금도 반성으로 더불어 그 나누어진 길까지 되돌아 들려 하나 이미 멀리 와버린 고로 용이한 일이 아니다. 다만 자위自慰의 길을 취할 따름이다.

정조

정조는 도덕도 법률도 아무 것도 아니요, 오직 취미다. 밥 먹고 싶을 때 밥 먹고 떡 먹고 싶을 때 떡 먹는 거와 같이 하고 싶은 대로 할 것이요, 결코 마음의 구속을 받을 것이 아니다.

취미는 일종의 신비이니 악을 선으로 해석할 수도 있고 추를 웃음으로 화할 수도 있어서 비록 외형적으로 어떤 구속을 받는 한이 있더라도 마음만은 자유자재로 움직일 수 있나니 거기에는 아무 고통이 없고 신산辛酸이 없이 오직 희열과 만족만이 있을 것이니, 즉 객관이 아니라 주관이요 무의식적이 아니라 의식적이어서 마음에 예술적 정취를 깨닫고 행동을 예술화하는 것이다. 서양에서는 일찍이 19세기 초부터 여자교육에 성교육이 성행하였고 파리의 풍기가 그렇게 문란하더라도 그것이 악하고 추하게 보인다는 것보다 오히려 아름답게 보이는 것은 이미 그들의 머리가 성적 관계를 의식하였고 동시에 취미로 알고 행동을 예술화한 까닭이다.[17]

다만 정조는 그 인격을 통일하고 생활을 통일하는 데 필요하니, 비록 한 개인의 마음은 자유스럽게 정조를 취미화할 수 있으나 우리는 불행히 나 외에 타인이 있고 생존을 유지해가는 생활이 있다. 그리하여 사회의 자극이 심하면 심하여질수록 개인의 긴장미가 필요하니 즉 마음을 집중할 것이다. 마음을 집중하는 자는 그 인격을 통일하고 그 생활을 통일하는 자이다. 그러므로 지금까지는 정조관념을 여자에게 한하여 요구하여왔으나 남자도 일반일 것 같다.

왕왕 우리는 이 정조를 고수하기 위하여 나오는 웃음을 참고 끓는 피를 누르고 하고 싶은 말을 다 못 한다. 이 어이한 모순이냐. 그러므로 우리 해방은 정조의 해방부터 할 것이니 좀 더 정조가 극도로 문란해가지고 다시 정조를 고수하는 자가 있어야 한다. 저 파리와 같이 정조가 문란한 곳에도 정조를 고수하는 남자 여자가 있나니 그들은 이것저것 다 맛보고 난 다음에 다시 뒷걸음치는 것이다. 우리도 이것저것 다 맛보아가지고 고정固定해지는 것이 위험성이 없고 순서가 아닌가 한다.

흐르는 물결을 한편으로 흐르게 하면 기어이 타방면으로 흐트러지고 만다. 젊고 격렬한 흐름도 그 가는 길에서 틀려가는 것이다. 이것은 자연이니 자연을 누구의 힘으로 막으랴.

---

17   이 단락은 특히 주술 호응을 고려하여 원뜻을 훼손하지 않는 한에서 조사 등을 여러 군데 교열했다.

자식들

윤정倫情(인륜지정)이 있는 것은 사실이나 나는 모성애가 하늘에서 주어져 있는 것인지 하나의 습관성인지 의심하고 있다. 우리가 많이 경험하듯 자식을 낳아 유모를 주어 기른다면 남의 자식과 조금도 다를 바 없다는〔틀림없는〕 관념이 생긴다. 생이별을 하여 남의 손에 기른다면 역시 남의 자식과 똑같다는〔똑같은〕 관념이 생긴다. 그러면 자식은 반드시 낳아서 기르는 데 정이 들고 그 모성애의 맛을 보는 것이니 아무리 남이 길러준 내 자식일지라도 장성한 뒤 만나게 된다면 깊은 정이 없이 심심하고[18] 서어하게 되나니 이렇게 되면 타인과 조금도 다름없이 이해타산으로 그 정을 계속하게 되는 것이다. 더구나 다대한 감정을 가지고 이혼을 한 두 사람 틈에 있는 자식이랴. 어렸을 때부터 귀에 젖게 출가한 생모의 과실을 어른에게 듣고 의아하다가 그 생모를 만난 뒤에 융화성이란 좀처럼 생길 것이 아니다. 즉 삼종지도三從之道에 어렸을 때 사랑의 중심을 어머니나 아버지에게 두어야 할 아이들이 생활의 중심을 잃고 동시에 마음의 중심도 잃을 것이다. 이러한 일종의 탈선적 습관이 생긴 아이에게 중간에 들이미는 모성애가 무슨 그다지 존귀함을 느끼랴. 다만 그 생모가 경제능력이 커서 그것으로나 정복하면 모르거니와 그 아이의 머리에는 이해타산밖에 없을 것이다. 그리하여 결국 남편과 생이별을 하게 되면 법률상으로 그 자식들은 남편의 자식이 되는 것이요, 자식과도 역시 타인이 되고 만다. 그러므로 지금까지 구습 여자들은 남편과 생이별을 할 때는 자식 하나를 끼고 나가 평생을 거기 구속을 받고 마나니, 이는 정을 들이자는 애처로운 사정이 있는 까닭이니 비교적 이런 자식에게는 효도를 받는다는 것보다 원망을 많이 받게 되나니 부질없는 일이요, 이혼하는 동시에 딱 끊고 후일의 운명을 기다

---

18   원문은 "섬섬섬섬하고"이나 문맥상 관계가 깊지 않아 밋밋하다는 뜻으로 추정된다.

릴 것이다.

나는 이러한 것을 잘 알고 다 각오하였다. 그러므로 사람들이 내게 대하여 "크면 어디 가오? 다 어미 찾는 법이지" 하면 코웃음이 난다. 어미는 찾아 무엇하고 자식은 찾아 무엇할 것인가. 남은 문제는 내가 돈이 많아서 저희들에게 이롭게 해준다면 모르거니와 그렇지 않으면 영원히 남이 되고 마는 것이다. 다만 열달간 뱃속에 넣고 고생했을 따름이니 그도 과거가 되고 보니 한 경험담에 지나지 않는 것이다.

공상적으로 보이던 모든 것이 다 산 것이 되고 말았다. 향하는 하늘빛은 높고 푸르다. 그 지평선 흐린 곳에서나 광명과 희망을 부르짖게 된다. 가슴에 잔뜩 동경이 있던 내게는 너무 모르는 세계가 있다. 거기서 주저주저하는 불안과 공포심이 생긴다. 알지 못하고 화원에 발을 들여놓아 감미‖味한 분위기에 도취하였던 내가 기실 그것이 가시덤불 속 장미꽃이었던 것을 알고 운다. 불행에서 행복을 찾자. 나는 누구에게 대해서든지 이렇게 말한다. "독신자처럼 불행하고도 행복스러운 자는 없다"고.

여자는 시집가서 자식 낳고 아침저녁 반찬 걱정하다가 일생을 보내는 범위를 떠나면 불행이라 한다. 그러나 그 범위 내에서 갈팡질팡하는 것이 행복이고 한번 그 범위를 벗어나서 그 범위 내에 있는 자를 보라. 도리어 그들이 불행하고 자기가 행복된 것을 느끼나니 날마다 같은 생활을 되풀이하는 그 침체한 생활에 비교하여 시시각각으로 변천하는 감각의 생활을 하는 자기를 보라. 얼마나 날마다 그 인생관이 자라가고 생의 가치를 느껴가는지 사람은 그 생명이 붙어 있는 동안이 사는 시간이 아니요, 감정을 움직이는 것이 사는 것이다. 세상에는 사회에 얽매이고 친구 가족에게 얽매이고 생활에 얽매여 그 몸을 움치고 뛰지 못하는 자 얼마나 많으뇨. 이 실로 불행한 자로다. 한번 독신의 몸이 되어보라. 그 몸이 하늘에도 날 것 같고 땅에도 구를 것 같으며 전후좌우가 탁 트여 거칠 것이 없이 그 몸과 마음이 자유롭다. 이런 사람이야말로 그들의 못 하는 일, 그들의 못 하는 생각을 해놓나니 역대의 위인걸사 명작가들의 그 예가 많다. 그러므로 나는 종종 이런 말을 한다.

"K가 나를 활인活人했어. 내게는 더 없는 고마운 사람이야. 그가 나를 가정생활에서 떠나게 해준 까닭에 제전에 입선을 하게 되고 펄쩍 뛰어 나는 〔돌비突飛한〕 감상문을 수 편 쓰게 되었어. 나는 지금 죽어도 사는 맛은 다 보았어. 나는 K를 조금도 원망치 않아. 오히려 고마운 은인으로 여겨진다."

이렇게 말하면서 불행에서 행복을 찾게 된다. 여하한 환경이든지 다 내가 선용하도록 힘쓰면 불행 중에서 의외의 행복을 찾는 것이다. 즉, 첫째는 내 자신이 환경을 좇을 것. 둘째는 환경이 나를 좇게 할 것. 셋째는 환경을 다른 데에서 구할 것. 이것을 실행하면 넓은 신천지를 발견할 수 있고 불행에서 행복을 찾기 그다지 어려운 일이 아니다. 여하한 종류의 과실이든지 오욕이든지 그것을 이겨낼 만한 힘만 있으면 귀중한 경험, 즉 찬연한 결정이 되어 그 사람 몸에 행복으로 처져 있게 된다.

나는 어떤 사람이 될까

그렇게 쾌활하고 명랑하던 내가 소금에 푹 절인 사람이 되고 말았다. 얼이 빠지고 어릿어릿하고 기운이 없고 탄력이 없다. 나이 40이라 그럴 때도 되었지만 그래도 심한 상처만 아니 받았었던들 그렇게 쉽사리 늙을 내가 아니다. 그러나 이런 여자가 되고 싶다는 이상만은 언제까지든지 계속하고 있다.

남이 이성으로 대할 때 나는 감각으로 대하자. 남이 정의로 대할 때 나는 우아優雅로 대하자. 남이 용기로 나를 대할 때 나는 위엄을 드높이는 마음으로 남을 대하자.

나는 금욕생활을 계속하자. 심령의 통일과 건강 보존으로 그는 나의 성질이 냉혹한 까닭이 아니라 오히려 정열적인 까닭이다. 나는 일견 엄격하게 보이나 그는 내가 냉정한 까닭이 아니라 가슴에 피가 지글지글 끓는 까닭이다. 나는 영적인 동시에 육감적이 되고 싶다. 자존심이 강한 동시에 진실하고 싶다. 나는 남의 큰 사랑을 요구한다. 아니 도리어 큰 사랑을 남에게 주려고 한다. 나는 스스로 향락하고 남에게 주는 행복은 풍부하고 심후深厚하고 영속적임에 틀림없을 것이다. 나는 남의 연인인 동시에 연인 그대로의 어머니가 될 것이다. 즉 인생의 행복을 창시해놓는 것이 나의 일종의 종교적 노력일 것이다. 동시에 상대자에게 심오한 책임 관념과 명확한 판단을 할 것이다. 나는 언제까지든지 젊은 기분으로 모든 사물을 매력 있게 만들 것이다. 그는 항상 내 생존을 미화하는 까닭이요, 자기의 하는 모든 일이 내 전체로 아는 까닭에 희열을 느끼는 감이 생긴다.

나는 영혼의 매력이 깊은 것을 알았고 따라서 자기 자신의 인격적 우아로 색채가 풍부한 신생활을 창조해낼 것이다. 사람 앞에 나갈지라도 형식과 습관과 속박을 버리고 존귀함으로써 공적 생활에 대할 것이다. 나는 남보다 말이 적을 것이다. 그러나 그 침묵과 미소는 말을 많이 하는 것보다 오히려 웅변일 것이지, 아무리 외면은 흐르는 냇물과 같더라도 그 밑은 견고한 리듬으로 통일이 있을 것이다. 행복으로 빛날 때든지 치명致命을 받을 때든지 안정하든지 번민하든지, 냉혹하든지 징열 있든지, 기쁘든지 울든지, 어떤 환경에 있든지 나는 다수의 여자인 동시에 한 사람의 여자일 것이다.

나는 여자에 대한 남자의 여러 몽상을 안다. 근육 발달한 여자보다 여러 방면으로 발달한, 즉 영구적 여성다운 여자를 요구한다. 남자, 그들은 사회에 나서 복잡다단한 일에 접촉하고 있다. 그러므로 감정의 순환이 심하다. 그들이 느끼는바 비애와 고적孤寂은 크다. 깊다. 이에 반하여 여자는 단순한 가정에 잠복하여 신경질이 될 뿐이요, 기실은 침체되고 말았다. 자극성을 요하는 남자에게 불만을 주게 되는 것은 물론이려니와 여자에게 그 책임감을 느끼지 아닐 수 없다. 오, 남자 제위여. 어찌하면 만족을 느끼게 되고, 오, 여자 제위여. 어찌하면 만족을 주게 되랴. 만족은 오직 마음먹기에 달린 것이다. 내가 늘 외우고 있는 석가의 교훈,

> 인생 가이 없으니 헤아릴 수 있기 원합니다
> 번뇌 다함 없으니 끊어버릴 수 있기 원합니다
> 人生無邊 誓願度
> 煩惱無盡 誓願斷

그러므로 깊은 비애를 가진 여자는 남자의 가슴에 일종의 말할 수 없는 정서의 동요를 깨닫게 하고 불평을 가진 여자는 남자 마음에 견딜 수 없는 고통을 준다. (사이 10장 생략)[19]

내 일생

나는 18세 때로부터 20년간을 두고 어지간히 남의 입에 오르내렸다. 즉, 우등 1등 졸업사건, M과 연애사건, 그와 사별 후 발광사건,[20] 다시 K와 연애사건, 결혼사건, 외교관 부인으로서의 활약사건, 황옥黃鈺사건,[21] 구미만유區米漫遊사건, 이혼사건, 이혼고백서[22] 발표사건, 고소사건,[23] 이렇게 별별 것을 다 겪었다.

---

19 원문은 "(此間 10頁 略)".

20 소월(素月) 최승구(崔承九, 1892~1917)와의 연애와 그의 요절 그리고 그로 인한 방황을 말함.

21 1923년 경기도 경찰부 황옥 경부가 의열단과 공모해 중국에서 폭탄을 반입하다 발각된 사건.

22 『삼천리』 1934년 8~9월호에 실린 글 「이혼고백장」을 가리킴.

23 불륜 상대였던 최린을 정조유린죄로 고소한 사건.

그 생활은 각국 대신으로 더불어 연회하던 극상 계급으로부터 남의 집 건넌방 구석에 굴러다니게 되고, 그 경제는 기차·기선에 1등 연극·활동사진에 특등석이던 것이 전당국 출입을 하게 되고 그 건강은 쾌활 씩씩하던 것이 거의 마비까지 이르렀고 그 정신은 총명하고 천재라던 것이 천치·바보가 되고 말았다. 누구에게든지 호감을 주던 내가 이제는 사람이 무섭고 사람 만나기가 겁이 나고 사람이 싫다. 내가 남을 대할 때 그러하니 그들도 나를 대할 때 그럴 것이다.

이와 같이 사람 능력으로 할 만한 일은 다 당해보고 남은 것은 사람을 버린 것밖에 없다. 어찌하면 다시 내 천성인 순진하고 정직하고 순량順良하고 온유하고 부지런하고 총명하던 그 성품을 찾아볼까. 다 운명이다. 우리에게는 사람의 힘으로 어쩔 수 없는 운명이 있다. 그러나 그 운명은 순순히 응종應從하면 할수록 점점 증장增長하여 닥쳐오는 것이다. 강하게 대하면 의외에 힘없이 쓰러지고 마는 것이다.

어디로 갈까

나는 어느 날 산보를 하다가 움집 하나를 발견하였다. 나는 일부러 거적을 열고 그 안을 들여다보았다. 그리고 돌이서서 일어설 때 내 입에서는 이런 말이 새었다.

"너희는 나보다 행복스럽다. 이런 움집이라도 가졌으니."

"나는 장차 어디로 갈까. 더구나 이번 사건 이후 면목을 들고 나설 수가 없으니."

이렇게 중얼거리는 나는 눈물이 핑 돌았다.

"파리로 가자."

"아니, 고국산천을 떠나서 그 비애 고적을 어찌할까."

"아니, 갔다가 또 빈손으로 오면 다시 방황할 게 아닌가."

"아니, 모성애에 대한 책임은 어찌할까."

이렇게 생각하고 보니 다시 생각이 탁 막힌다. 가자, 파리로 살러 가지 말고 죽으러 가자. 나를 죽인 곳은 파리다. 나를 정말 여성으로 만들어준 곳도 파리다. 나는 파리 가 죽으련다. 찾을 것도 만날 것도 얻을 것도 없다. 돌아올 것도 없다. 영구히 가자. 과거와 현재가 공空인 나는 미래로 나가자.

무엇을 할까

한 사람이 이만치 되기에는 조선의 은혜를 많이 입었다. 나는 반드시 보은할 사명이 있어야 할 것이다. 교육계로 농업계로 상업계로 언론계로 문예계로 미술계로 인물을 기다리는 이때가 아닌가. 무엇을 하나 조선을 위하여 보조補助치 못하고 어디로 간다는 것은 너무 이기적이 아닌가.

아니다, 아니다. 내가 있으므로 모든 사람이 침착성을 잃게 된다. 크게 말하면 조선사회에 독신 이성들에게 미혼 여성들에게,[24] 작게 말하면 청구 씨에게 그의 후처에게 4남매 아이에게 양쪽 친척들에게 친우 사이에 불안을 갖게 되고 침착성을 잃게 된다. 그러므로 내가 있는 것은 해독물이 될지언정 이로운 물物이 되기 어렵다.

나는 수중에 ××원圓을 가지게 되었다.[25] 비록 이것이 분풀이의 결실이라 하더라도 내게도 그다지 상쾌한 일이 되지 못하거니와 C의 마음은 오죽했으랴.

"나는, 나는 이것을 가지고 파리로 가련다. 살러 가지 않고 죽으러."

가면서 나의 할 말은 이것이다.

"청구 씨여, 반드시 후회 있을 때 내 이름 한번 불러주소. 4남매 아이들아, 어미를 원망치 말고 사회제도와 도덕과 법률과 인습을 원망하라. 네 어

---

24   원문은 "독신 이성자들에게 미혼 전 여성들에게"이나 교열.
25   최린에게 위자료로 받은 합의금을 말한다.

미는 과도기의 선각자로 그 운명의 줄에 희생된 자였더니라. 후일 외교관이 되어 파리 오거든 네 어미의 묘를 찾아 꽃 한 송이 꽂아다오."

펄펄 날던 저 제비
참혹한 사람의 손에
두 쪽지 두 다리
모다 상하였네
다시 살아날려고
발버둥치고 허덕이다
끝끝내 못 이기고
고만 척 늘어졌네
그러나 모른다
제비에게는
아직 따뜻한 기운 있고
숨 쉬는 소리가 들린다
다시 중천에 떠오를
활력과 용기와
인내와 노력이
다시 있을지
뉘 능히 알 리가 있으랴
── 구고舊稿에서

구미 여성을 보고 반도 여성에게[26]

저 로마의 대리석 궁전을 보라. 그 기초는 조약돌을 모아 지은 성이 아니던가. 저 위인 나폴레옹이나 시저를 보라. 포태胞胎 10삭朔(달)으로부터 자라난 이가 아닌가. 영아의 때로부터 대인大人의 성큼성큼 걸음이 되는 것이 아닌가. 대연大宴에 오르는 성찬도 한점 두점 도마 끝에서 된 것이 아닌가. 금의홍상錦衣紅裳도 한 땀 두 땀 바느질로 된 것이 아닌가. 미균黴菌 (세균)이 비록 작으나 사람의 귀한 생명을 빼앗고, 좀이 비록 미약하나 고목장지高木長技(큰 나무와 가지)를 쓰러뜨리지 아니하는가.

여자는 작다. 그러나 크다. 여자는 약하다. 그러나 강하다. 구미 여자는 대체에 있어서 동양 여자에 비하여 색이 희고 키가 크고 코가 높고 눈이 깊으며, 그 행동은 분명하고 진취성이 많으며 행동이 많고 보통 상식이 풍부하여 매사에 총명하다.

자유를 좋아하고 활발한 미국 여성은 사회적으로 개방주의요, 개인적으로는 폐쇄주의다. 사교를 잘하며 사람의 성미를 잘 맞추고 화두話頭를 잘 옮기며 상대자의 의사를 쫓는 데 고심하고 자기 의사를 발표하는 일이 없다. 황금만능으로 금전은 생명이요, 지위는 실리다. 고상하고 착실하고 점잖은 미국 여성은 때로는 봄 하늘과 같이 청명하다가 때로는 가을 하늘과 같이 황망하다. 일반으로 우울과 비애하여 쾌락할 때도 수색愁色이 있다. 사실을 귀히 여기고 경험을 중시한다. 일반으로 정치에 상식이 풍부하며 싫증 없는 대망大望과 끊임없는 활동을 한다.

풍자風姿(모습) 태도가 꽃에 날아드는 호접胡蝶과 같은 프랑스 여성은 그 몸 가지는 것, 표정이 활발하여 사람과 쉽게 사귀고 가구경어佳句驚語(아름다운 문장과 놀라운 말)를 써서 좌석을 서늘케 하며 가장이 없고 위선이 없고 화심禍心이 없고 신랄辛辣이 없다. 관찰이 예민하고 선천적으로 미美에 부富하며 우아하다. 실로 사교장의 화형花形이다.

일 잘하고 무서운 독일 여성은 사물의 진상을 정하는 동시에 크게 노력

---

26   『삼천리』 1935년 6월호.

하여 드디어 위대한 가정 사업을 성취한다. 부끄럼을 많이 타고 매우 침착하며 온화하여 가정적이어서 다른 유럽 여성과 같이 사교적이 아니요, 살림에만 착실하여 별로 외출치 아니한다. 매우 소극적인 동시에 실용적이다.

잔인성이 많은 이탈리아 여성은 여자답고 사랑스러운 여성이 적다. 문명에서 퇴보된 국민인 만치 별로 좋은 특장이 보이지 않고 모두 개절介節치 않게 보인다.

고집 센 스페인 여성은 어디까지 자기 고집대로 해보려 하고 감정은 예민하지만 원한을 오래 가지고 있어 이탈리아 여성과 같이 잔인성이 많다. 눈과 머리가 검고 빛이 희고 미인이 많다. 즉 화양和洋(일본과 서양) 절충한 세계적 미인이 많다. 질투심이 심하여 기어이 복수를 하고 말며, 명예심도 많다고 한다.

참기 잘하는 러시아 여성은 의무심이 많으며 인내심이 많고 희생적 정신을 갖고 정열을 가졌으며 레닌 정부가 된 후로 그들은 외면으로는 당당한 사람 지위에 있으나 내면으로는 생산 문제로 인하여 일어나는 번민이 많다.

이상과 같이 구미 각국 중 큰 나라의 여성의 특장을 약거略擧하여 그 지위를 암시하였거니와 일반으로 구미 여성은 창조적이요 예술적이다. 그러나 구미 여성은 인격으로나 두뇌로나 기술로나 학술상 조금도 남자의 그것보다 결핍이 있지 아니하여 당당한 사람 지위에 있는 것이다.

직업부인은 간편한 아파트 셋집에서 살고 자식은 공동 보육소에 맡기어 기르고 밥은 레스토랑(공동식당)에 가서 먹고 의복은 마가진magazine(오복점)[27]에 가서 사 입는다. 가정부인은 남편의 구미에 맞는 음식을 식食하고, 얼굴, 체격에 맞는 의복, 모자, 외투를 해 입고 쓰나니 사랑의 보금자리 스위트홈에 섬섬옥수의 지나간 자취가 가지 않은 바가 없다. 상점, 회사,

---

27   상점을 뜻함. 원문 괄호의 "오복점(吳服店)"은 백화점.

은행, 정거장, 식당, 호텔, 취인소를 가보라. 참새 같고, 제비 같고, 앵무 같고, 공작 같은 여자들이 날쌔게 거동하고 있지 않은가. 의회를 가보라. 대의석代議席에는 머리가 흰 부인 노대의사老代議士가 척척 들어와 앉지 않나. 여황女皇으로부터 대신, 공사公使석에 여자가 참석 안 한 곳이 없지 아니한가.

요컨대 실력으로는 체험 많은 노부인을 쓰나 구미에는 대개 젊은 여성, 예쁜 여성, 돈 있는 여성의 세상이다. 사회가 복잡하고 동정이 움직이는 세상이다. 음침하고 이론을 좋아하는, 즉 공상적인 학자의 부인도 필요하거니와 보편적으로 다소 무식하더라도 명랑하고 실질적 여자를 요구하나니 여성은 이미 남성이 가지지 못한 매력을 가졌다. 그리하여 위정자로의 계책자, 한 가정의 여왕, 한 단체의 주격자主格者는 여성이 없고는 기분이 명랑해지지 못하고 조화성을 잃게 되나니 동양에서도 요리집에서나 연회석에 기생을 부르게 되는 것, 더구나 구미에서는 부부가 떨어지지 않고 다니게 되나니, 그러므로 동양 남성이 딱딱하고 거친 반대로 서양 여성은 의지가 강하다. 동양 남성이나 여성이 몰상식한 반대로 서양 남성이나 여성은 상식이 풍부하다. 창작성은 대개 이성 간에서 있게 되나니 그들의 생활은 창작적이요, 그들의 생각은 창작적이다. 하여튼 그들은 인생관이 서고 처세술이 서 있다. 사람인 것을 자각하였고 여성인 것을 의식하였다. 이것을 우리는 배우자는 것이요, 흉내 내자는 것이다.

가시덤불 속의 들장미화, 너는 언제나 빛나는 꽃이 되려나. 그러나 타임은 간다. 그 타임은 모든 변화를 가지고 온다. 그 타임은 미구에 너에게 자각과 의식과 실행을 움켜주리라. 아니 지금 진행 중에 있다. 선진인 구미 여성이여, 우리는 그대를 존경하는 동시에 우리의 지위를 찾고자 하노라.

2장
여성의 각성과 3·1운동

이상적 부인理想的 婦人[1]

먼저 이상理想이라 함은 무엇을 말할까요. 소위 이상이란 곧, 욕망의 사상[2]입니다. 이제까지〔以上〕를 감정적 이상이라 하면 여기서 말하는 이상은 영지靈智적 이상입니다. 그러면 이상적 부인이라 할 부인은 그 누구입니까. 과거와 현재를 통하여 이상적 부인이라 할 부인은 없다고 생각하는 바입니다. 나는 아직 부인의 개성에 대한 충분한 연구가 없고 또 자신의 이상은 비상非常한 높은 자리〔高位〕에 있기 때문입니다. 혁신革新으로 이상을 삼은 카츄샤,[3] 이기利己로 이상을 삼은 마그다,[4] 진眞의 연애로 이상을 삼은 노라 부인,[5] 종교적 평등주의로 이상을 삼은 스토우 부인,[6] 천재적으로 이

---

1 『학지광(學之光)』 1914년 12월호.
2 원문에는 "이상(理想)의 욕망의 사상"이라고 표기되어 있음.
3 똘스또이의 소설 『부활』(1899)의 주인공.
4 헤르만 주더만(Hermann Sudermann, 1857~1928)의 4막극 『고향』(Heimat)의 주인공.
5 입센의 희곡 『인형의 집』(1879)의 주인공.
6 소설 『톰 아저씨의 오두막』(1852)의 작가인 해리엇 비처 스토우(Harriet Beecher Stowe,

상을 삼은 라이초 여사,[7] 원만한 가정의 이상을 가진 요사노 여사[8] 제씨와 같이 다방면의 이상으로 활동하는 부인이 현재에도 적지 않습니다. 나는 결코 이 제씨의 모든 일에 대하여 숭배할 수는 없으나 다만 현재 나의 경우로는 가장 이상에 가깝다 하여 부분적으로 숭배하는 바입니다. 무엇 때문일까요?

그들의 일반은 운명에 지배되어 생장 발전, 즉 충실히 자신을 발전함을 공포恐怖로 여겨 항상 평이한 고정적 안일安逸 외에 절대의 이상을 가지지 못한 약자이기 때문입니다. 그러하나 우리는 이 장점의 모든 것을 취득하여 나날이 수양된 자기의 양심으로 쌓아놓은바 가장 이상에 근접한 새로운 상상想像으로 생장치 아니하면 아니 되겠습니다. 습관에 의하여 도덕상의 부인, 즉 자기의 세속적 본분만 완수하는 것을 이상이라 말할 수는 없습니다. 한 걸음 더 나아가 그 이상以上의 준비가 없으면 아니 될 줄로 생각하는 바이며 단순히 양처현모良妻賢母라 하여 이상을 정함도 반드시 취할 바가 아니라고 하겠습니다. 다만 이를 주장하는 것은 현재 교육가에게 상업적으로나 좋은 하나의 술책이 아닌가 합니다. 남자는 남편이고 아버지이지만 양부현부良夫賢父의 교육법은 아직도 듣지 못하였으니, 이는 다만 여자에 한하여 부속물이 된 교육주의입니다. 정신 수양상으로 말하더라도 실로 재미없는 말입니다. 또 부인의 온양유순溫良柔順만을 이상이라 하는 것도 반드시 취할 바가 아니라 하겠으니, 말하자면 여자를 노예 만들기 위하여 이러한 주의로 부덕의 장려가 필요하였던 것입니다.

그러한 중 오늘날의 부인은 오랜 시간 남자를 위하여만 최선을 다하게 하는 주의로 양성한 결과, 온양유순에 지나치게 기울어 그 이상은 위태로

1811~96).

7   히라쓰까 라이초(平塚雷鳥, 1886~1971). 일본 최초의 여성동인지 『세이토(靑鞜)』의 창간 (1911)을 주도한 여성운동가.

8   요사노 아끼꼬(與謝野晶子, 1878~1942). 10남매를 낳아 기르면서도 많은 저작을 남긴 일본의 여성 시인.

이 옳고 그름의 식별까지 알지 못하는 경우에 이르렀습니다. 그러면 어떻게 하여야 각자 알맞은 여자가 될까?

물론 지식과 기예가 필요하다 하겠습니다. 어떤 일에 당하든지 상식으로 좌우를 처리할 실력이 있지 아니하면 아니 되겠습니다. 일정한 목적으로 의의 있게 자기 개성을 발휘하고자 하는 자각을 가진 부인으로서 현대를 이해한 사상, 지식 및 품성에 대하여 그 시대의 선각자가 되어 실력과 권력으로, 사교 또는 신비한 내적 광명의 이상적 부인이 되지 아니하면 불가할 줄로 생각하는 바입니다.

그러면 현재의 우리는 점차로 지능을 확충하며, 자기의 노력으로 책임을 다하여 본분을 완수하며, 다시 어떤 일을 마주하매 사물에 접촉하여 연구하고 수양하며, 양심의 발전으로 이상에 근접하게 하면 그날그날은 결코 공연히 사라짐이 아니요, 그런 후에는 내일에 종신終身을 한다 하여도 오늘날 이때까지는 이상의 일생이 될까 합니다. 그러므로 나는 현재에 자기 일신상의 극렬한 욕망으로 그림자도 보이지 아니하는 어떠한 길을 향하여 무한한 고통과 싸우며 그것을 가리키는 예술에 노력하고자 합니다. (1914. 11. 5)

잡감雜感[9]

작년 세말歲末 학우회 망년회에 회석이 만원인 중 감탄되는 말에는 크게 박수도 하며 부인하는 점에는 악을 써서 큰 소리로 "아니라"고도 하는 상황을 우리 여학생들은 한구석에서 구경하였소. 그때에 언니가 나를 푹 찌르며 이마를 찌푸리고, "아이구, 무슨 싸움터 같소그려. 학식이 있고, 지각

---

9   『학지광』 1917년 3월호.

났다는 자의 태도가 이렇게 점잖지 못하오그려!" 하였소. 나는 웃으며 이렇게 대답한 듯하오.

"오늘이야말로 산 것 같소. 조선에도 저렇게 활기 있는 어른들이 많이 계신 것이 참 기쁘지 않소? 학식이 있기에 판단이 민첩하고 지각이 났기에 똑똑히 발표하는 것이오. 조선 사람은 점잔 부리다가 때가 다 지난 것을 생각지 못하시오? 손님은 사양하고 주인은 권하는 것이오. 자기네들 회會에 사양할 여가가 어디 있고 자기네들 일에 권고받을 염치가 어디 있겠소? 가령 이것을 객관적으로 비난하는 것이라 말할지라도 비난이 없으면 반성이 어찌 생기고 타격하는 이가 없으면 혁신의 기운이 어찌 일겠소? 비난 중에서 진보가 되고 타격 중에서 개량이 생기는 것이 분명하고 이로 말미암아 개인이 사람 같은 사람이 되고 일국의 문명이 있는 것을 압니다."

그때에 언니는 "옳소" 하고 고개를 *끄덕끄덕*하셨지요? 사회에서 여자를 불신하고 남자가 여자를 모욕하는 것이며, 여자의 사업이 어리고 자각이 없고 성공이 더디고, 사물에 어둡고 처리가 둔하고 실패가 많은 것은, 전혀 확고한 신념이 결핍하고 이지적 해결력이 빈약하였던 까닭 같소. 이 결점이 사람 이하의 오늘날 여자의 현상을 지배하는 것 같소.

빙긋 웃는 것이 여자의 아름다운 점이라 하오. 살짝 돌아서는 것이 여성의 귀염스러운 점이라 말들 합디다. 말 아니 하고 생각 없는 자를 여자답다 하오. 우리도 남과 같이 사람다운 여자가 되고 남의 일을 나도 판단할 줄 알며, 아름다운 것을 아름답다 할 줄 알며 더러운 것을 더럽다 할 줄 알거든 ― 생각도 좀 해본 것 같고, 할 말도 다 해본 듯하거든 ― 그때야말로 웃고 싶은 대로 빙긋빙긋 마음대로 웃어서 여자의 아리따운 표정도 해봅시다. 쌀쌀스럽게 싹 돌아서는 귀염도 부립시다. 말 없고 얌전한 여자가 됩시다. 이렇게 우리에게는 뜨거운 정 외에 맑은 이성을 구비치 않으면 아니 될 줄 알아요.

나는 높은 산을 찾아서 설경을 내려다보려고 나섰소. 이제껏 도회의 더운 바람 속에서 실미지근하게 지내던 생활이 별안간 이렇게 쌀쌀한 바람에 백설계白雪界(눈 덮인 세상)를 만나니 말할 수 없이 마음이 서늘해지고 정신이 번쩍 나며 공연히 껑충껑충 몇 번 뛰기까지 하였소. 산정山頂을 향하고 푹푹 빠지는, 길도 모르는 데를 아무려나 밟아 올라갔소. 올라가다가 나는 깜짝 놀랐어요. 이 추운 아침에 누가 벌써 이 험한 길로 이 두려운 눈을 밟고 올라간 발자국이 있는 것을 보고, 남들이 다 따뜻한 자리 속에서 단꿈에 취하였을 때에 얼마나 바쁘기에 이 추운 아침에 여기까지 왔었고, 얼마나 부지런하기에 남들이 다 자는데 벌써 이 꼭대기에까지 다녀갔나?

언니! 나는 걷던 발을 멈추고 딱 섰소. 언니가 하던 그 말이 인제야 알아지오. 일찍 기숙사 침실에서 내가 언니께,

"우리 조선 여자도 인제는 그만 사람같이 좀 돼봐야만 할 것 아니오. 여자다운 여자가 되어야만 할 것 아니오? 미국 여자는 이성과 철학으로 여자다운 여자요, 프랑스 여자는 과학과 예술로 여자다운 여자요, 독일 여자는 용기와 노동으로 여자다운 여자요, 그런데 우리는 인제서야 겨우 여자다운 여자의 제일보를 밟는다 하면 이 너무 늦지 않소? 우리의 비운은 너무 참혹하오그려."

그때에 언니가 고개를 번쩍 들고 내 손목을 꼭 쥐며, "아직 밝지도 않은 이 새벽에 누가 벌써 수레를 끌고 가는구려. 그 바퀴 구르는 소리가 마치 우레 소리와 같이 내 귀에 들리오. 이 이른 새벽 깊이 든 잠에 몇 사람이나 깨어서 저 바퀴 구르는 소리를 들었겠소? 이와 같이 만물이 잠들어 고요한 중에 그는 먼 길을 향하고 일찍이 일어나서 튼튼히 발감개 하고 천천히 걸어가며 새벽하늘의 고운 빛을 노래하고 맑은 공기에 휘파람 불며 미소하리다. 대문이 꽁꽁 잠기고 그 안에서는 아직도 깊은 잠에 잠꼬대하는 소리가 들릴 때에 그 문 앞에서 얼마나 문을 두드렸겠고 그 문 앞에서 몇 번이나 기도하였으리까. 언니와 나도 그렇게 마음 놓고 실컷 자다가 아침 태양이 동창을 환히 비치게 된 후 겨우 눈을 비비고 일어난 것 같소" 하던 언니

의 말이 인제 겨우 알아지는 것 같소. 아무려나 우리 앞에 벌써 각성의 웃음과 노력의 피눈물을 뿌리며 부지런히 밟아가는 언니가 있다 하면 그 작히나 좋으리까. 얼마나 기쁘겠소?

시간이 촉박한데 어떻게 나를 기다려달라 하겠고, 무슨 심사로 남 가는 것을 시기하겠소? 너 잘 가는 것이 내게도 영광이요, 나는 못 가더라도 너만 무사히 도착되어도 좋다. 허나 너무 달음질 말고 이따금 뒤 좀 돌아보아주오. 올라가지 못할 곳에는 손목도 좀 끌어주어야겠소. 다리가 아파 주저앉을 때에 가야만 할 이유를 설명해주어야겠소.

믿건대 먼저 밟으시는 언니들이여! 푹푹 디디어서 뚜렷이 발자취를 내어주시오. 좀체롬하게 또 눈이 오더라도 그 발자국의 윤곽이나 남아 있도록, 깔려 있는 백설 위로도 만곡요철뿔ㅠㅠㅠㅠ이 보이건마는 그 속에 묻혀 있는 탄탄대로는 보이지 않는구려. 다행히 누가 먼저 밟아놓은 발자국을 따라 길을 찾게 되었소마는 그 사람도 몇 군데 헛디딘 자국이 있는 것을 보니 이 두터운 눈을 한번 밟기도 발이 시리거든. 그 사람은 길을 찾노라고 방황하기에 얼음도 밟게 되고 구덩이에도 빠지게 되었으니 아마도 그 사람의 발은 꽁꽁 얼었을 것 같소. 동동 구르며 울지나 아니하였는지 몹시 동정이 납디다. 그러나 그 발자국을 따라 반쯤 올라가니 그 사람의 간 길과 나 가고 싶은 길이 다르오그려. 나도 그 사람과 같이 두텁게 깔린 눈을 푹푹 디디어야만 하게 되었소. 차디찬 눈이 종아리에 가 닿을 때에는 선득선득하고 몸소름이 쭉쭉 끼칩디다.

큰 돌멩이에 발부리도 채이고 굵은 가시가 발바닥도 찌르오. 이렇게 벌써 걸음을 옮기기가 곤해가지고야 언제 저기를 올라간단 말이오. 저기까지에는 넓은 호수의 스케이팅 터를 지나야 하겠소. 반질반질한 저 얼음 위로 이 장신(장화)을 신고 밟아 가야만 하는구려. 저네들은 저렇게 날카로운 스케이트를 신고도 자유로 뛰어다니건마는 나는 암만 해도 이 넓적한 신을 신고라도 한 걸음도 걷지 못하고 나자빠질 것 같소. 아무려나 미끄러져서 머리가 터질 각오로 밟아나 볼 욕심이오.

잡감雜感: K언니에게 여與함[10]

언니!

봄빛이 아름답다 함도 꽃봉오리가 뾰죽뾰죽 나올 때라든지 파르죽죽한 버들잎이 척척 늘어져 이따금 부는 경풍輕風에 얌전히 흔들흔들하는 때, 도화挑花, 이화梨花가 만발하여 온 세상이 웃음과 같은 그런 때 말이지, 오늘과 같이 흑운黑雲이 이리저리 몰리며 폭풍이 일어나 먼지 뭉텅이가 앞길을 탁탁 막아 정신을 차릴 수 없는 이러한 날에는 자연히 흉중이 요동되고 정신이 교란해지며 말할 수 없는 자아의 불평과 공포만 일어나오.

나도 처음에는 유리창의 덜그덕덜그덕 요동하는 소리며, 쨍쨍하던 볕이 갑자기 어둠침침해오는 것이며, 늘어졌던 청류지淸柳技(푸른 버들가지)의 꺾어지는 것을 장쾌하게도 생각하고 재미스럽게 보았소마는, 미구에 눈코 뜰 새 없이 광우狂雨(미친 듯이 내리는 비) 쏟아지는 때에는 저렇게 춘색을 자랑하던 벚꽃이 속절없이 흩어지는 것이며, 일껏 동절冬節 준비로 먹을 것을 물고 부지런히 길어가던 개미의 하염없이 물에 밀려나기는 것이며, 어미 닭 품에 안기어 구구 찍찍하며 앞뜰에서 놀던 병아리 떼들의 일시 쫓겨 들어가는 것을 인정으로서 어찌 차마 보잔 말이오? 아아, 저렇게 자만스러이 직립한 전신주라든지 사시청춘四時靑春의 소나무에게까지라도 미구에 전율적 대엄습이 닥칠 것을 생각하니 나는 벌써 장쾌하고 흥미스럽다던 것도 다 잊어버리게 되고 공포에 못 이기어 부지불각 중에 진저리를 쳤소.

아, 나는 못생기게 엉엉 우는 것보다 이 위에 더 한가지 지진이 일어나

10   『학지광』 1917년 7월호.

가옥이 비칠비칠해지고 가구가 다 부서져나가기 전에 어서 이렇게 조용히 앉아서 언니에게 끝까지 답장을 지어야만 할 양책良策을 찾았소.

언니! 언니의 편지보다 먼저 본국으로 온 S언니에게 언니의 소식을 자세히 들었소. 들은 그 순간으로부터 어느 때든지 나는 언니의 그 적막한 경우와 모순의 고통, 번민이 오죽할까 하여 혼자 눈물 흘린 적도 많소. 해서 미상불 그동안 여러 번 솜씨 없는 붓을 들은 적도 있었으나 지어 놓고 부치지도 않은 적도 있고, 혹은 쓰다가 찢어버린 적도 있소. 물론 언니에게 대한 사랑이 범연泛然함이었던 것이 아니라 토오꾜오 계실 때 언니 앞에서 고백한 것같이 나는 비상히 언니를 존경하므로 혹시 불경不敬이 될까 하여 주저하였던 것이오. 허나 지금 당해서는 이것이 도리어 불경이었던 것을 알게 되었소. 대개 이렇게 생각함은 제가 가장 언니와 동등同等인 듯이 자만하였던 것 같소. 하므로 나는 언니에게 사과하는 동시에 언니보다 몇 층이 떨어진 것을 깨닫고 인제는 겸손하게 솜씨 없는 붓이라도 들어 어리광을 부리려 하나이다. 언니가 꾸지람을 하신다 하면 달게 받겠고, 언니의 지도가 계시다면 나는 춤추고 가겠삽나이다. 언니! 버릇없는 말씀이 있거든 널리 용서해주시고, 가다가 저촉되는 구절에는 눌러보아주십시오.

S언니 편에 듣기에는 언니의 신경쇠약병이 중하다 하고, 언니는 조그마한 초가단칸에서 어머니 뫼시고 지우知友도 없이 적막히 지내신다는구려. 퍽 고독하고 무력한 생활을 하시는 것같이 들었소. 그때에 나는 마침 서양 요리를 먹고 천아융天鵝絨(벨벳) 의자에 걸터앉았던 귀족적 생활의 한 주인공이었소. 이러한 나로서 언니의 그러한 소식을 들을 때 얼마나 황송스러웠는지 모르겠소. 그래서 곧 벌떡 일어서서 생각하였소. 그러고 언니의 병은 범인의 병과 달라 장차 무슨 독창적 사색의 대원천이 될 귀중한 병인 줄 알고 언니의 그 적막한 생활 중에는 무슨 철저한 생명이 포존包存(아울러 보존됨)해진 줄 알고 믿고 안심하여 오늘도 그 자주紫朱 천아융 의자에서 끝까지 기쁨으로 쓰려 하나이다.

언니 말씀과 같이 그것이 큰 난문제여요. '명예와 사업', 특히 인제 겨우 눈을 뜨려는 조선 여자계에는 더구나 난문제이어요. '공부해가지고 사업하지' 물론 그럴 것이겠지요. 또 그렇게 돼야만 할 터이지요.

언필칭 소학교 아동의 입에서라도 '공부해가지고 사업하지' 하는 말이 상투어가 되어버려 힘없이 쑥쑥 나옵니다. 소학교 아동은 아직 철이나 아니 났거니와 마침내 고등교육을 받은 여자의 입에서 나옴도 역시 무슨 전언傳言같이 쑥쑥 나오는 것 같습디다. 자기 입에서 나오는 '공부해가지고 사업하지'의 의미를 안다 하면 물론 다행한 일이거니와, 만일 아무 의미 없이 남의 흉내를 낸다 하면 그 아니 가엾습니까.

언니보다 먼저 나도 욕보다 칭찬이 기쁨을 주는 줄도 알았소마는 욕도 참된 욕이 있고, 칭송도 거짓된 무가치한 칭송이 있는 줄을 알았소. 그러면 오늘날의 20세기에 사는 자각한 사람에게는 무가치한 칭찬보다 가치 있는 욕이 귀하지 아니할까 해요.

욕 말이오? '그 계집이 활발하다, 그 여자 말도 많다, 건방지기도 하다, 남자와 교제가 많다……' 언니, 이 욕 말이오? 이 욕으로 해서 사업을 못한단 말이오? 그럴 터이지요. 사업가에는 신용이 유일의 생명일 터이니까 그러한 욕이 있으면 즉, 신용을 잃게 된단 말이겠지요.

칭찬 말이오? '그 색시 안존女存하다, 얌전하다, 말이 없다, 공손하다, 남자를 보면 잘 피한다……' 이 칭찬 말이오? 이 칭찬을 받는 여자는 신용이 있으니까 사업이 잘될 터이란 말이지요? 언니, 그럴까요?

남들의 욕과 칭찬은 이러하외다. '학문이 없다, 견식이 좁다, 용기가 없다, 기술이 부족하다' 이런 욕을 먹습니다. '활발 영리하다, 웅변가이다, 문장가이다, 과학적 사상이 있고 철학과 이성을 가졌다……' 이런 칭찬을 듣는구려. 우리는 무의식중에 얌전을 부리나 남들은 의식으로 얌전을 부리고, 우리는 남의 흉내로 공손을 차리나 남들은 자각을 가지고 공손하는 것이외다. 우리는 남자를 구수仇讐(원수)같이 알고 남녀 양성 간은 육체적으로만 결합되는 줄 아는데, 남들은 남자를 이해하여 남성의 특징을 내가 취하기도 하고 여성의 장처長處를 그에게 자랑도 하여 남녀 양성 간에 육 외에 영의 결합까지 있는 줄을 압니다.

언니! 그래도 이를까요? 우리가 알려 하고 하려 하는 것이 이를까요? 여자란 온양공겸溫良恭謙이라든지, 집에 있을 때는 아비를 좇고 출가하면 남편을 좇고 남편이 죽으면 아들을 좇으라는[11] 삼종지도三從之道로만 언제까지 여자의 전생명을 삼을까요? 방구석에 들어앉아서 삼시 밥만 파먹고 그대로 문지방 안에서 술래잡기하다가 늙어 죽던 그때 말이지. 오늘과 같이 방에서 마루까지 걸어 나와 대문까지 나온 우리로서 아이스크림도 맛보고 빵도 먹어본 우리로서 단테의 시니, 칸트의 철학이니, 평등이 어떻고 자유가 무엇이니 하는 우리로서는 이른 것보다 늦은 듯합니다.

언니! 먼저 언니 앞에 변명할 것이 있소. 그것은 내가 결코 언니의 말씀하는 "아직 실력이 없으니까 충분히 수양해가지고 그때 사업을 하지" 하심을 무시함이 아닌 것을 오해 말으소서 함이외다. 언니! 물론 그럴 터이지요. 또 그렇게 해야만 지각 난 자의 행동일 터이지요. 서서히 충분한 수양으로 나가야 할 터이지요. 나도 그렇게 하기를 절실히 원하는 바요. 그런데 언니의 편지 중 "여자는 허영심이 부富하오. 욕심이 많소. 이것이 큰 걱정이오" 하는 말씀에 큰 자극을 받았소이다. 그러나 "큰 걱정이오" 하는 말씀은 물론 언니는 그 경성 도로에 풀풀 날리는 삼팔三八(올이 고운 명주) 치마라든지, 외뚝빼뚝하는 젊은 여자 구두(소랑양혜小娘洋鞋)라든지, 뻔쩍뻔쩍하는 금지륜金指輪(금가락지)으로 겉치레만 하고 속에는 아무것도 없는 그러한 여자를 한탄하신 것이겠지요.

그런데 누가 그래요? 어느 남자가 그래요? "여자는 허영의 결정체라고. 그러니까 여자는 열등한 동물이라고." 그래서 언니도 큰 걱정이라고 하신

---

11   원문은 "재가(在家)에 부(父)를 좇고, 출가에 부(夫)를 좇고 부사(夫死)에 자(子)를 좇으라는".

것인가요?

그럴까요? 언니! 나는 허영이 있고, 욕심이 있는 자라야 공부도 잘하고 대사업을 이루는 자라 하오. 나폴레옹이나 비스마르크에게 만일 성공이란 허영심과 위인 될 욕심이 없었던들 어찌 백천년 후세를 전하여 수억만 사람이 뇌 속에 기억을 삼았으리까. 우리는 어서 남들의 주장하는 "인격 존중이니, 사람은 사람답게 이상의 반푼이라도 실현해야겠고, 또 사람다운 생활을 해야겠다"는 것을 바라볼 욕심도 내야겠고, 모방할 허영심도 많아져야 할 것이 아닐까요? 우리에게도 급한 대로 우선 몇 가지 욕심을 가진 후라야 사업을 할 수 있다 하오.

첫째는, 조선 여자도 사람이 될 욕심을 가져야겠소. 역사상으로 보면 고대 그리스에서는 신화 중 최대 세력을 가진 강한 신 제우스는 남성이라 하고, 그 곁에 뫼시고 있는 신 헤라는 여신이라 하였소. 대학자로 유명한 아리스토텔레스도 부인을 비열히 대접하였을 뿐 아니라, 소크라테스도 자기 부인을 친구에게 빌려준 일도 있고, 페리클레스도 자기의 처첩을 시민의 처첩과 교환한 일도 있다 하오. 그렇게 남존여비의 제도가 동양보다 우심하였던 것이, 로마 상고上古에 와서는 교육은 완전히 가정에 있어서 부인을 훈도薰陶하여 양호의 책임을 맡게 되고, 그 어머니의 덕육德育으로 자녀교육의 기초를 삼게까지 여자의 지위를 찾게 되었소.

중세의 기독교 전성시대에는 법률제도는 물론이고, 풍속 습관에 이르기까지 기독교의 주형鑄型으로 표준을 삼았소.「히브리」제5장[12]에 "부인 된 자여, 너희들이 주를 좇는 것같이 스스로 남편을 좇으라. 남편 된 자여, 너희들이 기독이 교회를 사랑하여 자기 몸을 돌아보지 않으며 힘쓰는 것같

12 　실제로는 「히브리서」가 아니라 「에베소서」 5장의 22절과 25절의 구절이다. "아내 된 사람들은 주님께 순종하듯 자기 남편에게 순종하십시오."(22절) "남편 된 사람들은 그리스도께서 교회를 사랑하셔서 당신의 몸을 바치신 것처럼 자기 아내를 사랑하십시오."(25절)[공동번역 개정판]

이 너희들은 처를 사랑해라" 한 말씀도 있소. 또 온 '세상 인류는 다 하나님의 아들과 딸이고 너희들은 서로 동포니라' 하여 여자도 인격적 가치 있는 것으로 인정되었고, 여자의 지위는 사회에 있어서 크게 존경을 받게 되었소. 이같이 고대 그리스, 로마의 남존여비의 사상이 진화되어 남녀동권이 되고 남우여열男優女劣의 제도가 개혁되어 남녀평등으로 여자의 지위가 변화하기 시작했소.

여자도 남자와 같이 그 본성에는 조금도 다름이 없다는 사상이 더욱 심오하게 된 것은 누구나 다 아는 바와 같이 문예부흥시대로부터 현대에 이르기까지요.

"남자가 이해할 수 있는 모든 일을 여자도 능히 이해할 수 있다. 일로 추리해볼진대 여자의 본성적 이론, 즉 심리적 작용에는 조금도 남자와 다름이 없다. 일용의 직분에 이르러서는 혹 차별이 생길는지 모르겠다. 여자들아! 껍데기만 살지 말고 영혼이 있을지어다" 절규함이 20세기 여자의 무대요. 언니! 우리 조선 여자도 이 무대상에 참석할 욕심을 가져야 할 줄 알아요. 루소의 말이 "나는 학자와 장군을 만드는 것보다 먼저 사람을 만들겠다" 하였다 하오. 내가 여자요. 여자가 무엇인지 알아야겠소. 내가 조선사람이오. 조선 사람이 어떻게 해야 할 것을 알아야겠소.

둘째는 자기 소유를 만들려는 욕심이 있어야겠소. "수처작주隨處作主면 입처개진立處皆眞[13]"이란 진리도 있소. 우리는 일시에 중국의 '천天' 자와, 일본의 '아ア' 자와 서양의 '에이A' 자를 배우게 되었소. 우리가 항용 부르는 일본의 야마또다마시이[14]가 무엇이오? 일본은 남의 문화를 수용하되 일본화하는 것이오. 일본 사람은 외적 자극을 받아가지고 내적 조직을 만드는 것이오. 우리도 배우는 학문을 내 소유로 만들어야겠소. 조선화시킬

---

13   당나라 임제(臨濟)선사가 남긴 법어로 '어디든 머문 곳에서 주인이 되면 그곳이 곧 진리의 자리'란 뜻.

14   대화혼(大和魂), 즉 일본인들이 자기 민족 고유의 정신을 일컫는 말.

욕심을 가져야 하겠소.

셋째는, 활동할 욕심을 가져야겠소. 새커리William M. Thackeray(1811~63, 영국의 소설가)가 말하기를, "친절한 충고 줄 기회를 잃지 마시오. 고인古人 (옛사람)이 내 전지田地에 공지空地 있는 것을 볼 때마다 호주머니에서 해종 일립檞種一粒[15]을 꺼내어 손끝으로 파서 심는 것같이 당신네들도 일생 중 에 친절한 충고 줄 기회가 있거든 잃지 마시오. 해종일립이 아무 가치가 없 는 듯하나 그 후 어느 때에는 대목大木이 될 것이오"[16] 한 말이 생각나오. "움직이는 자여 실패 있음을 각오하라" 하였다 하오. 옳소. 실패와 성공은 평행되는 줄 아오. 활동하는 자에게는 실패와 성공의 결과가 있을 것이오. 그 속에는 승리와 희생이 있을 것이오.

언니! 어떨까요? 우리는 왜 메리[17] 같은 큰 여자 교육자가 못 되란 법 어 디 있겠소? 롤랑 부인[18]과 같이 광란 노도의 희생을 못 할 리 어디 있겠소? 탐험하는 자가 없으면 그 길은 영원히 못 갈 것이오. 우리가 욕심을 내지 아니하면 우리 자손들을 무엇을 주어 살리잔 말이오? 우리가 비난을 받지 않으면 우리의 역사를 무엇으로 꾸미잔 말이오?

다행히 우리 조선 여자 중에 누구라도 가치 있는 욕을 먹는 자가 있다 하면 우리는 안심이오. 이 여자는 우리의 갈망하는 사업가라 하겠소. 우리

---

15   '해(檞)'는 송진을 뜻하지만 여기서는 해목(檞木), 즉 떡갈나무를 가리킨다. '해종일립'은 떡갈나무 씨앗 한알, 곧 도토리 한알이라는 뜻.

16   새커리의 장편소설 『허영의 시장』(*Vanity Fair*, 1847~48) 19장 중 한 대목이다. 원문은 "As Collingwood never saw a vacant place in his estate but he took an acorn out of his pocket and popped it in; so deal with your compliments through life. An acorn costs nothing; but it may sprout into a prodigious bit of timber."(자신의 영지에 빈터만 보이면 주머니에서 도토리를 꺼내 심던 콜링우드처럼, 살아가면서 그렇게 사람들을 칭찬하십시오. 도토리는 공짜지만 엄청난 재목으로 자라날지 모릅니다. ─졸역). 콜링우드(Cuthbert Collingwood, 1748~1810)는 트라팔가 해전에서 넬슨 함대의 부제독.

17   메리 울스턴크래프트(Mary Wollstonecraft, 1759~97). 영국의 작가, 여성운동가.

18   마리잔 롤랑 드 라 빨라띠에르(Marie-Jeanne Roland de la Platière, 1754~93). 프랑스혁명기 에 '지롱드파의 여왕'이라 불린 작가이자 정치가.

의 배우지 못한 공부를 많이 한 자라 하겠소. 언니! 어서 공부해가지고 사업합시다.

뇌정벽력雷霆霹靂을 하오. 광우狂雨가 쏟아지오. 자만하게 직립하였던 전신주도 조르르 흘렀소. 우리 집에서는 장독 소래기를 치우느라고 허둥지둥 야단들이오. 아직도 때가 있는 것같이 서보徐步로 걸어가던 행인들은 저렇게 좌우 길을 방황하며 어찌할 줄 몰라 쩔쩔매오. 자동차 마차가 획획 지날 때마다 부럽고 한심스러워 곧 두 눈이 벌컥 뒤집힐 것도 같소. 어느덧 지진까지 일어나오. 온 집이 흔들리오. 아이구 이를 어찌하오? 어디로 피하여야 산단 말이오? 속절없이 이렇게 죽을 생각을 하니 눈물이 하염없이 옷깃을 적시오. 아아! 아무려나 나가다가 벼락을 맞아 죽든지 진흙에 미끄러져 망신을 하든지 나가볼 욕심이오. 당장 이 쓰러져가는 집을 떠나기 위하여 우장雨裝을 차리려고 고만 각필擱筆하오. (1917년 5월 16일 폭풍우 중)

대구에 갔던 일을 김마리아 형에게[19]

제1서신 (1)

형이여, 우선 남이 보지 못하는 형의 얼굴을 보게 된 것은 큰 영광이오. 더구나 형을 보기에는 감불생심敢不生心으로 알고 갔던 나는 병자 된즉, 형의 간절한 면회청구로 드디어 형을 보게 되어 형의 음성을 듣게 되고 짧으

---

19 『동아일보』 1920년 6월 12, 13, 14, 15, 18, 19, 21, 22일자(전 8회 연재). 필자명 삼일월(三日月)은 나혜석의 호 '정월(晶月)'의 파자(破字). 이 자료가 나혜석의 글임을 처음 밝히고 학계에 소개한 것은 전병무의 「신자료 '김마리아방문기'를 통해 본 나혜석의 삶」, 『나혜석연구』 7집, 나혜석학회 2015이다. 이 논문의 말미에는 자료 전문이 원문 형태로 실려 있다. 본 사상선에서는 전병무 자료를 기초로 신문 원본을 대조하여 양자의 일부 오류를 바로잡고 현대어로 교열 및 주해함.

나마 30분간 담화까지 하게 된 것은 다시 감사를 드리는 동시에 형의 따듯한 우정을 기뻐하나이다. 또 상상하던 일이지마는 『매일신보』상 기재된 "최후의 사형선고는 병"이라는 병세보다는 과도한 이상이 없는 것이 의외에 다행한 일이었었고 큰 숨을 쉬어 마음을 놓게 되었나이다.

1년 후나 혹 2년, 3년 후에 형과 한담할 기회가 있을는지 모르는 나는 마침 좋은 기회이었기로 천천히 이야기를 좀 많이 하려 하였으나 간호자看護者들의 주의도 있을 뿐 아니라 두통이 심하여 어젯밤에도 조금도 자지 못하고 불면증으로 매우 고생스러웠노라 하는 형의 말을 듣고야 나도 행여나 조금이라도 신경에 흥분을 가할까 보아 매우 조심도 되고, 거기다가 밖에서는 인력거꾼이 어서 가자는 재촉이 심하여 차마 떠날 수 없는 형의 곁을 떠났나이다. 형이 내게 대하여 "밖에는 변한 일이 많다지요? 그래 어떠한 생각으로 살아가요?" 하며 또 "대구에 몇일 유留할 터이오? 감옥에 가 면회하겠소?" 하며 묻는 말에 채 대답할 겨를도 없었거니와 병자에게는 건강을 회복할 이야기 외에는 그다지 바쁘지 않을 듯싶어서 간단히 몇 마디 대답만 한 데 대하여는 용서하시오. 다시 생각하매 형으로서는 매우 궁금히 여길 것이 당연한 일인 줄 알았나이다. 그러하므로 나의 그간 지내는 감상과 또 대구에서 보고 당한 일을 약기略記하여 올리려 하니 소일거리 삼아 보아주시기 바라나이다.

먼저 서양 사람에게 싸여 있는 형을 보려고 하던 일로부터 고하려 하오. 형에게 내가 말한 바와 같이 형님들은 감옥에서 고초를 당하는데 나는 어찌 편안히 있겠소. 나는 형님들의 후원자로 정신여학교에 교편을 잡게 되었소. 그러하므로 형님들의 소식은 항상 기도시간에 집합장에서 듣게 되었고 이구다언異口多言으로 별별 말이 다 많았었으나 곧이들림직한 말이 없기로 늘 지나는 말로 들어오다가, 필경은 어느 날 아침 기도시간에 모 선생님 보고에 의한즉, "형의 병세가 중하여 3일에 미음 한 수저 못 먹었다" 하며 "그가 만일 죽는 날이면 얼마나 아깝고 얼마나 불쌍하겠소" 하며 눈물이 핑 돕니다. 선생의 얼굴을 쳐다보고 앉았던 학생 일동의 머리는 일제히 숙일 때에 교사석에 참석하였던 나의 등허리에는 찬물을 족족 뿌리는 것 같고 진저리를 쳤나이다. 집합장은 잠깐 고요하였었고 다 각각 자기의 심장 뛰는 소리만 듣고 있었을 뿐이었나이다. 연하여 그다음 날에는『동아일보』며『매일신보』상에 급보가 게재된 것을 볼 때에 나는 그간 숨이나 끊어지지 아니하였나, 하고 궁금히 여겼을 뿐 아니라 나는 형의 추도회할 것까지 공상하였던 것을 보면 그때에 우리가 얼마나 황망스러웠으며 또 우리의 피와 뼈에 얼마마한 아픔이 있었던 것을 알 수 있을 것이외다. 그러자 마침 미스 딘[20]이 보석 청원을 하러 대구에 갔다가 면회하고 왔으므로 자세한 말을 들으니 신경쇠약에 과민이더라, 하며 생명에 관계될 만한 병세는 아니라 함을 듣고 우리들은 할 수 있는 대로 널리 지인 사이에 이 말을 전하여 안심하도록 하였었나이다. 따라서 세브란스병원 간호원장의 극력 주선으로 형이 보석 중에 모 서양인 집에서 치료한다는 말과 서필선徐弼善 씨[21]가 간호 차로 일부러 내려갔다는 말을 듣고 나도 일요일을 이용하여 한번 위문 차로 내려가려고 하였던 바외다. 그리하여 학교 서양 사람들에게 나도 내려가겠다는 말을 한즉, 그다지 반가워하지 않는 말로 "서양 사람은 면회할 수 있으나 조선 사람은 면회할 수 없소"라고 하오. 나는 이상히 생각하여 "왜요?" 하고 반문하였으나 그의 대답은 매우 애매하여 "글쎄 그렇게 되었소" 하오. 나의 의혹은 점점 높아질 뿐 아니라 일종의 불쾌한 마음이 생겨서 조선 사람을 조선 사람이 보지 못하고 서양 사람은 볼 수 있다는 이유를 나는 아무리 생각하여도 해석할 수 없소. 그리하여 어

---

20   전병무 자료는 '미스 변'으로 판독했으나, 원문의 "미스 띈"은 미스 딘(Dean)으로 정신여학교 부교장을 지낸 미국인 선교사 릴리언 딘 밀러(Lillian Dean Miller)를 가리킨다. 그의 한국 이름이 '딘 밀러'를 음차한 천미례(千美禮)이므로 '미스 천' 또는 '미스 딘'으로 불렸는데, 그는 3·1운동으로 투옥되었다가 출옥한 김마리아에게 자신의 사택을 제공하는 등 대한애국부인회 재결성을 후원했다.

21   세브란스간호원양성소 출신으로 신간회 외곽단체인 근우회의 창립 발기인 중 한 사람.

느 조선 남선생에게 그 이유를 물은즉, 자기도 알 수 없다 하며 작년에 또 보석 중에 이화학당에 갔을 때에 수차 나갔었으나 면회를 못 하였었다는 불평을 말하며 "속상하는 일 많지요" 하옵디다. 하여간 나는 헛걸음칠 작정으로 5월 29일 토요일 저녁에 경성을 출발하여 대구로 향하였던 바요.

다음 날 아침 2시에 하차하여 모 여관에서 남은 밤을 지내고 10시경에 우선 제3부장을 방문하여 형님들의 소식이며 전후 계책을 상세히 토론 후 나의 반개半個년간 감옥생활의 감사도 말하고 비교적 아무 숨김없고 피차 이해하는 담화로 약 1시간 반이나 유쾌히 지난 후 형이 있는 서양 사람의 집을 물어가지고 도리어 형을 찾으러 나섰나이다. 습관성인지 모르나 빈손 들고 가기가 어쩐지 저어하였나이다. 그리하여 형의 심사를 기쁘게 할 만한 향기 있는 꽃을 찾으나 좌우에 즐비한 시가상점에는 아무리 살펴보아도 얻을 수가 없었나이다. 그리하여 파인애플 통조림[22] 두어개를 사가지고 나섰나이다. 어찌한 일인지 이제야 과연 누구를 찾으러 나선 것이 분명한 듯한 이상한 감정을 일으키는 동시에 바라보고 가는 양옥이 점점 가까워올수록 나의 가슴의 고동은 도수가 높아가며 형의 병상에 누워 있는 태도가 눈앞에 어른어른하여집디다. (1920. 6. 12)

세1서신 (2)

다행히 노중路中에서 어느 서양 사람을 만나 형이 있는 집의 방향을 쉽게 찾았으나 나는 서양 사람이 아니라 조선 사람이니까 그를 볼 자격이 없다 하는 느낌이 생길 때에 다시 한번 몹시 불쾌하였나이다. 약 2마장[23]가량이나 되는 거리에 큰 나무 그늘 속으로 층층대 아래에 흰옷 입은 서양머리 한 두어 사람이 오락가락함을 보고 나는 그들이 간호부려니 하고 따라

---

22   원문은 "간스메(かんづめ)"이나 우리말로 순화.
23   짧은 거리를 이를 때 '리' 대신 쓰인 단위.

갔나이다. 가까이 보니 두 여자는 낯선 여자요, 그곳에 미스 루이스[24]가 서 있는 것은 나로서는 매우 반가웠소이다. 그리하여 인사를 한즉 웃음으로써 반가운 표정을 흔히 하는 자는 서양 여자인 줄은 누구나 다 아는 바이어늘 서양 여자로서는 도무지 어울리지 않을 만치 쌀쌀한 얼굴빛으로 다만 "오셨소" 할 뿐이요, 그리하고 옆에 섰던 서양 남자(나중에 알고 본즉 그 집주인 블레어, 즉 방 목사)[25]와 다른 두 여자 —— 4인의 시선은 다 내게로 향하며 '저것이 또 오니 대답하기 귀찮아 어찌하나' 하는 얼굴을 가지고 있는 것은, 아니라고 하여도 곧이들리지 않을 만치 완연하였소. 나는 매우 무참스러웠소. 그리하고 여기는 종종 형을 보려고 와서 청하는 자가 많이 있었던 모양 같아서 그들의 태도에 매우 동정을 할 수밖에 없었소. 그리하여 나는 그들에게 신용을 얻기 위하여 제3부장의 승낙을 받아가지고 왔다 하며 면회를 청구하였소.

그런데 남자는 여전히 쓸쓸한 얼굴로 "보기 어렵소" 하오. 나는 "왜요?" 하고 그의 내용을 짐작지 못한 바 아니나 그의 대답이 무엇이라고 나오는 것을 들으려 함이오. 또 면회를 시키지 않는 이유가 경찰서와의 약속이라 하면 약속한 곳에서 허가를 받아가지고 온 이상은 대답할 무슨 이유가 없을 것을 짐작한 질문이니까 유순한 질문은 아니었었소. 그의 대답은 별것이 아니라 보석할 때 면회를 시키면 취소하겠다는 약속이 있다 함이오. 나는 다시 그런 줄을 알고 여기 오기 전에 당서當署에 가서 허가를 받아가지고 왔다 하였소. 형이여, 들어보시오. 그의 두번째 대답은 이러하였소. "제3부장의 소개장을 가지고 왔소? 내게 그가 전화를 하여주었다면 좋을 뻔하였소" 하오. 나는 매우 심사가 좋지 못하여 "네, 그러할까 보오. 나도 그

24 선교사이자 정신여학교 교장 마고 리 루이스(Margo Lee Lewis, 1885~1975). 김마리아의 유학을 주선하는 등 적극적으로 후원했다.

25 원문의 "썰늬아 즉, 朴牧師"는 당시 대구에서 활동한 선교사 블레어(Herbert Edgar Blair, 1878~1945)로 한국 이름은 방혜법(邦惠法). 따라서 원문 괄호 안의 '朴牧師'는 발음의 유사성에 따른 착오이므로 방 목사로 교정.

에게 전화를 하여주든지 소개장을 하여 달라 한즉 그다지 할 것 없으니 가서 말만 하면 보여주리라 합디다” 한즉 그제서야 무슨 대답할 말이 없는 듯하여 한참 묵묵히 있더니 서양 여자와 쑥덕쑥덕하오. 형이여, 생각하여 보시오. 형이 만일 그러한 꼴을 볼 때에는 어떠할까, 하고 아니꼽고 분하였었소. 그리고 그들의 보호하에서 구구히 생명을 보존하려는 형의 처지가 여간 비루하게 생각지 아니하였소. 나는 그러한 형을 보기 싫고, 눈앞에 그들의 꼴도 보기 싫어 즉시 회정回程하려 하여 “보지 아니하여도 관계없습니다. 다만 김마리아, 백신영白信永 양씨에게 내가 왔다 갔단 말만 전해 주시오”하고 돌아서려고 할 때에 두 조선 여자는 무슨 눈치로 알았든지, 내가 성명을 말하는 것을 듣고 알았든지, “아무개 씨구려. 몰랐지요. 성함은 많이 듣고 한번 보기를 원했더니 이렇게 우연히… 나는 마리아의 큰형이오. 저 애는 둘째 형이지요. 마리아에게 말하면 보고 싶어 할 걸요? 가만히 계십시오”하더니 바로 뜰 위에 있는 문을 열고 들어가오. 나는 저기 저 속 어느 방인가 보다 하였소. 조금 있다가 큰형님이 나오시더니 미스 루이스와 잠시 쑥덕쑥덕하더니 “마리아가 매우 보기를 원해요. 들어오십시오” 합디다. 돌아서려던 나는 매우 기뻐서 그의 뒤를 따라 들어갔소. 백신영 씨 병실을 지나 형의 병실로 들어서자 “어떻게 왔소” 하는 형의 말소리에 나는 우선 마음을 놓있소. 들어갈 때에 니무 “이야기하지 마시오” 하는 목사의 주의를 받은 고로 나는 형은 인사人事를 불성不省하는 형으로 안 까닭에 형의 말소리가 조금도 병자와 같지 않고 생기 있는 것을 볼 때에 얼마나 다행히 알았겠소. 허나 형은 매우 수척하여 침상 위의 이불에 파묻혀 있는 것이 마치 12~3세쯤 된 어린아이만 하게 보였소. 그중에서도 형은 내게 대하여 “몸에 무엇이 많이 돋았으므로 옴인 줄 알고 옴약을 발라서 손을 주지 못하겠소” 한 말은 지금껏 잊히지 않소. 남의 염병이 내 감기만 못하다 하오. 형은 얼마나 아픈지 모르겠으나 하여간 외면으로는 얼마나 위엄스럽고 호강스러워 보이는지 몰랐소. 대구시 중에는 그중 높은 동산東山

꼭대기 울울창창한 삼림을 정원으로 삼은 단아한 양옥을 전용專用하며 일등국 남녀들을 배종으로 즐비하게 두고 백설 같은 의복을 입고 천사같이 드날리며 만지고 쓰다듬는 시녀를 부리며 푸근푸근한 베드 위에 보들보들한 털이불을 덮고 귀한 얼굴을 파묻어두고 몇십, 몇백 사람의 간장을 녹이나이까. 형이여, 누가 형의 과거의 고초를 생각하여 현금現今의 신선놀음을 부럽지 않다 하오리까. 또 누가 감히 형을 불쌍타 하오리까. (1920. 6. 13)

제2서신 (1)

데퉁스럽게 불쑥 나오는 말로 "참 호강스럽구려" 한 말은, 하는 나도 불쾌하였거니 듣는 형인들 무엇이 그다지 탐탁하였으리까. 동에서 뺨 맞고 서에 가 눈 흘기는 것이오. 형을 보기 전에 뜰에서 서양 목사와 말할 때에 그가 나를 못 믿어 한 것보다도 서양 사람이 조선 사람을 못 믿어 하는 데 대하여 이번뿐만 아니라 예수교 학교에 다니며 여러 번 이 꼴을 본 나는 참으로 견딜 수 없이 분하였소. 그리하여 그들에게 교육을 받고 그들의 보호하에 있는 형에게 대하여 면치 못할 퉁명이었고 또 형에게는 그만한 퉁명을 부리더라도 형은 충분히 돌려 생각하여줄 줄을 믿음이오. 당국의 주의를 받고 있는 그들의 경우로서는 그리할 수밖에 없고 또, 사람이 살려면 시세와 형편을 따를 수밖에 없으니까, 라고 나도 그만한 짐작은 못 하는 바 아니오. 그러하나 그것은 보통사람에 한함이오. 그는 보통사람의 이상이오. 종교가며 목사요, 포교자요, 성경에 말하되 어린아이 같은 자라야 천당에 갈 수 있다 하였거늘, 그들은 벌써 남을 천당으로 인도하는 자니 스스로는 이미 천당에 갈 만한 자격이 있을 것이오. 그러면 자기부터 무사기無邪氣한 결백무구潔白無垢한 아이가 되어야만 할 것이겠지요. 즉, 그들의 눈에는 모든 것이 선善이요, 모든 것이 미美로 보여야 할 것이외다. 과연 그러한지요? 아니오. 이와는 반대요. 그들은 조선 사람 보기를 게으르고 더럽고 남 속이기 잘하는 어리석고 못난 미물로 치지도외置之度外하고, 사람의 관찰이란 제각각 다른 점이 있으련마는 이 점에 대하여는 어느 서양 사람이든지 똑같소. 아니 때인 굴뚝에 연기 날 이치는 만무하지만 조선 사람도 변하여가고 진보하여가고 조선 사람 중에도 우열의 차이가 있는 것이어늘 그들은 도무지 분변分辨 없이 사람을 판단한단 말이오. 즉, 10년 전에 당나귀 타고 궁촌窮村으로 돌아다니며 돼지우리들, 외양간에서 구더기가 들썩들썩하며 입에서는 구린내가 풀썩풀썩 나며 거적 위에 어린아이가 똥을 누면 호박잎으로 한번 싸서 버리고 그 자리에서 밥 먹는 것을 보았었고, 해가 오정午正이 되도록 가가호호에 문이 꽉꽉 닫혀 있는 것이며 청천백일靑天白日하에 수족에 활기 있어 보일 만한 청년이 네 활개 벌리고 낮잠 자는 것을 보았었고, 목사를 하나님같이 미국 부인을 천사와 같이 믿어 그들의 것은 다소 좀 떼어먹어도 관계치 않은 것 같이 알던 자들을 보던 눈이요. 좀처럼 첫 번 인상이 없어지지 않는 듯하여 불문곡직不問曲直하고 조선 사람은 남녀 간에 게으르고 더럽고 염치없고 속이기 잘하는 자로 치지도외하여 업수이 보는 것이란 말할 수 없고 그 똑똑한 체하는 꼬라지란 창자 가진 사람은 볼 수 없소.

나는 이런 것을 볼 때에 종교의 진리가 어디 있는지, 그렇게 도리어 속인과 조금도 차이가 없게 되려면 나른 모든 과학 외에 종교를 숭배할 필요가 무엇인지? 또 그들의 예수교 포교 목적이 무엇인지, 그들의 입으로 "이웃 사랑하기를 제 몸과 같이 하라"고 전도하는 말에는 큰 모순이 있단 말이오. 즉 성경에 말씀하되 "사람을 구제할 때에 오른손이 하는 것을 왼손이 모르도록 하라" 하였거늘 그들은 매월 5, 6원의 대비貸費(학비를 빌려줌)를 주며 한달간에 4일간은 완전히 자기의 일을 시키고 제일 깨끗지 못한 버선 뒤를 꼭 들게 하며 틈 있는 대로 알뜰살뜰히 부려먹어 그 보수의 값은 5원의 배 10원까지 달하오. 다시 말하면 자선교육이란 것보다 상매商賣적 교육뿐 아니라 인격과 자유를 무시하는 노예적 교육이오. 즉, 대비생貸

費生은 재학 중은 물론이요, 일생을 자유로 못살게 구속을 주오. 그러고 기숙생에게 대한 태도를 보시오. 길도 분변하여 알 수 있고 또 자기가 자기를 맡길 만치 자각과 근신謹愼이 있는 성년자成年者들의 외출에 무슨 필요로 보호자를 동반시키오. 또 누구나 면회청구를 하면 확인을 하는바[26] 무엇이 그리 못 믿는단 말이오. 까닭 없이 남을 의심하는 것은 죄가 아닐까요? 예수 말씀하기를 '내가 내 아버지를 떠나 이 세상에 온 것은 부자와 성한 자를 구제하러 온 것이 아니라 빈곤한 자와 약하고 병든 자를 구하러 왔노라' 하셨거늘 그들은 말 잘하고 재주 있고 다예다능多藝多能한 학생만 모조리 추려서 귀애貴愛하고, 뿐 아니라 극한 가애假愛(거짓사랑)로 인하여 지금까지 순결무오純潔無汚하던 학생에게 시기와 질투심을 차차 기르게 하오. 또 십계명 중에 "욕심내지 마라" 하였으며 "욕심내는 것은 살인하는 것과 일반이라" 하였거늘 그네들은 남의 자녀들을 데려다가 꼭꼭 가둬두고 실사회와 아무 관계도 없이 만들어놓고 자기네들의 피아노 타고 호화로이 지내는 것만 조석으로 보게 하여 필경은 시대와 그 사회에 불합당·부조화한 것만 욕심내는즉, 허영에 중독中毒하는 수가 많지 않소. 그 예가 많으나 이상의 몇 가지를 보더라도 서양선교사, 즉 예수를 믿고 죄악 중에 있는 자를 건지려 하며 천당에 가려 하고 성경을 손에 놓지 않고 기도를 주야불식晝夜不息하는 종교가에게 대하여 모순과 애매한 점을 볼 수밖에 없나이다. 배고픈 자에게 쉰 죽인들 어떠리까마는 이왕 구제하여주려거든 체하지 않고 병나지 않을 것을 주었으면 얼마나 고마울까! 형이여, 나는 그들에게 이렇게 청구하고 싶소. "시세와 형편을 따라 속인俗人화하지 말고 그들은 먼저 철두철미로 사무에 접촉할 시에 진선眞善·진미眞美로 판단할 만한 결

---

26 "확인을 하는바"의 원문은 일어를 한글로 표기한 "밋또리꼬또리께니"이나 원어의 추정이 쉽지 않다. 여기서는 백지운 교수에게 자문을 구해 옛 일본 관공서 어투의 '미또리소로께니 (見取リ候けに, 확인하였으므로)' 정도의 표현으로 추정하고 문맥에 맞추어 우리말로 바꾸었다.

백청아潔白淸雅한 어린아이가 되어주십사"라고. 그리하여 조선 사람으로 하여금 다 어린아이와 같이 되게 포교를 하여 2천만 인구가 다 하나님과 같이 인자하고 예수와 같이 박애博愛할 줄 알며 삼천리강산 낙원 속에 천당이 임하도록 하여달라고 기도하고 절원切願하오. (1920. 6. 14)

제2서신 (2)

형이여, 죽고 싶지 않소? "내가 지금 징역을 하게 되면 죽소. 결코 살지 못하오. 어떻게 하든지 면하고 속히 나가서 살도록 변호사에게 말하여주시오" 하는 형의 말에는 충분히 동정을 드릴 수 있었나이다. 단축한 시일이나마 나도 반개년간 감옥에서 지내보던 심리로 추측하여보면 형의 그간 지내던 심리상태를 대강 짐작할 수 있소. 나의 경험으로 말하면 이러하오. 이전에 나는 곧잘 이런 말을 하였었더라오. "사회와 친척, 부모형제를 떠나 살아보고 싶다"고 그것이 우연한 기회에 이상한 모양으로 당하여보았소. 마침내 당하여 맛보니 과연 그때까지 상상할 수 없었던 어떠한 의의가 있습디다. 나의 심리가 대강 네번 변하는 것을 보았소. 제일第一은 형사의 무리한 힐문詰問과 참혹무쌍한 형벌을 당할 때에 반항심의 극도에 달한 것이란 어떠한 화재火災에라도 뛰어늘 듯 어떠한 풍랑이라도 헤칠 듯 전혀 이성과 의식이 한없는 기계와 같이 영육靈肉이 뛸 뿐이었소. 그렇게 경찰서 유치장에서 일주일을 지내는 동안에 누차 고문을 당하나 차차 아픈 감각도 없어지고 분한 줄도 모르겠고 울려 하여도 눈물도 아니 나왔소. 생명의 관념이란 물론 조금도 있을 리 만무하오. 나 외에 모든 사람이 다 적으로 보일 뿐이오. 분골쇄신하더라도 한번 보수報讎(앙갚음)코자 하는 것밖에 아무 희망이 없습디다. 제이第二는 비로소 심한 고통을 깨닫게 되었소. 내 주위에는 일척一尺 두꺼운 벽이 사방에 에워 있고 이중삼중의 철봉鐵棒 속에서 사자와 같이 으르렁거리는 간수에게 갖은 구박 다 받으며 시찰단에게 조롱을 받을 때에 나는 마치 동물원 쇠창 속에 갇힌 동물과 같았소. 그렇게 모욕과 고통이란 말할 수 없소. 동시에 내가 이런 고초를 당할 만한 죄가 무엇인지, 그 죄가 무슨 원인으로 발기發起되었는지, 일신一身이 일국一國을 위하여 생명까지 희생하여야 할 것인지 의문에서 의문으로 가지를 쳐나갈수록 사회와 국가보다 내 한 몸이 가까운 것을 깨달았나이다. 즉, 내 한 몸이 있은 후라야 사회나 국가의 존재가 의미 있는 것이요. 허나 어느 때에는 이러한 마음도 나오. 아무리 '나'라는 것이 있다 하더라도 국가가 없으면 '나'라는 가치를 얻을 수 없는 듯도 싶소. 그리하여 전자와 후자의 관계가 마치 하늘과 땅, 남편과 아내의 관계 같아서 경중의 차가 없어 생각날 때마다 내 생의 표준을 어디다가 두어야 좋을는지 내 생명의 처치處置를 어떻게 하여야 좋을는지, 이렇게 나는 번민스럽고 고통스러웠나이다.

　제삼第三은 내 죄를 생각함이오. 내 죄명은 보안법 위반이었나이다. 허나 나는 감정으로든지 이성으로든지 이러한 법률하에 복죄服罪하기는 너무 억울하였었나이다. 나는 비로소 내게 숨은 죄를 탐득探得하였나이다. 신경이 마비되어 양심에 위반한 죄가 있는 것을 나는 겨우 깨닫게 되었나이다. 즉, 나에게서 천진난만한 천성을 제거케 한 자연법 위반죄가 보안법 위반죄와는 운니雲泥의 차가 있을 만치 중대한 죄로 생각할 때에 나는 전율하고 공축恐縮하였나이다. 이때야 비로소 감옥에 있는 제 몸이 당연한 처지인 줄로 알고 안심할 수 있었나이다. 이러한 때에 내가 밤이면 꿈을 많이 보았나이다. 꿈에는 많이 벼락을 맞아 죽는 것과 누군가 물로 끌어넣는 것을 보았나이다. 제사第四는 나는 암흑과 고통 중에서 한편으로는 내 정신을 다하여 맞아들이는 고독이 무엇일까를 노리고 보며 한편으로는 독서와 동거하던 10여인 동류同類에게 얻는 수양으로 세월을 보내었나이다. 그때에 나의 마음은 반석과 같이 견고하여 누구에게든지 천박한 동정을 받게 되었던들 나의 정신은 착란하였을 것이리다. 쾌락과 고통의 차가 사실로 있는 이상에 고통의 자리에서 잠깐 쾌락의 자리로 옮길 때에 그것이 가장 큰 것인 것 같아서 심신이 시룽시룽하는 것도 무리가 아니겠지요마는, 생명의 후에 생명이 있고 존재의 후에 존재가 있어 그리하여 이 생명과 저 생명이 상견상인相牽相引(서로 이끌어줌)한다 하는 진리를 생각할 때야말로 수인囚人 등은 누설縲絏(포승줄)에서 해방할 수 있었나이다. 이때에 많은 조소를 받고 질책을 받고 채찍질을 받는 생활이 왕궁의 생활과 같은 감사로써 유쾌하게 보낼 수 있었나이다. 또 이러한 때에 만나는 명백히 감옥이라고 하는 것이 존재할 이유를 알게 되었나이다. 이렇게 생명이 요리조리 살살 빠져 어떠한 모양으로든지 계속하는 것을 보았나이다. 이 의미로 보더라도 형의 죽고 싶지 않다 하는 것이 무리가 아닌 줄 아나이다. 허나 내가 이왕 들은 말이 있었소. 형은 강경하게 "죽어도 관계없소. 죽더라도 또 하겠소"라고 한단 말을. 그러므로 나는 형에게서 그런 말을 들을 때에 일편으로 깊은 동정을 하면서 일편으로는 매우 저어하고 섭섭하였나이다. 무슨 까닭이냐 하면 죽음은 우리들에게서 모든 소유를 탈취한다 하지마는 어떠한 의미로 보면 죽음은 우리에게 모든 새로운 것을 건설할 수 있다 함이오. 그러하므로 나는 형이 죽겠다 함은 결코 반항에서 나온 말이 아니라 대개 나의 네번 변천한 심리에서 일보 나아간 초월한 사상이려니 하고 전보다 더 경복하였던 바이오며 동성 중에 형과 같은 인물을 갖게 됨을 큰 영광으로 알았나이다. 그러나 나는 의외에 실망지 아니지 못하였나이다. (1920. 6. 15)

제3서신 (1)

그렇게 형과 작별한 후 잠시 백신영 형을 위문하였소. 백형은 본래부터 친교가 있던 형이 아니라 금번 사건으로 인하여 처음 대면하게 되었나이다. 친하여지는 것이 그다지 힘드는 것은 아니나 사람과 사람 사이에 친함으로 믿게 될 때까지는 허다한 시간과 이해를 요하는 듯하여 형에게 대한 태도와 백형에게 대한 나의 태도는 속속들이 판이하였나이다. "얼마나 고생스러웠었습니까" 하는 나의 묻는 말에 "아무것도 한 것 없이 여러분에게 걱정만 끼쳐서 염치 없어요" 하는 백형의 대답에는 거짓 웃음과 거짓 어조를 뵈이지 않을 수 없었나이다. 그리하여 나는 백형에 대하여 다른 말은 할 것도 별로 없기로 다만 병세가 어떠하냐는 말과 아무쪼록 조섭調攝이나 잘 하라는 부탁을 하고 돌아설 때에 뒤에 어느 다른 서양 여자가 섰는 것을 보았나이다. 이 양녀는 주인의 부인 같아 나에게 면회시간이 너무 길다고 재촉하러 온 모양 같습디다. 미스 루이스로 더불어 속살거리더니 나의 눈치를 살살 보며 "밖에서 어서 가자고 하오"라 하오. 나는 속절없이 쫓겨 떠나 나왔소이다.

그 길로 나는 미카사마치三笠町(오늘날의 삼덕동) 관사를 찾아 모씨를 방문하였나이다. 씨는 매우 쾌활한 호남자이더이다. 집법관執法官 된 그의 본직本職을 위주爲主하여 "만일 조선 사람 중에 누구든지 그러한 불령不逞한 자가 있다 하면 모조리 잡아다가 감옥에 놓겠소" 하며 여기지름을 하면서 자기의 직책을 철두철미 주창하고 있었으나 그 이면에는 참사람된 진정眞情이 때때로 발견되는 것을 보았나이다. 그리하여 알 듯하면서도 알지 못하고 모를 듯하건마는 알 만한 이야기로 그의 쾌활한 웃음에 떨떨하게 한시간 반이나 지냈나이다. 형이여, 부러워 마시오. 나는 거기서 개업하고 있는 모 병원에 가서 고등여학교 동창생이 그 집 주부가 되어 있는 것을 우연히 만났나이다. 그때에 나의 놀람과 기쁨은 아무 말도 아니 나올 만치 되었나이다. 과거에 살아온 시간이 많고 장차에 살아갈 시간이 많지마는 뼈끝까지 찌르르할 만치 그 기쁨을 느끼는 시간이 몇 시간이나 있을까요. 문명진보의 정도가 높으면 높아갈수록 예禮와 법은 우리에게서 이러한 아름다운 정서를 하나씩, 둘씩 탈취하여가나이다. 형이여, 내가 오전에 형을 만나러 갈 때에도 이러한 생각을 하였나이다. 쥐도 모르게 형의 숙면하는 틈을 타서 형의 병상 옆에 앉았다가 형이 눈을 뜰 때에 "이게 누구…" 하는 그 찰

나에 기쁨을 주고 기쁨을 맞고 싶었나이다. 그러나 우리 사이에는 예라는 것이 진정을 막고 법이 훼방을 놓아서 마침내 "어떻게 왔소" 하는 냉정한 말과 "호강스럽구려" 하는 무정한 말로 처음 막을 열게 되었었나이다. (중략)[27]

내일 아침에는 대구감옥으로 황애시덕黃愛施德(황에스더), 이혜경李惠卿, 김영순金英順 3형을 면회하기 위하여 갔었나이다. 나는 이왕에 경성, 영등포, 함흥 등지에서 붉은 연와제煉瓦製(벽돌)의 감옥만 보았었던 고로 붉은 집 연통 높이 있는 곳으로만 찾아갔소. 그러나 이것은 감옥이 아니라 무슨 회사라 하더이다. 거기서 얼마나 가서 널판으로 높게 우리를 한 어두컴컴한[28] 집이 있는데 그 집이 감옥이라 하더이다. 나는 부지중에 "감옥도 작기도 하다" 하였소. 옆에 가던 모씨의 대답이 "감옥은 작아야 하고 경찰서는 한가하여야 국태민안國泰民安한 것이오" 하옵디다. 과연 그럴듯하외다. 허나 형에게 들은 말이 있소. "서대문감옥에 있던 것은 천당 생활이오. 다다미 넷쯤 깐 방에 징역자 9인과 나를 합하여 10인이 밤에 자다가 잠깐 뒤나 보고 오면 고만 누울 자리가 없어지는구려. 그러면 꼬부리고 앉아서 밤새 우지요. 그리고 좁아서 느런이 잘 수가 없으니까. 엇먹기어서 자면 그 종일 더럽게 다니던 발이 꼭 내 뺨에 가닿지, 그 고린내란 모든 잠이 다 달아나오. 참 좁아서 죽겠습데다" 하던 형의 실지 경험담을 들은 나는 외면이 좁다고 국태민안으로 인정할 수 없었나이다. (1920. 6. 18)

제3서신 (2)

과연 외면으로 보더라도 매우 협착하였소. 정문은 꽉꽉 닫혀 있고 옆에 있는 조그마한 통용문通用門도 닫혀 있었으나 그 문에는 눈으로 들여다볼

---

27   『동아일보』 원문 그대로임.
28   원문은 "높게 우리를 어두컴컴한 한 집이"이나 문맥을 고려해 바로잡음.

만치 정방형의 구멍이 뚫려 있었나이다. 그리하여 그 구멍으로 들여다보면 출입의 이유를 문번門番(문지기)이 묻나이다. 그 이유를 들은 후에는 곧 문을 열고 곧 들어서자 다시 닫더이다. 내가 감옥 감방에서 똥통 위에 올라서서 차입하는 사람이며 면회 청원하는 사람이 되고 싶었었나이다. 그것이 우연히 형들의 덕택으로 당하였었나이다. 꼭꼭 갇혀 있는 형들에게 비하면 무쌍無雙한 자유지요. 마음대로 다니고 마음대로 보니까. 그러나 그 형식과 방법이 다를 뿐이요, 번연히 형들이 옆에 있는 것을 알면서 보지 못하는 나도 형들과 일반이었소. 자유가 있는 듯하고도 없으며 자유를 주고도 못 하게 하는 것처럼 사람이 졸일 것이 없더이다. 반일이나 지나서 이제나저제나 한없이 기다리는 부자유야말로 견딜 수 없더이다.

　문 하나 열면 볼 것이거늘 무슨 수속이 그리 복잡한지 한번 면회하려면 만사 제지하고 아침 8시부터 오후 4~5시까지 종일 허송한다 하오. 나는 제3부장의 소개가 있었던 고로 응접실에서 전옥典獄(교도소장)의 특대特待도 받고 형들을 면회할 때 전옥실에서 하였나이다. 짚갓[29]을 쓴 여자 세 분이 보호순사에게 딸리어 멀리서 보입디다. 그들은 의외로 생각하였음인지 얼굴빛이 노래지고 입술이 하얘지더이다. 나의 가슴은 맞방망이질을 하오. 나의 수족은 벌벌 떨더이다. 잡고 싶은 손목을 잡지 못하고 하고 싶은 말을 하지 못할 때에 네 사람은 때때로 머리를 숙여 한숨을 길게 쉬일 뿐 울음을 막아 웃음으로 화하는 것이 한 일대 비극이었나이다. 15분쯤 지나 간수장은 "다 되었느냐? 너무 길게 말하였다" 하더니 여간수가 들어와서 사정없이 몰고 가오. 나는 그곳에 서서 그들의 몰려가는 것을 보고 울었나이다. 다 같은 태양 아래에 다 같은 공기이건마는 감옥소 공기는 다르오. 동정과 친절은 사람에게 가장 아름다운 감정이건마는 이곳에서는 부질없는 것으로 되고 말았소. 즉, 주위 사람에게 친절한 생각을 가지고 동정하는

29　원문은 "집갓"이나 죄수의 얼굴을 가리는 짚으로 만든 갓, 즉 '용수'를 가리킴.

일을 하면 그는 곧 징벌을 받는 결과가 되나이다. 감옥의 목적이라는 것은 죄인 등으로 하여금 양인을 만들고자 함에 있으나 그 목적에 달하는 방법으로서는 이와 반대로 수인 등에게 잔인박정殘忍薄情·은위隱僞(거짓을 숨김) 같은 목적에 모순되는 것을 가르치오. 환언하면 악인을 선인으로 만듦에는 다만 동정과 친절로 길러주지 않으면 아니 될 것이거늘 그 근본을 오해하여 도리어 수인 등에게 몰인정한 행위를 장려하나이다. 즉, 수인을 인정으로 대우하면 그들은 점점 하나님 앞으로 접근할 것이요 도덕적으로 될 것이나, 그들을 몰인정한 태도로 대우하는 동시에는 그들은 반항과 부도덕적으로 나갈 것이외다. 감옥은 사람의 근본되는 동정과 친절을 고갈시키려 하며 양심과 충성의 꽃의 열매를 적취摘取하려고 애를 부득부득 쓰나이다. (1920. 6. 19)

제3서신 (3)

형이여, 모처럼 집필하오니 쓰고 싶은 말이 많이 있소. 형에게 이 서신을 쓰려고 한 동기는 천박하나마 내게 조금 생각하였던 것이 있기에 쓰려고 하던 것인데 그만두고 싶소이다. 왜 그러냐 하면 나는 지금 사막 중에서 물을 구하러 함같이 지식과 능력에 기간飢渴하여 무형 중에서 유형될 무엇을 찾으려고 방황하나이다. 그리하여 어제 진리로 생각하던 것이 오늘 허위로 되고, 오전에 부인하던 것이 오후에 시인是認케 되나이다. 이렇게 저를 믿기에는 너무 유치하고 책임을 지기에는 너무 용기가 없나이다. 허나 형이 궁금히 여기는 데에 대하여 나는 그간 변한 사실 중에 몇 가지를 알려드릴까 하나이다. 전쟁의 종식과 동시에 구세계는 우리 면전에서 와해하고 지금은 신세계를 낳는 고통을 가지고 나날이 건설하여가나이다. 세계의 풍조를 따라 조선에도 남녀지식계급부터 은거한 선비, 가난한 시골 사람들에 이르기까지〔自男女識者階級으로 至隱士 窮村民에〕 평화, 인도, 정의, 자유를 절규함은 작년 3월 1일을 기념할 과거의 일대 사실이거니와 작년 이후로 조선에는 물질상, 정신상에 급진적 각성이 습래襲來하여 물질계에는 경제관념이 강하여 은행·회사 등 경영이 처처에 봉기蜂起하는 상태요, 정신계에는 민본주의 및 사해동포주의가 각 계급에 보급하여 일면에서 교육 필요의 급선무를 주장하면 타면他面에서는 수 종의 신문·잡지가 창간되어 내외의 신사상을 소개하며 처처에 집회, 강연, 설교 등이 있어 시대의 변천되는 신생활을 장려하는 현상이외다. 그중에도 가장 열렬하게 급진한 것은 부인계외다. 조선부인은 타락한 기생충에서 겨우 자기도 '사람'이라는 자존심을 가질 만치 각성하였고, 남자와 아이의 중간에 놓인 제2위자가 아닌 것을 자각하는 동시에 일면으로 가장 가까운 자기 내적 생활로 시작하여 사회에 대하여 직접 또는 간접으로 관계된 직무와 권리를 찾는 것 같나이다.

사람은 누구든지 자기 내심의 요구로 살아가는 듯싶소. 광인, 백치, 큰병 아닌 다음에야 누구든지 무위로 세월을 허송하려고 하는 것 같지 아니하여 자기 내심에 잠재한 '에네르기'를 그것이 계속할 때까지, 있을 때까지 활동하려는 듯싶나이다. 가령 그것이 극히 미소微少하고 극히 섬약纖弱하더라도 그 힘을 자신하고 그 힘이 내심에 준비되어[備하여] 있는 것을 자존하며 마침내 그 힘이 외면에 실현될 찰나까지 고심 노력하는 듯싶나이다. 그들에게 비록 풍부한 지식이 없으나 그들의 자신력은 그들에게 광명을 주나이다. 즉, 그들은 그들의 미소한 힘이 강대하여지도록 섬약한 힘이 강경하도록 고심 노력할 자각의 시초가 보이는 것은 만강滿腔의 희열을 느끼나이다. 이렇게 전후에 세계를 지배하는 최신 기운은 윤리적, 지식적, 활동적으로 가치있는 부인을 요구하는 동시 우리는 이미 조선민족의 근본적 개조자인 어머니와 아내라는 중대한 책임을 자각하고 또 극히 적은 부분이나마 부인의 자발적으로 사회적 실제 운동에 참가한 이상, 즉 시대사조에 관심한 이상 남이 하니까 나도 한다는 의무적이 아니오 남자가 하는 것이니 여자도 하지 않으면 아니 되겠다는 천박한 모방적 행동이 아닌 이상 부인은 언제까지 무지, 무능, 무력할 리는 만무하겠다는 자존심이 있는 이상 조선부인은 일면으로는 자기 생활을 합리적으로 견고한 기초 위에 세우면서 개인으로 부인 자신이 자아존경에 각성하며 내적 자아의 해방, 내부정신의 독립을 얻으려고 노력하여야 하겠고 일면으로는 조선인 전체의 생활과 같이 보조를 취하려는 진지한 실행이 있어야 할 줄 압니다. "행동을 먼저 하고 말을 후에 하라" 하였으나 아니 될 때에 아니 되더라도 이러한 이상과 이러한 입지로 신문명을 건설하고 싶습니다. (1920. 6. 21)

제3서신 (4)

또 나는 이러한 부흥기를 촉진하는 신기운을 당하여 다 아는 말이나마 일언을 제공하고 싶나이다. 조선의 신문명은 물질상이나 정신상에 이기적 전투적, 약탈적 욕심이 거듭하지 않기를 절망切望하나이다. 즉, 조선민족의 근본적 개조가 있기를 기대하나이다. 이 근본개조의 임무를 직접으로 가진 부인 제씨의 반성은 물론이거니와 이미 다수의 논조가 남녀의 인격평등을 시인하고 교육과 직업의 자유를 부인에게 허許하고 연애의 기초를 주는 일부일처주의의 결혼을 요구하며 참정의 권리를 부인에게 승인하는 시대의 사상과 일치한 의사를 가지신 남자사회의 반성을 요구하고 싶나이다. 제씨에게 신시대 건설 고심 아래에 근본적 개조의 필요를 제출하려 하노니 시일이 한정이 없이 자식을 위하여 생계에 고통을 받는 부인이 윤리적 특성과 사해동포주의의 정신을 심어줄 만한 각성과 견성見誠과 수양이 있은 후에 비로소 사회개조가 생길 것이요, 신시대가 태어날 것이외다. 제반 제도, 제반 개조는 다 우량한 아이, 즉 차세대를 조성할 만한 인격 품성이 있지 않으면 아니 되겠다 생각하나이다. 그런즉 2차 세대를 건설할 직접 임무자는 남자가 아니고 아이가 아니라, 즉 여자요, 어머니요, 아내라 하나이다. 그러면 현재에 어머니 된 부인, 장래에 어머니 될 부인, 과거에 어머니였던 부인은 사회에 대한 제반 문제에 총명한 판단력, 그것을 취사取捨할 만한 실력과 자격과 권위가 있어야만 할 것은 단지〔但〕 이론에 불과할 뿐이 아니라 필요인 이상에 당연한 존재를 요구함이올시다. 즉 신조선의 건설에 대하여 남자사회 간에 논하는 경향이 일반적으로 보급케 함에는 남자와 대등으로 반려가 될 만한, 경애를 받을 만한 열정과 총명과 부덕婦德이 겸비한 다수의 어머니가 배출치 아니하면 일껏 무수한 방해와 싸우고 다수의 비참한 희생자를 낳아 신민족을 획득하려고 열망하는 때에 여하如何히 고결한 사상가의 인물이 일어나더라도 그 문명은 근저 없는 갈만葛蔓(칡)이 폭풍우에 위험을 당함과 같으리라고 나는 감히 단언할 수 있고 또 심히 공축恐縮하는 바외다.

이렇게 나는 아무리 백방으로 심사숙고하더라도 조선에 신문명이 민족적 근본개조로 발아하지 아니하면 아니 될 줄로 알며 동시에 직접 임무자인 조선 여자에게 지능을 계발시킬 철저한 교육기관이 있어야 할 줄 아나이다. 따라서 여자 의무교육, 보통교육의 보급은 물론이요, 부모된 자 우량한 여식 두기를 큰 명예로 알며 형제자매 된 자 사리에 명민한 누이동생 두기를 경쟁하며 유망한 청년 재사才士가 결혼의 의사가 있을 때에 지체덕육智體德育을 겸비한 탁월한 좋은 인연을 구할 것이니, 이리하여 부인에게도 보통교육에만 만족치 못하고 고등교육, 전문교육까지 미쳐 이상과 취미까지 요구하는 절박한 시기가 속히 있기를 바라나이다. 환언하면 자연한 시일 경과와 진보에 자임하는 외에 인조적人造的 필요에 절박한, 부득이한 실현이 함께 있기를 바라나이다. 형이여, 이것만으로 어찌 이 문제를 넉넉히 해결하였다 하오리까. 남은 말은 다른 날을 미루어 형과 한가히 앉아서 설화說話코자 하며 너무 장황할 듯하여 이만 그치나이다.

형이여, 과도히 낙심 마시고 부디부디 자중자애自重自愛하시는 중 속히 건강이 회복되시기를 축원하나이다. (1920. 6. 22)

부인문제의 일단一端[30]

이번 전쟁(1차대전)은 세계역사의 한 전기轉機를 낳은 동시에 전후 제반 문제가 어떠한 해결을 기다리고 있는지 우리에게 적지 않은 흥미를 느끼게 합니다. 즉, 전후 군국주의가 어떻게 될까, 인구 현상에 어떠한 영향을 미칠까, 한 나라의 기업조직이 어떻게 될까, 노동문제가 어떠할까, 일일이 캐내들면 무수히 재미있는 문제가 잠재하여 있습니다.

부인문제가 전쟁 후 어떠한 상태로 진행될까 하는 것도 또한 우리의 주목할 여러 문제 중 하나임을 놓칠 수 없습니다. 누군가는 전후 부인이 권세를 점령하기에 이르면 평화의 시대가 오리라 하며, 또 누군가는 평화의 시대가 오는 게 아니라 도리어 부인이 군국주의적 경향을 조장하리라 하는 등 여러 논단論斷이 있습니다. 그러나 나는 이러한 것을 논하려 함이 아닙니다.

부인문제라 이른다고 부인에 관한 전체의 문제를 다만 부인해방 문제로 치우쳐 논할 것은 아닙니다. 부인해방 문제의 중심이 되는 바는 부인참정권 운동이라 하지만 그러나 이러한 점으로만 생각이 치우쳐 범위를 제한할 것이 아니라 하겠습니다. 다시 말해 부인해방의 근거 여부와 그 운동사를 논할 생각[所存]이 아니라 막연하나마 전후 부인문제가 어떻게 진행될 것인지를 논하려 합니다.[31]

그런즉 전후 부인문제를 논함에 이르러 그 순서대로 전전戰前의 사정을 간략하게라도 알아둘 필요가 있다고 생각합니다.

---

30 『서광』 1920년 7월호.
31 원문의 "막연한 ~ 논함에 불과하오"는 문맥상 호응이 순조롭지 않아 "막연하나마 ~ 논하려 합니다"로 교열함.

전전의 부인문제

부인해방의 절규는 이미 저 멀리 16세기에 그 첫소리를 발하였습니다. 개인의 자각은 자유해방의 절규가 되어 이 각성이 종교상[32]에 표현되고 정치상·경제상에 표출되어 신앙자유의 절규가 되며, 헌법운동이 되며, 사회주의의 주창이 되므로 부인 또한 그 자각과 동시에 종래의 지위에 만족하지 못하고 해방을 부르짖게 되었습니다. 프랑스혁명 후 그러한 부르짖음은 점점 현저하게 되어 해방을 주창하던 부인은 한 걸음 더 나아가 참정권을 달라고 절규하기에 이르렀습니다.

무릇 근대 선진국 부인의 사회적 지위가 침착하게[33] 달라져온 것은 누구든지 부인할 수 없는 것으로 여기에는 여러 가지 원인이 있습니다. 그중에 주요한 첫째는 부인 교육의 향상, 둘째는 직업부인의 증가, 셋째는 결혼률·출생률의 감소, 넷째는 문명진보의 기초 위에서 이뤄진 가정용 기구의 진보 등이라고 생각합니다.

문명이 진보하는 동시에 출생률이 잇달아 저하되어가는 것은 어떤 나라에서든지 침출沈出(우러나옴)되는 사실이나 이 출생률의 감소는 가족 수를 감소시켜 가정에서 부인의 노동과 시간에 여유를 생기게 하였습니다. 특히 가정에 있는 부인이 문명의 진보로 인하여 얼마나 편의를 얻었는지 모릅니다. 전기, 가스, 재봉기, 수도水道의 사용으로 말미암아 부인은 종래 가사를 위하여 쓰던 힘을 상당히 절약할 수 있게 된 것입니다.

이와 동시에 다른 방면으로는, 생활난·결혼난이 부인으로 하여금 독립할 필요를 낳게 하고 기계공업과 기타 사업의 발달, 노동력의 수요는 직업의 범위를 확대[34]하게 하여 많은 직업부인의 출현을 보게 되었습니다.

---

32 원문의 "完敎上"은 '宗敎上'의 오식.
33 원문의 "沉著"은 침착(沈着)과 같은 독음의 동의어.
34 원문은 "廣大"이나 이 글에 자주 사용되고 있는 '擴大'의 오식으로 보임.

시간과 노동력의 여유를 얻은 부인, 직업을 얻어 경제적으로 독립한 부인, 이들 부인이 교육의 진보 및 보급과 동시에 지금까지 부인의 사회적 지위에 불만족하여 그 개인의 존재를 주장하며 부인의 해방[35]을 절규하고 참정권을 요구함에 이른 것도 무리한 요구라 할 수 없습니다.

　　일반사회도 남녀평등의 주장을 인정하며 미국에서는 이미 참정권을 허가하였습니다. 이와 같은 시점에서 전쟁의 발발을 맞았던 것입니다.

전쟁과 부인

　　1914년 8월 이래 세계를 통하여 총總동란이 발생함[36]에 부인문제는 잠시 그 목소리 내기〔聲鳴〕를 근신하는 모양으로 묵묵하였으나 이는 한때 세상 사람들의 주의가 한 방면으로 강하게 이끌리게 되었던 까닭입니다. 기실 종래의 부인문제는 잠시 진행을 중지하였을 뿐 도리어 빠르게 그 밑바탕을 단단히 다지기에 이르렀습니다. 말하자면 전쟁으로 인하여 지금까지 의심받고 있던 부인의 능력은 시련試練의 기회를 얻어 의외로 좋은 성과를 보이게 되었던 것입니다.

　　독일은 부인참정권 운동이 전시의 영국을 괴롭게 하는 큰 장애물이라고 생각했습니다. 허나 사실은 이와 반대입니다. 부인의 노력이 미국에 공헌한 것이 꽤 많다는 것은 누구나 다 인정하는 바입니다. 영국 출정군인의 9할, 즉 약 400만명은 노동자 출신이었는데 그로 인한 노동자 결핍의 대부분은 부인으로 보충하였고, 현재 영국 공업계의 직공 약 600만명 중 약 250만명은 부인을 쓰고 있다 합니다. 여러 종류의 직업에 종사하고 있는 영국부인은 약 500만명이요, 그중에 약 100만명은 종래 부인이 종사하지 않았던 노동을 한다 합니다. 이런 부인은 여하튼 충분한 성과를 내어 남자

35　원문의 "鮮放"은 '解放'의 오식.
36　원문은 "총동란의 항(巷)을 생(生)함에".

에 필적함을 사실로 보여주기에 이르렀습니다. 이제부터 부인 채용의 필요가 더욱더 증가하여 수백만의 부인이 산업계에 흡수될 것이라 예상하는 바입니다.

전시의 독일도 각 방면으로 부인을 이용한 모양이니 1915년에 남공男工 증감 비례가 100을 기준으로 할 때 86으로 저하한 반면, 여공은 100을 기준으로 할 때 113~5로 증가한 것을 보더라도 한 대목을 미루어 살필 수 있습니다.

이와 같이 다른 교전국도 마찬가지라고 생각하는 동시에, 지금까지 부인이 남자보다 열등하므로 남자와 동등하게 정치에 참가하기가 불가능하다며 기존 부인참정권론자가 받던 비난의 한가지는 사실상 타파되었습니다.

전후의 부인문제

논한 바와 같이 전쟁으로 인하여 부인이 현저히 남자의 직업범위에 침입하여왔으나 이렇게 확대된 부인[37] 직업범위가 이후 더욱 지속할까 어떨까 하는 문제가 있습니다. 나는 이렇게 부인 직업의 확장된 범위는 이후도 의연히 지속할 것이라 생각합니다. 그 이유는 첫째 종래의 추세를 보더라도 부인 직업범위는 그에 따라 확대하여가는 모양이었기에 언제가 되었든 지금의 상태에 이를 것으로 생각했던바, 오늘날은 대전란의 영향을 받아서 더 빠르게 이 같은 상태에 도달한 것입니다. 따라서 언제든 도달했을 자리〔何時든지 實現할 處〕에 빨리 도달한 것이므로 결코 부인 직업범위가 불합리하게 확장된 것이 아닌 동시에 부인 직업범위는 이후로도 더 유지될 것이라 생각합니다. 또 다른 이유는 전후 각국이 평시상태로 돌아가려면 다수의 인물을 요구할 것이요 또 상당한 시일을 필요로 할 것이라, 때마침 노

---

37   원문의 "歸人"은 '婦人'의 오식.

동할 만한 남자의 수가 감소하였으므로 부인의 손을 빌리지 않으면 안 되게 된 이때, 부인의 능력은 전시에 사실상으로 증명한 바와 같은 고로 쉽사리 부인 직업범위가 협착狹窄해질 리 만무하다고 생각합니다. 그리하여 부인은 종래의 경제적 압박을 면하고 독립의 바탕을 단단히 다지게 될 것입니다.

전후 부인문제에 대하여 첫째로 생각하지 않을 수 없는 것은 결혼난의 증가입니다. 이것은 지금에 와서 도무지 전쟁의 결과만이라고는 생각할 수 없습니다. 환언하면 문명이 진보하는 동시에 사람들의 결혼 연령이 높아가며 동시에 결혼 곤란에 이르는 것입니다. 그러나 전후는 남자 수의 감소 및 전쟁으로 인한 물가등귀物價騰貴로 결혼의 곤란은 더욱 증가할 것이라 생각합니다.

앞서 논한 사실은 많은 사람이 독립하기는 쉽지 않지만 그와 동시에 첫째로 논한 부인의 직업유지는 그 실행이 용이하다는 것입니다. 그리하여 독립부인의 증가 및 일반부인의 교육진보는 부인해방을 더욱 절규하게 할 것이요, 부인참정권 문제의 해결을 빨리 이루게 할 것입니다. 미국의 10여 주는 이미 참정권을 승인하기로 결정하였고, 작년 8월의 선거법 개정안은 30세 이상의 부인에게 참정권을 승인하기로 결정한 것 아닙니까.[38]

이들 형세는 소반산 세계 각국 부인계를 습격할 풍조라고 믿고 사랑하는 자매에게 한마디 바칩니다.

---

[38] 1920년 8월 18일 여성 참정권을 명시한 수정헌법 제19조를 주정부 중 36번째로 테네시 주 의회가 승인함으로써 연방 차원의 비준이 이루어짐. 당시 "30세 이상"이라는 연령 제한은 없었고 1918년의 영국 사례를 혼동한 듯.

부록

부록

『인형의 가家』 주제가 가사[1]

(1절)

내가 인형을 가지고 놀 때

기뻐하듯

아바지의 딸인 인형으로

남편의 안핸(안해인) 인형으로

그들을 기쁘게 하는

위안물慰安物 되도다

(후렴)

노라를 놓아라

---

1   헨릭 입센『인형의 가(家)』, 양백화·박계강 옮김, 『매일신보』1921년 1월 25일~4월 3일자
     (총 61회 연재)의 마지막회에 수록되었다. 본서의 텍스트는 최원식「한국현대문학사연습
     (3): 노라(Nora) 바람」, 웹진 〈작가들〉, 2024년 가을호에서 옮긴 것임.

최후로 순순하게
엄밀히 막어논
장벽에서
견고히 닫혔든
문을 열고
노라를 놓아주게

(2절)

남편과 자식들에게 대한
의무같이
내게는 신성한 의무 있네
나를 사람으로 맨드는
사명의 길로 밟아서
사람이 되고저

(3절)

나는 안다 억제할 수 없난
내 마음에서
온통을 다 헐어 맛보이난
진정 사람을 除除하고 난
내 몸이 값없난 것을
내 이제 깨도다

(4절)

아아 사랑하는 소녀들아
나를 보아

정성으로 몸을 바쳐다오

많은 암흑 횡행할지나

다른 날 폭풍우 뒤에

사람은 너와 나

핵심저작

염상섭

염상섭 초상. 국립한국문학관.

1장
여성·노동 그리고 개성의 해방

부인의 각성이 남자보다 긴급한 소이所以[1]

1. 인류의 노력은 해방을 획득함에 있음

인류의 간단間斷없는 노력은 필경 인생의 무한한 향상과 생명의 진전 또는 행복의 증식을 꾀함에 불과하다 하나 나의 관찰하는 바로 논하면 우리 ── 생물의 일부인 인류의 노력은 생물의 본능적 요구되는 자유의 획득, 즉 모든 것에 대한 해방을 수행·실현하려 함에 있고, 향상·발전은 그 결과라 하고자 합니다.

역사가가 우리의 역사는 위인의 사업록事業錄이니, 역사는 반복하느니 함도 그 이면을 자세히 살필진대 주권에 대한 불평과 반항, 전제專制에 대한 민주, 계급에 대한 평등, 구속과 압박에 대한 해방 등 자유를 강구하는 근본적 정신이 일관함을 볼 수가 있고, 그 변천은 이러한 정신의 활동에 기

---

1   『여자계』 1918년 3월호.

인한다 하고자 합니다. 즉 역사의 반복은 인류의 '상태常態'일 자유해방의 '상태'가 소위 위인(좁은 의미로 이름. 즉 나폴레옹 같은 사람)이라는 무장한 악마가 일반 민중의 무지와 무력함을 기화로 삼아 부도덕한 폭행을 독단적으로 행사함으로써 나타나는 '변조變調 — 무법無法한 압제와 협박'과 우리의 노력으로 복구되는 '해방 상태'가 반복적으로 교체됨을 이름이라 하겠습니다.

고로 소위 위인의 무장이 해방되지 않아서 그의 투구가 그의 머리 위에 우뚝하게 올라앉았고, 그의 칼과 우리의 자유·생명·재산을 주거나 빼앗을 권력이 그의 손 가운데에 있을 동안은 우리의 역사가 의연히 그의 사업사事業史가 될지며, '불행'한 반복·전도가 계속되어 우리의 문화가 항상 고정되어 뒤처지게 되리니, 만일 우리가 무한한 향상과 영원한 평화의 확보를 그토록 요구할진대 우리는 그이의 항복을 받을 때까지 힘 있고 굳센 소리로 신성한 자유를 절규하면서 우리의 모든 노력을 해방에 집중치 않으면 안 되겠다 하겠습니다.

그런 후, 모든 압박으로부터 완전히 풀려나 영원한 자유와 평화를 남긴 후라야 비로소 우리의 노력을 원만히 문화의 극치極致되는 진선미眞善美에만 경주할 수 있으며 우리의 진정한 행복이 여기서부터 시작되리라 확신합니다.

내가 부인의 각성이 시급하다 함도 이러한 신념에서 나온 것입니다. 즉 오늘날의 구舊가정은 자유와 평등을 몰각한 전제주의 아래 성립되어 가장과 처자의 관계가 마치 위인이라는 악마와 무지몽매한 민중의 관계와 같으니, 이에 부인이 각성하고 자식이 자각하여 우선 자유평등의 평주平主적 가정을 건설한 후라야 민족적, 세계적 해방을 얻을 수가 있다 하는 것입니다.

2. 개성안면제個性安眠劑의 중독

그러나 인사人事상에 멸시키 어려운 것은 습관입니다. 습관이 쌓여 천성이 된다〔習與成性〕라고 이름도 선악을 불문하고 습관이 천성을 마비시키고 중독시킴을 이름이라 하겠습니다. 아편 먹는 자가 '인'이 박히는 것과 같이, 새장에 든 종다리가 잘 날지 못함과 같이……

허나 아편쟁이의 '인'은 모르핀 주사로 생기를 돋울 수 있고, 새장 속 참새는 개방함으로써 날아서 물가에 이를 수 있으되 우리 여자 ─ 남자의 '전횡과 편리'라는 숟가락으로 자유사상 금지, '개성안면제'(개성을 잠들게 하는 수면제)라는 독약을 먹이므로 4천여년 동안 혼몽상태昏懞狀態에 있는 우리 조선 여자에게는 무슨 해독제를 복용시켜야 자아의식이 있는 '사람'이 될까요? 실로 그들은 사람의 타고난 개성과 자유의지가 마취되고 중독되었을 뿐 아니라 무너지고 탈각되었으며 잠이 변하여 거의 죽은 상태에 이르렀습니다. 이에 천성은 습관에 패배하고 본능은 거세되어 허위의 만족과 가면의 행복을 깨닫지 못합니다.

그러나 이같이 무신경하고 무자각하게 된 일부 ─ 거의 전부일지도 모르나 ─ 의 여러분은 혹 말하길, "남가일몽南柯一夢이라니 꿈보다 더 재미있고 평화平和힘이 있으리오. 깨이면 깨이니만치 현세의 고통과 번뇌를 받지 않는가" 하겠으나, 한번 보십시오. 오늘날 조선 가정에 그 누가 평화와 안락을 누립니까. 이날 이때까지 몰상식한 부모의 절대적인 친권親權 아래 자라나 겨우 이 세상이 무엇인지, 인정이 무엇인지 분별과 지각이 날락말락하게 되자 소위 혼서지婚書紙라는 형식적 반半종문서 같은 것 한장에 팔려서 부모의 손으로부터 보도 듣도 못하던 남자의 손에 넘어가면 무조건한 제재制裁와 제멋대로 휘두르는 남편의 권세 아래 고개를 못 들고, 혹은 큰 행운으로 낭군의 총애 ─ 내 눈으로 보면 값싸고 무의미하고 불철저한 ─ 를 받는다 하더라도 다만 그의 육욕과 물욕을 만족시키는 기계가 되어 맛있는 요리, 좋은 옷 짓기, 아이의 분만·양육 —— 이들이 결코 좋지 못한 악습이라 함은 아니요, 오히려 지금부터 건설할 새로운 부덕婦德에도 불가결한 요건이나, 다만 이를 여자의 본분의 전부요, 능사라 하여 일생을 잠에서 깨어나지 못한 채로 지냄이 사람의 도리상 가련하고 또 무궁히 향상할 우리의 문화를 지연시킬 뿐 아니라 방해됨을 통탄하는 바이다 —— 에만 전력을 다하며 그의 미美에 대한 탐욕을 만족시키는 희롱의 장난이 되었고, 만일 그런 총애나마 못 받는 날은 인간에 모든 참혹한 비극과 세도世道에 문란·혼란이 이로부터 시작되었습니다. 일생을 감옥에 든 죄인같이 낭군의 부도덕한 압박과 몰인정한 학대를 받으면서 깊숙한 거처에 홀로 앉아 설움과 절망으로 가슴을 태우고, 근심과 눈물로 불같은 청춘의 일생을 허송하니 이보다 더한 참극이 어디에 있으며, 이것이 과연 재미있고 평화로운 가정생활입니까.

더구나 우리 조선같이 남자에게만 편리하게 된 번거롭고 까다로운 예절의 형식적 구도덕이 아직도 세력을 독점한 사회는 이같이 정신적 가정파산자의 좋지 못한 행실을 묵인·간과하니 도덕이 무너짐은 물론이려니와 자손의 교육을 어찌할 수 있으며, 또 결혼법이 완비되지 못하고 조혼早婚의 폐단이 상존하여 나이 고작 많아야 14, 5세에 아내를 맞으므로 생리상 필연적 결과로 사망률이 늘어나 이팔청춘의 나이 어린 과부로 일생을 보내게 되는 여자가 허다하니 이를 무엇으로 구하며 또한 예방하여야 할지 실로 중대한 문제라 하겠습니다.

허나 나의 의견으로 말하면 무엇보다도 급하고 유력한 방침은 부인 자신이 각성함에 있다 하겠습니다. 어떻게 각성을 끌어올까 함에 관하여는 앞서 깨우친 형제자매의 많은 연구와 노력에 기대할 바나, 여하간 구급수단은 여기에 있으며 모든 사회문제의 해결도 이로부터 출발한다 하겠습니다.

3. 여자의 힘은 위대함: 각성이 긴급한 이유 8개조

세상 사람들이 '남자는 강하다, 여자는 약하다'고 말하는 것은 인습도덕의 선입관념에서 나타난 습관적 견해에 불과하며 여자가 간섭하는 일에 잘되는 일 없다 함은 남자 자신의 도덕적 소양이 결핍하며 여성에 대한 이해가 부족하므로, 여자를 일종의 매력을 가진 요마妖魔 ─ 나도 중학교장에게 '여마女魔'라는 숙어를 휴업할 때마다 들었습니다 ─ 거나 혹은 성적 기능만 발달된 동물로 오해한 데서 나오는 말이라 하겠습니다.

오늘날 형사刑事상 문제 쳐놓고 여자가 관련되지 않은 것이 없다 함은 여자의 불명예한 일이나, 한편으로 보면 여자의 힘이 크다는 것을 의미한다 하겠습니다. 그럴 뿐만 아니라 만일 여러분이 스파르타의 강함이 무력을 숭상하는 교육에서 나오고, 그 배면에는 출정하는 낭군과 자손에게 "승전하고 돌아오거나 여기 놓여 오시오" 하며 방패를 쥐어주던 씩씩하고 어진 부인이 있었음을 아시며, 안토니우스의 밝은 지혜와 용감勇敢으로도 클레오파트라의 정신적 노예가 된 기담奇談을 아실진대, 여자의 힘이 위대하다는 나의 소론所論이 유행을 맹종하고 세속에 영합을 바라는 경박한 자의 궤변이 아님을 아실 것입니다.

여하긴 현대사회가 여자의 노력을 요구힘은 세계열강의 공동된 사실이요, 남자에게 양보치 않을 만한 능력이 있음도 일반 식자識者가 공인하는 바이니 다시 말하진 않으려 합니다.

더욱이 우리 조선사회에 가로놓인 모든 시급한 문제는 실로 여자 여러분이 완전히 각성한 후 대대적으로 활동치 않으면 안 되겠다는 것입니다. 아래와 같이 그 긴급한 문제 8개조를 열거하여 부인의 각성이 남자보다도 시급한 이유를 밝히고자 합니다.

1. '로마는 하루에 되지 않았다' 함과 같이 우리의 모든 사업은 우리 생전에 그 결과를 보려 함은 아닙니다. 우리는 다만 제2, 제3 국민을 위하여

견고한 토대를 쌓아놓으며 우수한 자손을 남겨놓고 가면 만족하고 눈을 감을 것입니다. 이에 건실한 새로운 현모양처가 있어야 하겠습니다. 이것이 나의 부인의 각성을 절규하는 제1의 이유입니다.

2. 미국이 신흥한 국가의 폐단인 물질만능, 황금절대의 사회임에도 정신계의 결함을 보이지 않음이 부인의 공로라 함은 한 입으로 상찬하는 바이어니와 더구나 오늘날의 조선같이 생활난이 극도에 올라 물욕이 팽창된 사회에서는 더욱이 정신적 방면에서 부인의 활동을 요구하며, 또 활동할 여지와 편리가 남자보다 수 배 됨은 깊이 생각하여보시면 아실 바입니다. 이것이 그 제2의 이유입니다.

3. 시대에 추이를 따라서 남자의 지식 정도가 상승하여 나아가므로 자기의 배우자에게 대하여 정신적 요구를 하게 되니, 재래의 구식여자로는 결혼이 불가능하게 됩니다.

4. 제3항에서 논한 바와 같은 결과로, 자각 있고 새로운 기혼 남자 간에 요구되는 이혼문제의 해결 —— 여기에 관하여는 내가 교토京都에 있을 때의 소문을 진술하고 간단히 평하고자 합니다. 당사자와는 면식도 없고, 또 직접 대면하여 그 진상을 듣지 못하였으나 사실은 대개 이렇습니다(만일 이것이 사실무근의 허설虛說이라 할진대 여러분은 나의 한 화제와 거기에 대한 의견으로 생각하여주시길 바라나이다).

상당한 연령에 달하고 견식見識과 생산의 방도가 있는, 즉 대외적으로 여러 책임을 감당할 만한 자격 있는 기혼한 모씨가 한 일본 여자 —— 이혼한 독신자인지 혹 그 수속을 아직 마치지 않았던 부인인지는 알지 못함 —— 와 연애관계를 맺어 결혼을 약속하고 그 최초의 배우자와는 이혼을 단행하였다 하는 것입니다.

만약 이것이 사실과 다름이 없고 그이들이 철저한 연애를 바탕으로 삼아 성실한 내용을 가지고 정당한 형식을 받았다 하면 최초의 결합이 불완전하였음은 사실이었을 터인 고로 나는 대략 공감을 표하고자 합니다. 허나 한가지 문제되는 것은 연애의 성립과 이혼의 결행決行이 서로 관련되었거나 혹은 전자가 후자의 직접 원인 ── 여자 쪽도 그러했다 하면 더욱이 ── 이 되었다 할진대 자각 있는 새로운 남녀의 행동일수록 더욱이 공감할 수 없고 용서할 여지가 없다고 하겠습니다.

그러나 이는 그 시간의 차이라든지 그 진척 경로의 진상을 자세히 모르는 나로서는 경솔하게 논단키 어려우므로 이에 그치나, 이에 관하여 간과하지 못할 바는, 이혼한 부인을 어찌하였으면 좋으냐 하는 것입니다. 새로 결혼한 두 사람은 물론이려니와 그 여자와 이혼한 남자도 자기와 뜻이 맞지 않는 사람과 이별하고 적당한 여자를 선택하여 재혼할 터이니 행복이라 하겠습니다마는 이 부인만 자기가 무지몽매하므로 참혹한 희생을 바치게 되니 가련민망可憐憫惘할 뿐 아니라 이로 인하여 국가가 받은 손해가 얼마나 큰가 재차 삼차 생각하여야 하겠습니다. 하고 보면 이에 대한 구급방침은 다만 남자의 동정과 조화에 바라나 이는 임시방편이요, 근본적 해결은 역시 여자 자신이 각성하여 남자에게 버려지지 않게 하거나, 혹은 부득이 이혼을 당하더라도 철저한 태도로 나서서 재혼을 할 만하게 되어야 하겠습니다. 이것이 각성의 시급함을 논하는 이유의 네번째입니다.

5. 앞 장에도 대강 논하였거니와 조혼한 어린 과부도 자기가 철저한 자각과 결심이 있어서 죽은 남편의 망령을 위하여 정조를 지키려 함에 대해선 물론 이의 없으나, 다만 '정숙한 부인은 두 남편을 보지 않는다'는 고루한 형식적 구도덕의 내용 없는, 껍데기의 미련함만 보고 아무 이유 없는 정조를 강제함은 죄악일 뿐만 아니라 우리의 생활이 그렇게 공허한 것이 아닙니다. 남자의 재혼을 허락하는 이상 여자의 재가再嫁가 무슨 수치입니까?

무지한 자의 견식 없는 세간의 평가를 두려워해서 가문이니 무엇이니 하는 쓸데없고 공허한 문자를 늘어놓는 완고님네들은 하는 수 없으나, 만일 새로운 풍조를 맛보고 새로운 내용 있는 착실한 생활을 하려 할진대 모름지기 낡은 껍질을 벗고 새 옷을 입으려 노력하지 않으면 안 되겠습니다.

허나 이 노력은 큰 자각이 있은 연후에야 나오리니 이것이 각성을 재촉하는 이유의 다섯번째입니다.

마지막에 오해를 피하기 위하여 '정숙한 부인은 두 남편을 보지 않는다'에 관한 의견을 말씀드리겠습니다. 대체 우리나라 완고님네들은 윤리라는 것은 영원불변하는 생명과 진리를 가지고 우리는 다만 맹종하여가지 않으면 안 될 것으로만 아는 모양이니 한심한 노릇입니다. 도덕이 고정됨은 민중의 정신적 생활이 생기를 잃고 날로 퇴영되어감을 이른다 하고자 합니다. 그런고로 '정숙한 부인은 두 남편을 보지 않는다'라 함도 과거 사람은 어떻게 해석하였는지 모르나, 새 시대에 처하여 생기 있고 활기 있는 신생활을 하려는 우리는 당연히 새로운 견해를 가져야 하겠습니다. 즉 나의 의견에는 남편 있는 여자에게 다른 남자를 보지 말라 하는 것이 이혼하였거나 혹은 남편을 잃고 독신이 되어도 재혼하지 말라는 것은 아니라 생각합니다. 또 여자가 '불견이부不見二夫'의 정조를 지키는 이상 남자도 '불견이부不見二婦'의 정조를 지켜야 하겠고, 어서 여자가 각성하여 남자에게 맹렬히 요구하기를 간절히 바랍니다. 허나 이는 여자 자신의 지위가 정신과 물질상으로 대등하게 된 후라야 실현되리니 시급한 문제는 역시 여자의 교육, 각성, 수양 등 실력양성입니다.

6. 남자의 멋대로 날뛰기 쉬운 성욕을 절제하고 다스리며 일가一家를 지탱하여간다든지, 혹 직업의 관계 등 여러 가지 원인으로 건너뛰기 쉬운 정신적 생활을 완전히 하게 함은 여자의 힘에 기대하나, 이는 여자가 남자에게 경외를 받을 만한 인격과 지식이 있는 연후에 온전함을 얻을 바라 하겠습니다. 이것이 그 제6의 이유입니다.

7. 여기의 한 절은 특히 조선에 계신 일부의 신여자 여러분께 드리려 합니다. 대저 어떠한 사회든지 신구新舊가 바뀌며 부딪힐 때 안팎의 생활이 혼란해지며 질서를 잃어〔渾沌失調〕도덕의 기반이 동요하고 민중의 귀추歸趨를 이름은 면할 수 없는 바나, 오늘날의 조선의 소위 신교육을 받았다는

여자계와 같이 혼돈암담混沌暗澹하고 부패함은 전고前古에 없겠다 하나이다. 나는 직접 여자계에 간섭하여 속사정을 탐색하진 못하였으나 여러분 가운데 상당한 교육을 받았다는 4, 5인의 여자와 교제하였으므로 그들의 사상과 행동을 자세히 알고, 또 그이들에게 들은 바 일반 경성 여자계의 소식을 종합하여 논단하면, 여러분은 지난날의 인습·도덕의 압박과 구속에 대한 반동으로 낡은 부덕婦德을 혐오·배척하는 데에 급급하고 새로운 부덕을 생각하지 않으며, 소위 신교육은 도리어 그들의 자만심을 조장시켜 눈만 높고 솜씨는 서툴러 혹은 말하길, 결혼할 남자가 없느니, 남자는 무능하니 하는 등 조심스럽지 못하고 단정치 못한 말을 함부로 하거나 헛된 빈말〔徒理空論〕의 남녀동등, 여권확장, 자유연애, 자유결혼 등의 설說을 주장하는 한편, 여자의 생명으로 아는 정조 ─ 신시대의 철저한 신여자는 남자에게 자기들과 같이 '신도덕의 정조'를 지키라고 요구하여야 할 것이요, 또 남자 자신도 지켜야 할 ─ 에 대한 관념이 탈각되고 양심이 마비되어 좋지 못한 행실이 빈번히 나타나며 혹간 생각 있는 청년이 힐책하면 "Love is blind(사랑은 맹목)"라는 지렁이처럼 꼬부라진 문자를 추켜들고 자기의 책임을 피하려 하는 것이 전반은 아니나 현재의 소위 개명하였다는 일부 여자의 개괄적 상황임을 알 수가 있습니다.

이러한 여자에게 어찌 사회개량의 조력을 바라며 긴실한 제2국민을 양성할 중대한 책임을 맡길 수가 있겠습니까. 가슴을 치고 머리를 찧으며 목놓아 통곡하여도 시원치 못할 일임을 깨달으시겠습니까.

남녀동등! 여권신장! 자유연애! 자유결혼! 대찬성입니다. 우리는 이런 사회를 시급히 건설하여야 하겠고, 내가 감기 들어 머리가 깨지는 듯한 것을 참고 이 글 한편을 써서 여러분께 듣기 싫은 쓴소리를 하는 것도 어서어서 그런 사회의 행복을 누리자는 열심에서 나온 것입니다만 지금의 여러분으론 절망입니다. 지금 여러분을 남자와 동일한 수평선상에 인위적으로 무리하게 끌어올리면 여러분은 능히 동등한 지위를 보전할 만한 소양이 있습니까? 여권이 확장되면 그 권리를 정당히 사용할 능력이 있습니까? 연애의 자유를 얻으면 소위 "Love is blind"라는 진부한 문자 뒤에 숨어 자기의 부도덕하고 단정치 못한 행동을 피하지 않고 능히 명철明哲한 이지理智로 판단하며 해부하고 분석하는 '정열적' 연애를 우리 생활의 기조로 삼을 만한 소양이 있습니까? 결혼의 자유를 얻으면 모든 책임을 짊어지고 부모형제 등 가족에게 누를 끼치지 않고 적당한 상대자를 선택하여 가정을 이룰 만한 소양과 실력과 각오가 있습니까? 이러한 '힘'도 없고 또 그 힘을 양성할 생각도 아니하고, 공연히 '여편네'라든지 '계집애'라고 부르지 말고 '부인' 혹은 '여자'라 부르라는 등 사소하고 유치한 말만 하면 여권은 확장되고 남녀는 동등이 되리라 생각하는 일부 여자를 볼 때 나는 실망하고 증오하고 실소하였습니다.

너무 과격히 말씀을 하여 노하실지 모르나, 노하시면 노하시니 만치 아직 각성치 못했음을 드러내는 것이며, 또 이런 말씀을 함은 세평을 과신하는 천박한 견해에서 나오는 오해라고 하실 분이 있을 듯하지만 '나'라는 산 증인이 있는 이상 사실은 하는 수 없습니다. 너무 욕은 마시오. 허나 실로 단단히 정신 차리지 않으시면 머지않아 결혼할 만한 여자 없다는 소리가 남자 입에서 나올 것은 명약관화한 사실입니다. 각성! 각성!

8. 이와 같이 하여 여자가 깨어 크게 활동하면 아직 꿈꾸고 있는 남자가 자극되고 흥분됨이 남자끼리 지도하고 계발함보다 크게 효과가 있을 것입니다. 이것이 최후로 절규하는 이유의 하나입니다.

지금 생각나는 대로만 열거하여도 8개조나 됩니다. 가히 얼마나 여자의 각성이 남자보다 시급함을 알겠습니다.

4. 결론: 진정한 신여자의 일군이 출현함을 열망함

이상 3방면 — 인류의 향상과 여자, 사회와 여자, 개인의 행복과 여자의 — 으로 여자의 노력의 필요를 논하고 그 선결문제로 부인의 각성을 최촉催促하였거니와 다만 한가지 학업에 종사하시는 자매 여러분께 간절히 바라는 바는 용감하고 견실한 정신을 가지고 철두철미 새로운 일꾼이 많이 나오시라 함입니다. 그러나 일을 하려면 상당한 준비가 있어야 하는즉, 우선 결혼문제 같은 것은 잠깐 중지하고 활동에 필요한 지혜 주머니를 만들기 위하여 일본에 유학하심을 권하고자 합니다. 학업에 열중하면 혼기婚期를 잃을까 하여 묘령의 여식女息을 가진 부모도 걱정이려니와 그 당사자도 근심함은 무리하지 않으나, 그렇다고 무자각無自覺하고 무교육無敎育한 남자와 만나 일생을 의미 없이 지냄도 생각할 바라 하겠습니다. 이같이만 하면 독신생활을 장려하는 듯하나, 나의 뜻은 결코 그렇지 않소이다. 남성이 결혼하기 위하여 태어나지 않음과 같이 여성도 결혼의 필요에만 응하실 작정으로 조물주가 만들지 않았을 터이니, 만일 남자가 다른 사람의 남편이 되며 아버지가 되는 직책 이외의 사명이 있다 하면, 여자도 따라서 다른 사람의 처妻가 되며 어머니가 되는 본분 이외의 사명이 있어야 하겠습니다. 하고 보면 결고 독신생활을 해야만 무슨 일을 할 수 있다 함은 약한 소리입니다. 일본에 요사노 아끼꼬與謝野晶子(1878~1942) 부인은 11인의 자녀를 기르면서도 능히 문단의 일각을 점령하고 활동함을 보아도 성력誠力만 있으면 되리라 하겠습니다. 요컨대 나의 바라는 바는, 다만 좀 혼령婚齡이 늦고 부모께서 다소 반대가 있더라도 열심분투하면 최후의 행복은 걱정하지 않아도 되리니 우선 공부를 좀 하시라 함입니다. 그리해야 여러분 자신이 구식 부인과 같이 비참한 가정생활을 하지 않을 수 있고, 또 지금 그런 생활을 계속하고 있는 자매를 구원할 수 있습니다.

이제 글을 마칠 때가 되어 또 한번 힘주어 크게 외치노니 각성! 자아의 각성! 이것이 곧 아편쟁이의 모르핀이요, 안면제에 대한 해독제올시다. 해방은 각성한 뒤의 노력의 대상이요, 또한 당연히 획득할 가능성의 요구라 하겠습니다. 지금부터 무자각한 부인들을 몰아가지고 완고하신 어른들과 정신적으로 거세된 대부분의 청년에게 대하여 해방을 재촉한들 무슨 소용이 있으리까. 실상 말하면 각성의 긴급이나 해방의 요구가 비단 부인에게만 급한 게 아닙니다. 남자에게도 시급한 문제가 헤아리기 어렵습니다. 다만 부인에 관하여는 남녀가 같이 요구할 해방 이외에 여자가 남자에게 구할 바와 구도덕에 대하여 구할(남녀공동 요구 이외에 여자만 구할 것) 양방면의 요구가 중첩하므로 남자보다 배가의 노력을 요할 따름입니다. 따라서 책임도 무거우려니와 오늘날까지의 절대적 억압에 대한 반동으로 오는 각성도 당연히 준열할 것이요, 철저할 것이요, 또 그리하여야만 할 것입니다.

이를 요컨대 우리가 전인적으로 생활하려는 요구가 심각할수록 그만치 해방에 대한 노력을 하여야 할 것이요, 그 해방은 각성을 전제로 한다 하는 것입니다.

이중해방[2]

전쟁이 끝났다. 파리의 소위 미증유하다는 세계개조의 회의도, 푸르락 불그락 하면서도 하여간 무사히 최후의 막이 내린 모양이다. 그 결과 세계지도의 빛이 변하였다.

일반사회의 대중은 이것을 가리켜 말하길, "세계는 개조되었다. 인류는 영원한 유토피아 화단 아래에 목침을 높이 괴고 잘 수 있다"고 떠든다. 그

---

2   『삼광』 1920년 4월호.

러나 나의 눈에는 장군의 가슴팍에 보지 못하던 훈장이 또 한개 매어달린 것밖에 비치지 않는다.

과연 그 이상의 변화가 없다.

전쟁이 끝났다. 파리에 모였던 귀빈들이 다 헤어졌다.[3] 그러고 또 다시 북미로 모여들어서 노동자를 위하여(?) 만찬의 연회를 베풀었다.[4] 그 결과 노동자는 8시간만 일하여도 좋게 될 듯하고 부인과 어린이는 야근할 필요가 없고, 15세까지는 굶어죽더라도 노동을 못 하게 되는가 보다.

세속의 잡배는 이것을 가리켜 말하길, "사회는 개조되었다. 혹은 된다"고 찬송한다. 그러나 나의 귀에는 탐욕과 인색의 검은 소리가, 위선의 달콤한 말을 내뱉는 것으로밖에 들리지 않는다.

과연 그 이상의 광경은 아니다.

세계개조, 사회의 개조……. 진실로 인류를 위하여 경하할 만한 하늘이 내린 복음이다. 그러나 '해방'을 전제로 하지 않는 개조, '해방'을 의미하지 않는 개조, 부분적·비세계적 개조는 쓸데없다. 또 다른 새로운 화근을 잉태한 개조인 까닭이다. 나는 '해방'을 상상치 않고는 개조를 생각할 수 없다.

'해방'의 갈구가 개조의 유일의 동기요, '해방'의 획득이 그 결과가 아닐 지경이면 개조는 도리어 우리 민중을 도탄에 인도함에 지나지 않는다. 우리는 그 참담한 불행한 사실을 유사 이래로 계속하여왔다. 사이비의 개조는 생각만 하여도 소름이 끼친다.

세계는 늘 개조하여왔다. 사회는 부단不斷의 개조를 계속하여왔다. 활의 장인匠人이 나고 갑옷과 창검의 공인이 있은 뒤부터 군수공장과 도크에 직공이 모집될 때까지 수천년, 수만년 동안 세계지도의 빛이 몇십번, 몇백번

---

3   이 문장의 배경은 1차대전이 끝나고 전후 국제질서를 논하기 위해 1919년에 열린 파리강화
     회의다. 여기서 베르사유 조약이 체결되었고 국제연맹 창설로 이어졌다.
4   국제노동기구(ILO)가 처음으로 연 세계총회인 워싱턴국제노동회의(1919)를 말한다.

변하였는지 알 수 없고 사회의 온갖 면모가 얼마나 개혁되었는지 이루 헤일 수 없다. 그러나 '해방'은 없었다. '해방'을 의미하는 개조는 없었다.

항상 그 동기(개조의)는 '해방'의 요구로부터 출발하였으나 그 결과는 늘 반대의 사실에 그쳤었다. 다만 한 권위가 항복하므로 다른 한 권위가 전자前者를 짓눌렀다는 사실과 우상을 숭배하는 우매한 민중은 노예적 봉사에 최적最適하게, 교묘히 훈련한 민중은 희생을 바쳤다는 사실 이외에 아무것도 없었다(우상숭배 하는 것은 종교적 의미에 한한 것이 아니다. 권위에 복종하는 것, 즉 나폴레옹을 숭배하는 것도 우상숭배이다).

역사가가 '역사는 반복한다' 함은 이 까닭이다. '해방'을 의미하지 않는 개조가, 수백·수천번 실현되기로 권위와 권위의 쟁투 이외에 다른 사실이 없는 고로, 인류의 전 생활의 광영과 행복을 기록할 역사가 오직 개인의 인물평전이 되고 말며 또 그런 유형의 인물과 유사한, 어쩌다가는 완전히 동일한 치적과 평전을 기록하게 됨은 필연이요, 따라서 단조롭게 반복함은 조금도 괴이한 것이 아니다.

'권위'의 교대! 실로 이제는 참을 수 없는 고통이다.

그러므로 오늘날의 개조운동이 또 다시 과거의 사실을 반복함에 그친다면 이는 인류의 큰 불행일 뿐 아니라 우리의 무력함을 입증함이요, 또 지금 새삼스럽게 '개조, 개조' 하며 저마다 시끄럽게[囂囂喧喧] 떠들 필요가 없을 것이다.

인류로 하여금 문명의 도둑이요, 인간된 도리에 적賊인 불합리·몰도의沒道義한 완고하고 제멋대로이며[頑冥不逞] 권세를 사납게 휘두르는[專橫暴戾] 일체의 권위로부터 완전히, 조금도 양보치 않고 해방시키려는 심각한 자각과 고매한 이상과 열렬한 성의와 절실한 갈망이 있고서야 비로소 오늘날의 개조운동이 의미 있다 할 수 있는 것이다.

냄새가 코를 찌르는[微嗅衝鼻] 구도덕의 질곡으로부터 새 시대의 새 사람을, 완고하고 답답한 늙은 아비와 형제로부터 청년을, 남자로부터 부인을, 낡은 관습의 벽으로 맞부딪쳐오는 가정으로부터 개인을, 노동과잉과 생활난의 단단한 쇠사슬로부터 직공을, 자본주資本主의 채찍으로부터 노동자를, 전제專制의 굴레로부터 민중을, 모든 권위로부터 민주 데모크라시 democracy에 철저히 해방하여야 비로소 세계는 개조되고 이상의 사회는 건설되며 인류의 무한한 향상과 행복을 보장할 수 있다.

내적 해방과 외적 해방, 영혼의 해방과 육체의 해방, 정치생활의 해방과 경제생활의 해방, 이 양자 이외에는 우리의 노력의 대상이 없다. 해방의 욕구는 인류의 본능이요, 권리요, 또한 공통한 노력이다.

이것을 통절히 자각하고 열렬·심각히 추구함으로써, 아니 이것으로만 능히 진정한 개조를 기도할 수 있다. (1919. 11. 26)

자기학대에서 자기해방에: 생활의 성찰[5]

1

일체의 긍정이 아니면 일체의 부정. 이 이외에 어떠한 다른 입각지立脚地를 예상하는 것은 사람의 견딜 수 없는 고통이며, 자기가 자기 스스로에게도 허용할 수 없는 자기학대요, 또 큰 범죄입니다. 서로 모순되는 자기분열, 참담한 내적 고투, 모든 비극은 여기서 발효醱酵하는 것이 아닐까요.

'긍정'과 '부정'이 한없이 나의 심경에서 이랬다저랬다 바뀔 때, 약한 나는 여기서 한없이 방황하며 그칠 새 없이 가혹한 핍박과 내몰림(驅馳)과 우롱 밑에서 신음하였습니다. 이것이 나의 이성理性이 눈뜬 날부터 시작된 나의 생활의 전부요, 자기학대의 정점頂點이었습니다.

---

5   『동아일보』 1920년 4월 6~9일자.

어떠한 때는 마수의 힘이 좀 더 세기를 바라기도 하고, 또 어떠한 때는 '긍정'의 찬웃음과 철문으로 끌려가는 자의 힘없는 희망이, 고맙기도 하였습니다. 그리고 자기의 비겁과 연약을, 스스로 혹은 조소도 하고 혹은 매도하면서도 그러한 상태에서 방황하는 자기 자신에게 일종의 흥미와 위안을 느꼈습니다. 그뿐만 아닙니다. 그 같은 상태가 자기생활의 본연의 형체라고 생각하였으며, 또는 이 무저항의 자기학대의 생활이 계속되는 중에 자기의 의지가 아니고 더 크고 더 굳은 다른 의지가 어떠한 종국에까지 끌고 가기를 바라고 믿었습니다. 모든 권위를 부인하려는 일면의 사상과는 큰 모순을 가지고 나는 도리어 이 다른 의지에게 절대복종을 무조건으로 승낙하고 가만히 앉아서 이 '윌will(의지)'의 독단에 의해 함부로 부려지는 자기의 모습을 냉연히 지켜봄으로써 생生의 비통한 자의식과 잔인성으로부터 생기는 일종의 내적 쾌감을 맛보고자 하여왔습니다.

이것을 주관으로 보면 참을 수 없는 고통이요 비애요 불안정이며 객관으로 보면 용서할 수 없는 자기기만, 자기조롱, 자기몰각, 자기포기입니다. 이에서 더한 자기학대가 또 어디 있겠습니까. 그러나 나는 오늘날까지 이것이 인생의 일면을 탐구하는 유일의 수단이요, 특수한 하나의 개성의 발전이며 또 관조라고 변명하여왔습니다. 하나 이것은 추녀의 화장 이외에 아무것도 아니었나이다.

2

모든 사람은, 자기를 가장 사랑하는 자는, 자기 이외에 또다시 없다고 생각합니다. 그러나 자기를 가장 학대하는 자도 자기 이외에 또다시 없는 줄을 깨닫지 못합니다. 어리석고 용렬한 무리일수록 자기학대와 정화淨化된 정신적 자기사랑을 혼동합니다. 그 실례를, 그 첫번째를 여러분은 이 어리석은 자를 통해 눈앞에서 보실 수가 있습니다. 과연 나는 자기를 조롱하고 내몰고 학대하는 폭군과 또 이것을 받는 노예의 이중생활의 수행자입니다. 그뿐만 아닙니다. 자기분열, 의식분열뿐만 아닙니다. 자기분열을 방어하고 자기 내홍(內訌)을 해결하기 전에 나는 내 전부를 들어서 상황조건(境遇)의 계단 아래 던져버렸습니다. 그러므로 나에게 상황조건은 절대권위였습니다. 불가항력이었습니다. 나는 나의 생활에 대하여 발언권이 없었습니다. 없는 게 아니라 포기하였습니다. 위에서 제2자의 의지의 활동을 간절히 바랐다는 것이, 곧 이 상황조건이라는 위력을 의미함입니다. 하므로 자기를 사랑한다는 것이 '자기에게 충실하라, 자기의 생활을 생활하라'는 의미일진대 상황조건의 권위를 전적으로 용인하는 생활, 즉 자기의 의지를 몰각하고 제2자의 의지를 예상하는 생활과 자기분열에 의한 이중생활은 반드시 자기를 사랑하지 않는 생활이요, 따라서 자기학대의 생활이라 하겠습니다.

'자기를 사랑한다' 혹은 '자기에게 충실하라'는 말이 이기주의를 가리키는 천박한 의미가 아님은 짐작하실 줄 믿습니다. 이것을 한마디로 말하자면 모든 권위와 우상이 환멸된 생활, 자기의 내면에 널리 퍼진 제2천성 혹은 굳어진 성질(性癖) ── 속어(俗語)의 의미가 아니라[6] ── 의 껍질을 벗은 생활, 개성의 자유로운 발전을 방해치 않는 생활, 일체로부터 해방된 생활을 이르는 깃입니다.

그러나 자기의 분열, 내적 암투 내지 상황조건의 불가항력이라는 것은 전수 긍정이든지 전수 부정이든지의 어디로든지 자기의 진로를 확정하는 데에 따라서 능히 해결할 수 있는 것입니다. 그 가운데 특히 상황조건에 불가항력이라고 하여 절대의 권위를 부여한 것은 오늘날까지 일찍이 한번이라도 반항하여 승패를 가린 결과도 아니요, 또 불가항력이므로 부득이하다 하여 단념한 까닭도 아닙니다. 낡은 도덕과 썩어빠진 사회에서 자라난

---

6   성벽(性癖)은 글자 그대로 보면 성생활 습관을 뜻하기도 하므로 단서를 붙인 것임.

부모의 피를 이어가지고 나와서 또 그와 다름없는 오히려 그보다 더한 사회에서 노예적 봉사에만 유용한 교육을 받아 자아방기自己放棄의 강요를 받고 남에게 의존하려는 마음의 굳은 쇠사슬로 결박된 위에 자기내홍의 참담한 백병전白兵戰이 겹쳐 와서 인심人心의 연약軟弱을 끌어낸 것이 그 최대 원인이라 하겠습니다. 과연 나에게 있어 '되어가는 대로'라는 한마디는 나의 과거의 생활을 지배한 유일의 잠언인 동시에, 오늘날까지 나의 생활이 얼마나 피로와 타성惰性에 채워졌던가를 설명하기에 충분합니다. 그러므로 만일 전면적인 부정하에 자기의 존재를 영원히 소멸시키지 않을 지경이면 무엇보다도 급한 나의 당면한 노력은 자기 자신에 대한 선전포고와 상황조건에 대한 도전이라 하겠습니다. 이것이 자기해방의 출발점이요, 생활개조의 제1조건이며 또 그 과정입니다. (1920. 4. 6)

3

나는 지금 홍수를 치르고 앉았습니다. 내가 누구에게든지 자랑할 수 있는 것은 '벌거벗은〔赤裸〕 자기'로 돌아갔다 함입니다. ××관館의 10일! 그것은 확실히 일생일대에 꼭 한번만 경험할 인생의 출발점에서 만나는 홍수를 치른, 사람의 일생과 같이 길고 일생과 같이 짧은 시간이었습니다. 그와 동시에 '때'의 기억이 계속될 동안은 잊을 수 없는, '영혼의 자각한 눈물의 엉그럼'이었나이다. 만일 그 10일이라는 시간이 '나'라는 존재의 만 22년 2개월간의 총결산을 우수리 없이 마감한 반생半生의 끝 페이지를 맺고 또 첫 페이지를 시작한 하나의 전기轉機가 아니었다 하면, 그것은 오직 자기파산의 참극慘劇이었을 뿐입니다.

지옥문을 바라본 자의 비참과 오뇌와 절망을 가슴에 품고 다시 방랑생활에 들어선 첫날 꿈을 W시 ○○관 2층에 맺은 것은 인류사人類史상 영원히 잊지 못할 기미년 섣달(1919년 음력 12월) 하순 어떤 날 밤이었습니다. 열병에 걸린 놈 모양으로 찬바람이 획획 부는 빈 방 속에 드러누웠던 나의 머릿속에도 찬바람이 불었습니다. 머리가 공허하였을 뿐 아니라 의식의 한계, 눈에 보이는 일체가 공허하였습니다.

사업, 명예, 성공, 연애…… 인생의 일체를 부정하고 난 나에게 남은 생명은 일종의 가책이요, 악형惡刑이라고 생각지 않을 수 없었습니다. 사람에게 받아온 지금도 받는 굴욕, 영원히 소멸시킬 수도 없고 복수할 수도 없는 굴욕의 크고 더럽고 깊음을 내려다볼 때, '이' 갈리고 치가 떨리고 분노에 가슴이 타는 듯하였습니다. 그뿐만 아니라, 선미善美하리라고 몽상하고 선미케 되지 않으면 안 되리라고 바라던 인성人性의 모든 추악, 모든 간악, 모든 약점을 볼 때, 가장 통절한 현실폭로의 비애에 울 때, 사회현상의 근저의 불합리와 권위의 압도, 개성의 무시를 분개할 때, 나는 이아, 나는 관짜는 나무에 대패질하는 소리를 들었습니다. 절망의 무덤구덩이에 한발 디뎌놓았었습니다. 요 적은 힘으로 무엇을 하리요. 요 적은 힘으로 소위 인류를 위하여, 문화의 궁전을 짓는 일에 한줌 흙을 부을 수도 없거니와 설혹 그리할 수 있다 하기로 '그것이 무엇이냐?'라고 목덜미를 어루만지던 다음 순간에는 이미 희망의 날개가 서리 맞은 박잎이 되었습니다.

여기서 나는 생명의 유희적 낭비를 마음대로 행하는 신神에게 문책하려 하였습니다. 반역하라, 음모하라 하였습니다. 산욕産褥에 떨어지던 순간부터 예비되었던 흙에 몰아가기를 재촉하였습니다. 아, 얼마나 얼마나 8월 초삼일이란 나의 생일을 저주하였던가. 절망의 수레를 타고 타력惰力에 끌려가는 자에게 남은 것은 다만 심장의 고동이지만, 나는 그것조차 한시라도 속히 단절하려 한 것입니다. (1920. 4. 7)

4

그러나 지금 나는 8,132일 동안의 총결산을 마치고 대차청산서貸借淸算

書를 교환하였습니다. 자기학대를 뉘우치는 최후통첩을 보냈습니다. 변덕스러운[朝論暮改] 방황 상태에서 벗어났습니다. 나의 지금 갈 길은 가장 명료히 의식하고 있습니다. 그러나 이것은 결코 광명과 희망과 심각한 생의 충동이 있어서 순간순간의 명맥을 이끌어나가고[延拖] 있는 것은 아닙니다. 다만 자기학대에서 자기해방의 새 출발로 나아갔을 따름입니다. 하지만 만일 한 걸음을 더 나가서 추궁할 지경이면, 나는 절반쯤의 본능의 성공과 타협하고 'Yes'[7]의 길을 취하였다고 자백하겠습니다. 모든 것에게 붙잡혀 있던 생물을 '벌거벗은 자기'로 해방하여놓고 "Yes로냐?, No로냐?"라고 물으면, 누구든지 무의식적으로 말이 떨어지기가 무섭게 'Yes'라고 대답할 것입니다. 그 '무의식적으로'라는 것이 곧 본능이기 때문입니다. 그러나 이에는 (내가 'No'라고 하지 않은 데에는) 또 한가지 이유가 있습니다. 성대한 연회에 초대장 없이 가서 푸대접 받으면서 한구석에 끼어 앉았다가, 비슬비슬 도망하는 비굴한 추태를 보이기 싫어서 그리함입니다. 화려한 연회석에서 불만과 불평을 가지고 흰 동자로 두리번두리번 좌우만 흘겨보며 엉덩이가 질기게 앉아 있는 것 ── 이미 인생을 저주하고 부정하면서도 오히려 'Yes'라고 하는 것 ── 은 큰 모순같이 보이지만, 이것이 도리어 연회석에 더 오래 앉아 있으려는, 즉 인생을 긍정하려는 유력한 아니, 유일한 이유가 됩니다. 이러한 빙퉁그러진 심사를 가진 자에게는 물론 그 연회에 애착과 호의가 있는 것은 아닙니다. 또 이왕 왔으니 과실 부스러기나 얻어먹고 구경이나 하다가 가겠다거나, 혹은 갈까 말까 하며 주저하는 까닭도 아닙니다. 환언하면 이왕 사람 사이에 나왔으니 이력저럭 지내며 조그마한 성공이라도 하려거나, 또는 상술한 소위 자기 내홍의 여세[餘勢]로 그리함도 아닙니다. 오히려 그와 반대입니다. 일체를 적으로 삼고 대립 상태입니다. 증오와 반항과 선전[宣戰]의 태도입니다. 인생에 대한 반쯤은 날

---

7   여기서 Yes냐 No냐 하는 물음은 삶이냐 죽음이냐를 뜻함.

것이고 반쯤은 익은(半生半熟) 애착? 이것처럼 위험한 것은 없습니다. 영혼의 타락은 여기서 시작되는 것입니다. 그러므로 이런 의미에서 나의 인생에 대한 태도가 반생반숙의 미온적 자리 잡기(處着)보다 몇 배나 나을 것입니다. 이와 같은 상태에서 이와 같은 상태로 생활개조를 기도함에는 물론 절대의 용기와 노력이 필요합니다. 그러므로 만일 이 긴장한 심금心琴이 느즈러지는 날은, 곧 관 뚜껑에 못 박는 날입니다. 'Yes'로부터 'No'. 죽음조차 대수롭지 않은(變에 忽하는) 순간이올시다. 그러나 이 사이에 결코 일시적으로 머무는 데 필요한(停留에 要하는) 제3입각지를 준비하지는 않을 작정입니다. 이 점이 자기학대에서 해방된 전과 후를 식별할 시금석입니다. (1920. 4. 8)

5

우리는 무엇보다도 벌거벗은 개인으로, 자기로 돌아가야 하겠습니다. 노예적 모든 관습으로부터, 기성의 모든 관념으로부터 벌거벗은 개인에! 이것이 우리의 모토가 아니면 아니 되겠습니다. 자기 심령을 잠식하는 '자기'가 심령 속에 속속들이 퍼져 있는 우상, 권위와 굳어진 성질로부터 해방되어야 하겠습니다. 자기기만·자기포기 자기학대로부터 자기해방에! 인간성 유린으로부터 개인해방에!

이것이 정치적, 사회적, 경제적, 도덕적 — 일체의 외적 해방의 출발점이요, 제1요건입니다. 자기가 자기에게 대하여 우선 최후통첩을 발송하고 나서, 제도와 도덕에 대하여 선전포고를 발發할 것입니다. 자기가 자기의 노예인 동안은 대외적인 해방을 요구할 자각도 없고 권리도 없습니다. 우리의 당면의 노력은 이외에 없겠습니다. 자기가 자기를 해방한 후에야 비로소 긍정이 아니면 부정의 입각지를 확정할 수 있고, 따라서 자기의 생활을 생활할 수 있습니다. 자기를 진정으로 자애自愛하는 자일 수가 있습니다.

여러분은 날더러 약한 자, 낙오자, 무주견無主見·무정심無定心한 자라고 책망하지 마시오. 그리할 권리가 여러분에게는 없습니다.

신불神佛더러 마귀가 되라고 하고 악마더러 신불이 되라고는 못 하는 법입니다. 숙명적인 성격과 자연적인 그 발로는 자기 자신도 간섭할 수 없는 것입니다. 그 질質의 여하를 순純 객관적으로 비평할 수는 있지마는, 그러나 윤리적 관조는 불허할 바입니다. 그러므로 제가 늘 사상과 생활의 안정을 얻지 못하고, 긍·부정 두 갈래 길에서 방황하다가 오늘날의 입각지에 도달한 것을 선악으로 해석하지는 못할 것입니다. 이와 같은 오늘날까지의 불순한 동요는 상황 조건, 환경, 생리적 과정 등 여러 가지 원인이 없지 않지만 그 배후와 근저에는 성격의 위력이 있음을 간과할 수 없기 때문입니다. (1920. 4. 9)

노동운동의 경향과 노동의 진의眞義[8]

1. 서언

오늘날의 소위 노동운동은 이를 한마디로 말하자면, 심각한 인간고人間苦의 장구하고 참담한 경험과 이에 대한 통절한 자각으로부터 우러나오는 해방의 전진곡前進曲입니다. 인류 생활상에 현대문명이 부과한 반면半面의 해독과 과중한 위압으로부터 완전히 이탈하여 스스로 꾸리고 누리는〔自主

---

8   『동아일보』 1920년 4월 20~26일자.

自營) 인간적 생활을 갈망하는 자의 정당하고 진술한 절규가 노동운동이라는 무장을 하고 쓸쓸한 전후戰後의 황야를 횡행활보하게 된 것입니다. 불합리한 모든 조직을 근저로부터 타파하고 인간성의 근본요구를 기초로 삼은 신조직新組織을 재건할 때까지, 일체에 대하여 선전을 포고하고 최후의 승리를 남길 때까지, 용감히 싸우려는, 굴레를 벗으려는(不羈不拔) 각오를 가진 자의 함성이 곧 이것입니다. 그러므로 이 문제를 한때의 유행하는 천박한 경향이거나 또는 오직 노동조건, 즉 노동시간, 임금 및 기타 고용인과 피고용인 간의 계약조건의 개선에만 국한하고 그 너머의 이상理想이 없다고 간주하는 것은 큰 오해라 하겠습니다. 투철한 자각, 심각한 사상의 근저와 의의가 없고 드높은 이상에서 출발치 않았다면 이에 관한 모든 종류의 운동은 결국에 잿가루로 고탑高塔을 쌓으려는 자의 어리석음일 것입니다. 그러나 행幸이었든 불행이었든 하여간 이것이 영겁 불변하는 군고 단단해서 흔들림 없는(牢乎不拔) 진리 위에 선 모든 인류의 엄숙한 노력이요 또 위대한 사업임을 능히 논증할 수 있음은, 저의 천학비재淺學非才함이 그 임무에 맞는지 맞지 않은지를 불문하고 하여간 지극한 영광이라 생각합니다.

그러나 제가 여기에서 논하고자 하는 바는 오직 상식 문제의 범위 이내에서 사상 방면으로 비판하고자 하는 데 지나지 않으며 결코 실행문제와 관련하여 혹은 신진을 시험하려거나 선익과 찬빈을 논딘힘으로씨 독자 여러분께 이름을 얻고자 함이 아님을 분명히 말해두고자 합니다.

2. 노동운동의 발생원인起서

노동운동이 오늘날과 같이 격심케 되어 오직 산업적 범위뿐 아니라 사회, 경제, 정치, 시장 등 각 방면에 뻗어나가 무시하지 못할 일대 세력을 점유하게 된 그 근본원인은 노동문제의 발생원인을 연구함으로써 명백하게 할 수가 있겠습니다.

그러나 지금 노동문제의 발생된 그 연혁을 고찰하려면 14세기 초부터 적어도 16세기 전후의 문예부흥시대에 이미 이 문제가 배태된 연유를 한 마디 할 필요가 있으나 지금의 나로서는 이를 상론할 만한 연구와 참고서적도 없거니와 또 그리 긴요치 않기로, 다만 그 직접 가까운 원인이 되는 18세기 후반기의 산업혁명을 약론略論한 후, 최근의 세계대전이 이를 일층 촉진한 까닭을 논급하고자 합니다.

산업혁명, 이것은 생산기관의 거의 전부가 가정으로부터 공장에, 노동의 대부분이 손[手]으로부터 기계에 빼앗겼다는 것이 곧 이 혁명이었나이다. 하므로 이 산업혁명의 장본인은 뉴턴이나 아크라이트나 와트 같은 과학자·발명가라 할 수 있겠습니다. 과학이 급격한 속도로 발달됨에 따라서 공장에 윤전기가 도는 순간에 벌써 노동문제는 잉태되었습니다. 그리고 기계의 발명은 '자본'의 '집중'과 대규모의 기업을 촉진하여 노동의 대부분이 기계로 이전되는 동시에 여기서 소위 노자勞資의 양 계급이 확연히 구획되고 빈부의 현저한 격차가 더욱 심하게 된 것입니다. (1920. 4. 20)

과거에는 소자본으로 소규모의 가정적 산업을 경영할 수가 있었지마는 문명의 이기가 발달됨에 따라 수만의 투자로 대규모의 공장설비가 없이는 도저히 성공을 기대하기 어려운지라 고로 빈궁한 자가 일단 노동자의 상태에 떨어져 약간의 자본력을 쌓아 키웠을지라도 상당한 일개 자본가의 지위를 획득하기는 지난한 일인 한편에, 자본에 집중함으로써 대기업을 계획하는 자본가는 먹고 놀기만으로도 엄청난 폭리를 획득하는 결과 일반 생활 정도의 향상, 물가상승 등 문제를 가져오므로, 적은 임금으로만 근근이 덧없는 목숨을 부지하는 노동자는 더욱 구차한 지경에 다다를 것은 필연지세라 하겠습니다.

이리하여 유산자와 무산자의 계급적 금성철벽金城鐵壁은 더 높고 더 굳게 쌓였으며 양 계급 간에 가로놓인 도랑은 더 멀고 더 깊게 되었습니다.

이것이 노동문제를 야기한 큰 원인입니다.

2의 2. 임금제도의 폐弊

이상은 극단의 자본주의 생산조직이 그 반동으로서 노동문제와 이에 대한 모든 종류의 운동을 야기함을 개관하였거니와 그다음에 중요한 원인으로 들어야 할 바는 현재의 임금제도입니다.

노예제도가 농노제도로 변하고 농노제도가 다시 길드(동업조합 혹은 상사商社)로 일변하여 임금제도에 이르게 된 그 연혁은 이 자리에서 논급할 여유가 없거니와, 하여간 오늘날의 임금제도를 한번 살펴보면, 물론 자유노동 제도라 하겠습니다. 한 노동자가 직업의 종류와 노동할 장소, 시기 등에 대하여 자유일 뿐 아니라 고용자와의 계약과 수입금 소비의 자유를 보유하는 점은 인권을 신장하고 사회적 지위가 향상하였다는 의미로서 과거의 노예제도와는 하늘과 땅 차이라 하겠습니다. 그러나 물질 방면, 즉 생활의 보장과 안정을 얻는 데 있어서는 노예제도가 임금제도에 비하여 몇 배나 우월할 수가 있습니다.

노예시대와 농노시대에는 인격을 물건처럼 낮춰 보아 노동자를 다만 노동력을 함유한 일개의 기계적 물품으로 간주하였던 고로, 예속된 그 주인 뜻대로 매매될 뿐 아니라 고용자와 피고용자 간의 자유계약은 물론 수입한 임금의 소비에 대한 자유까지도 없었으나 의식주의 보장은 있었습니다. 하므로 노동을 감내할 만한 육체만 있으면 일정한 장소에서 일정한 기간 혹은 일 생애를 통하여 노동할 수가 있었고, 또 그것이 아무리 일신一身이나 일가족一家族을 지지함에 최저한도에 불과할지라도 하여간 그 주인에게 제공한 노력의 대가로 생활상 배고픔과 추위를 면할 만한 정도의 보수를 물품으로써 받을 수가 있었습니다. 또 중세기의 길드로 논하면 그 말기에 이르러 귀족적, 전횡專擅의 폐단 풍조(弊風)에 이르렀을지라도 그 주인이 일정한 기간에 자기가 채용(傭入)한 도제徒弟를 양성하여 독립·자영

할 만한 기능과 자본을 전수하였습니다.

 그러나 오늘날의 임금제도하에서 행하는 소위 자유노동은 상술한 것과 같이 사회적 지위는 개선되었으나 지칠 줄 모르는 탐욕의 자본주資本主 밑에서 과거의 물품 대신에 금전의 형체로 약간의 임금을 획득함으로써 자기 일신은 물론 전 가족의 생활에 대한 모든 책임을 짊어지는 고로, 여기에 이르러 허다한 문제가 끌려나옵니다. 우선 자본가는 자본이라는 무기로써 노동력 이외에는 아무 무장이 없는 무산자를 위압하는 고로 산업적 혹은 경제적 전제주의의 횡행은 자연지세自然之勢라 하겠습니다. 하므로 노동자·자본가 양자 간의 계약(고용조건, 즉 노동임금, 시간 등 기타 일체)의 당초부터 고용자, 즉 자본주의 이익이 그 주된 관심사일 것은 더 말할 것도 없습니다. 그것도 만일 노동자가 모자라〔拂底〕 노동공급이 수요보다도 과소한 지경이면 일반 시장의 매매원칙에 의하여 노동자에게 유리한 계약이 성립될지나, 오늘날과 같이 무산자가 전 인류의 9할 이상을 점하는 경우에 노동공급 과잉은 필연지세必然之勢라 불리한 조건에 만족치 않을 수 없음은 물론이려니와 오히려 실업자가 족출簇出하며 노동임금 저하를 가져오고, 또 현대 이기주의의 화신이라 할 만한 자본주는 철두철미 자기본위인 고로, 종래의 사업을 축소하여 인력을 줄이거나 혹은 노동시간을 단축함으로써 임금을 저렴케 하는 등의 일이 있을 때 노동자가 받는 불가피한 위협과 생활의 불안은 극에 달할 것입니다. 그뿐 아니라 중세기의 길드시대에는 도제가 일정한 기간에 봉사를 마치면 하나의 소자본주로서 그 업무를 독립하여 경영할 수가 있었지만, 앞단에 약술한 바이거니와 자본을 집중하여 대규모의 기업이 유행하는 오늘날에는 오직 노동자·자본가 양 계급이 대립함으로써 의사意思가 가로막혀 과거의 길드시대에 사제관계 같은 온정과 장래의 성공을 보장할 수 없을 뿐 아니라, 생활 정도가 발전한 오늘날의 사회에서 적은 임금으로는 매일의 생활도 유지하기 어려운지라 어느 겨를에 일약 자본가의 지위를 몽상하겠습니까. 실로 오늘날의 노동자는 노역이라는 감사한 재산과 빈궁이라는 명예로운 관위직품官位職品을 천세만대千世萬代에 물려주지 않으면 안 될 함정에 빠졌다 하겠습니다. (1920. 4. 21)

2의 3. 전후의 기운

상술한바, 산업혁명 후의 자본집중과 임금제도로 하여 극단의 빈부격차와 계급적 대립을 양성함은 노동운동의 중요 발생원인이거니와 그 밖에 부인노동·유소년노동·공장법의 불비不備 등 온갖 많은 문제도 물론 그 일부일 것입니다.

그러나 이 문제가 세계대전 후에 세계 사조思潮를 풍미하여 정치, 산업, 사회 등 모든 방면에 실제 문제로서 최고의 지반을 점령케 됨은 물론 노동자 자신의 자각에 기인한 바이거니와, 그 중요한 원인을 고찰하건대, 대개 세가지를 거론하겠으니,

1. 이번 세계대전은 유럽대륙의 모든 나라들이 거의 국민적 총동원을 단행함으로써 종식된 것이라, 통계로 논하면 그 동원수가 연합聯合과 독일·오스트리아의 양측을 병합하여 교전국의 전인구의 41.8퍼센트, 즉 6,900여만의 다수이니 그중에서 잃은 병사와 싱비병常備兵을 제외한 그 나머지, 즉 전후에 제대한 병사 수로만 계산하더라도, 넉넉잡아 2,500~2,600만에 달할 것입니다. 고로 이 같은 다수의 노동자를 전쟁터로부터 일시에 급격히 노동시장에 수송한 결과 수요·공급의 어려움이 생겼을 뿐 아니라, 전시 중에는 대다수의 장년 남자가 동원動員에 응모하였으므로 부인이 노동계의 일각을 차지하였고, 또 전후 일부 산업의 부진, 규모 축소 혹은 전폐全廢 등 허다 원인으로 하여 실업자가 잇달아 나타나 격증하는 현상을 보였습니다. 하고 보면 이번 대전이 참호전塹壕戰이요 노동자의 전쟁이라고까지 할 만치 국가에 대한 공헌이 다대한 노동자를, 승전개선勝戰凱旋하여 일단 제

대 후 공로에 따른 포상은 고사하고 건장한 신체와 충분한 노동력을 갖추고도 일정한 업무에 나아가기 어려울 뿐 아니라 기아를 면치 못함에 이른지라, 이에 대하여 불평불만의 감정을 억제하지 못하고 자아구제自我救濟의 방책을 취함은 필연적 흐름이라 할지니, 이것이 곧 노동문제를 일층 더 복잡하게 하고 이에 관한 운동의 기세氣勢를 촉진·격심케 한 이유라 하겠습니다.

2. 전후의 타성으로 나타나는 물자의 결핍은 물가의 폭등을 가져와 종래의 노동조건, 더욱이 그 임금으로는 도저히 생활을 유지하기 어렵다는 것과 그 일면에 전시 폭리를 탐한 소위 자본가 계급이 전보다 몇 배나 더한 막대한 부를 지키며 사치스러운 생활을 영위함에 대한 반동이 역시 그 한 원인이라 하겠습니다.

그다음에 세번째 원인으로 거론할 바는 민주사상의 난숙과 확대, 바로 그것입니다. 개조의 기운이 온 세상에 팽창하여 현상타파를 절규하며, 해방의 우레 소리가 천지에 진동함은 민주사상의 거룩한 개가凱歌가 아니면 아닐 것입니다.

7천만의 신령한 생명이 포연에 싸인 참호 중에서 운명에 던진 육척단신을 간단없이 전율케 하는 심장의 북소리에 귀를 기울일 때, 그 누가 회의의 심연에 빠지지 않으며 그 누가 사람의 본성에 돌아가지 않겠습니까. 아, 이 회의의 심연, 이 참되고 순수한 벌거벗은 본성이야말로 해방을 절규할 용기의 효모酵母인 민주사상의 심각한 자각에 인도하고 현상의 모든 불합리를 타파할 기개와 권리를 부여하는 것입니다. 과연 오늘날 민주사상의 일반적 보급과 그 근저의 깊은 정도는 실로 예상 밖에 달했으며, 또 이 데모크라시 사상의 지각이 노동자의 마음에 스며들었기 때문에 오늘날의 노동운동이 드높은 의의와 깊고 단단한 근저 위에 서고, 또 전 인류에 대하여 중대한 사명을 가지게 된 것입니다.

그뿐만이 아니라 민주주의가 정치적 영역에서 사회적, 산업적 영역까지

정복한 것과 같이 노동운동도 산업적 영역에서 정치·경제의 분계선까지 확대됨은 실로 노동자 자신의 자각에 기인함이요, 그 자각은 세계대전의 값비싼 하사품이라 하겠습니다.

오늘날의 노동자는 해방되지 않으면 안 되겠다는 철저한 자각과 인류의 일원으로서의 거룩한 노력을 계속합니다.

3. 노동운동의 경향

이상은 본론에 들어가는 순서상 그 원인을 약술한 바이거니와 제가 이 논문을 집필한 동기는 오직 사상적 관찰로써 현재 노동운동의 경향을 논하여 노동의 근본의의에 다다르고자 하는 바입니다. 하므로 독자 여러분도 이제까지의 논술 중 미흡한 것은 양해하시고 이 논문을 쓰는 저의 근본 정신을 짐작하여주기를 바라겠습니다.

바야흐로 노동운동의 의의가 무엇인가 하면 노동 상태의 개선이라는 한마디에 그칠 것입니다. 그러나 이러한 설명은 물론 개괄적이요, 또 천박한 견해에 지나지 못합니다. 하므로 시간과 지면의 여유만 있으면 어떠한 수단으로 어떠한 개선을 기도하며 요구하는가를 상론하고자 하나 이는 나중을 기약하고, 디만 여기서는 노동 상태의 개선이라는 것이 결코 노동운동의 전부도 아니요 근본 의의도 아니라는 것을 덧붙여두고 또 독자 여러분의 기억을 바라는 바입니다. (1920. 4. 22)

3의 2. 노동운동의 궁극의 목적[9]

노동조건의 개선이 노동운동의 당면의 요구임은 물론이나 이는 오직 그

---

9   원문에 '3의 1'이 없음.

계제階梯에 불과합니다. 오늘날의 구미 여러 나라의 경향을 고찰하면, 그 종국의 목적이 일층 심원深原한 합리적 요구로부터 출발한 것을 쉽게 간파할 수 있습니다.

작년 10월 말에 미합중국 워싱턴에서 국제노동회의에 관하여 이 나라 모 신문이 평가하여 말하길, "세계 각국의 귀한 손님들이 방문하였으나 대체 그들은 어떠한 사건을 심의하고자 하는가. 여하간 풍경이나 충분히 구경하게 하고 각각 귀국하게 함이 득일 것이다" 운운한 논조를 보더라도 미국의 일반사회가 그 노동회의에 대하여 얼마나 냉담하였던가를 능히 알 수 있습니다. 물론 당시 미국에는 9월 20일로부터 약 1개월 이상에 이르기까지 30여만의 동철공銅鐵工 동맹파업과 12만의 부두인부 파업(1919년 10월 중) 및 11월 1일에 폭발된 탄광부 파업 등 합중국 전지역에 70개소의 동맹파업이 있었으므로 이에 대한 해결을 등한히 하고 국제적 노동규약 체결에 바쁜 당국자에 대한 풍자적 논조라 말하겠으나, 하여간 노동자에게 대하여는 복음이라 할 만한 노동 상태 개선을 대대적으로 심의하는 이상, 이를 불필요하게 여기는 것은 그 반면에 노동운동이 결코 노동조건의 개선으로만 만족치 못한다는 일반 경향을 뚜렷이 알게 함이 아닐까 합니다. 과연 강철공 대파업에 대한 강철노동자조합장 피츠패트릭 씨[10]의 선언은 이를 가장 웅변으로 증명합니다. 씨는 "이번 대파업이 단순한 노동조건 개선 문제가 아니요, 기본적으로 모든 공업을 사회주의화하는 첫 걸음이라" 하고 "설사 게리 씨[11](강철연합회장이요, 미국의 강철왕)가 노동자의 요구를 용인하더라도 시기는 이미 늦었다. 지금 동맹파업은 노동자가 사회적으로 정당한 지위를 얻을 때까지 전국에 확대될 것"이라고 주장하

---

10   원문은 "파토리코"여서 오늘날 표기로 '패트릭'에 해당하지만 오기로 보고 교정함. 당시의 철강노동자 동맹파업을 이끈 연합회장은 존 피츠패트릭(John Fitzpatrick, 1870~1946).

11   당시 미국강철산업감독위원회(U.S Steel's Board of Directors)의 회장이었던 엘버트 헨리 게리(Elbert Henry Gary, 1846~1927).

였습니다. 하고 보면, "기본적인 모든 공업의 사회주의화"라는 것은 무엇이며, "노동자의 요구가 승인될지라도……" 운운한 것은 무슨 의미이겠습니까.

그다음에 지난겨울 이래의 영국의 상황으로 논하건대, 1919년 9월 11일에 강철동맹파업이 일어난 후 이를 해결하기 전에 9월 27일에 이르러, 전 영국 철도종업원 약 100만인의 총동맹파업이 일어났습니다. 그 이유는 전전戰前의 임금 1주 20실링(약 10원)을 전시 중 영국정부는 53실링(26원여)으로 올렸다가, 평화극복 후 이 전시임금은 1919년 12월 말일까지 유지하고 그 후에는 전전 평시 임금 20실링의 10퍼센트를 인상하겠다는 정부의 제안에 반대하고, 이 전시임금 53실링을 평시 임금으로 하라는 요구였습니다. 그 결과 정부는 금년(1920) 9월까지는 이를 개정치 않기로 하여 해결되었으나 이에 대하여 수상 로이드 조지David Lloyd George(1863~1945) 씨가 "정당한 이유가 없는 것이라" 하고, 노동부장관 호온Robert Stevenson Horne(1871~1940) 씨는 "이번의 파업이 임금 인상과 조건 개선을 목적으로 하는 것이 아니라"고 간파한 점은 일고의 가치가 있습니다.

또 작년 11월 중에 브리스톨에서 개최한 철도종업원 집회에서 동同 조합회장 토마스James H. Thomas(1874~1949) 씨가 철도종업원으로 하여금 철도관리에 참여게 하려는 정부의 제안을 발표히고 선언한 연설의 요점을 살펴보면 노동운동의 궁극의 목적이 어디〔那邊〕에 있는가를 일층 명료히 간파할 수가 있습니다.

그 정부의 제안은 한마디로 평하면, 노동자에게 자본가와 전연全然히 동등한 지위와 권한을 부여하여 철도업 관리에 참여케 함입니다. 예를 들면 철도행정위원회에 동종업원 3명을 참가케 하여 철도관리원과 동등한 권한을 주고, 연합철도원은 관리원 5명과 종업원 5명으로 조직하는 등 노동자·자본가 양자 간의 한 터럭의 차별이 없습니다.

그러나 토마스 씨는 "이 제안이 최후의 도착점이거나 최후의 해결이 아니라 우리 노동자가 그 관리를 주장하는 하나의 계기에 불과하다. 노동자는 산업기관을 파악하는 동시에 정권까지 획득하지 않으면 아니 된다. 자치도시의 선거의 결과, 동맹파업의 결과, 노동자의 결속 등은 머지않아 노동자가 전 영국을 지배하게 되리라는 것을 명료히 증명한다" 운운한 것은 오늘날의 구미의 노동운동이, 즉 선진 여러 나라의 노동자의 요구가 오직 노동조건의 개선으로만은 만족할 수 없다는 것을 반증하는 동시에, 노동의 종국의 목적은 제반 산업의 완전한 지배권을 획득하려 함에 있음을 쉽게 인지할 수가 있습니다.

과연 민주주의라는 사상의 위력은 선악을 불문하고 여하간 자각 있는 노동자에게 자기의 일은 자기가 처리하라는 평범하고도 무한한 의미가 있는 진리로서 산업의 관리지배권을 요구하고 주장하라고 명하였습니다. (1920. 4. 23)

여기서 관리권이라는 말에 관련하여 부언코자 하는 바는, 산업기관의 국유화라는 것입니다. 영국에서는 전시 중 철도를 이미 국유화하였거니와, 작년(1919) 9월에 글래스고에서 개최한 영국노동조합대회에 제출한 의안 중에도 탄광 국유화의 건이 탄광부 조합장 스밀리 씨[12]의 제안으로 부의하여 4,780표에 대한 7만 7천표의 절대다수로 가결되고 이를 조합대회와 탄광부조합이 협력하여 정부에 강요하기로 결정하였습니다.

이같이 오늘날의 노동자는 산업국유화를 주장합니다. 그러나 '국유화'라는 것은 결코 산업에 관한 일체 권리를 정부에 일임한다는 의미는 물론 아닙니다. 모든 산업을 국가의 명의로 경영한다 함에 불과하고 그 관리권의 전부와 경영상의 주요 권한은 노동자의 손에 수확收穫하려는 것입니다.

---

12   원문은 "스마일리"이지만 로버트 스밀리(Robert Smillie, 1857~1940)를 가리키므로 교정.

4. 관리권 요구의 논거

자각 있는 노동자는 '우리의 세계'가 도래할 것을 확언합니다. 그들은 산업이라는 동맥 계통을 지배함으로써 세계라는 육체의 주재권主宰權을 가진 심장의 직무를 자임합니다. 득롱망촉得隴望蜀[13]의 한없는 욕심은 그들로 하여금 산업관리권의 획득을 출발점으로 하여 장래에는 정치, 사회, 경제, 사상 등 인류생활의 전 국면을 지배하게 되지 않고는 인류의 최고의 행복을 예상할 수 없다고 합니다. 이것이 과연 진리이겠느냐 아니겠느냐는 문제는 고사하고 하여간 그들은 이를 가장 맹렬히 주장하고, 또 이 주장의 합리성을 논증함에는 항상 노동은 상품이 아니며 노동자의 노동력은 기계나 자본금 같은 생산의 용구가 아니라는 무기로 논전을 시험합니다. 1919년에 체결한 베르사유 강화조약 중 노동규약의 일반원칙 제1조에도 이에 관하여 명료히 규정되었습니다. 즉 "노동은 단순히 화물 또는 상품으로 인정치 않을 일"이라고 명기한 것을 보면 오직 노동자 자신의 아전인수적 논거가 아니라 오늘날의 위정자와 자본가도 이를 진리라고 인식함을 알 수 있습니다.

과연 노동이 1일에 1,300~1,400칼로리의 열을 발산하고 생명의 분해를 예상하는 정력의 완만한 소모를 희생함으로써 약간의 임금을, 일신의 생활을 유지하기도 불가능한 임금을 획득함이라 한다면, 자유노동이니 자유계약이니 하는 미명하에서 노동력을 팔아 우마牛馬와 같이 고역에 나아가지 않으면 아니 되는 것이 노동이라 한다면, 그것은 저주할 만한 일종 형벌이요 인류의 묵인키 어려운 일대 치욕이겠습니다.

그러나 한편으로 우리의 양심은 이것을 부인합니다. 하므로 이에서 우리는 큰 모순을 느낍니다.

---

[13] 후한의 광무제가 농(隴)지방을 차지하고 나서 이에 만족하지 못하고 촉(蜀)까지 바랐다는 고사.

"이마에 땀내지 않는 자에게 밥 주지 마라"는 성철聖哲의 교훈이 있기 전부터 노동은 노동자라는 일부분의 특수한 계급에만 한한 특권(?)이거나 또는 인위적으로 노력을 과하는 것이 아니라 전 인류의 개인, 개인이 인류 전체에게 대하여 지는 가장 중요한 의무라는 지고지순한 관념이 있습니다. 노동을 피하려는 자는 생존권을 포기하려는 자입니다. 하므로 노동이 오늘날과 같은 상태에 있음은 그 근본의의가 그릇된 까닭이 아니요, 오직 시대적 현상에 불과합니다. 즉 현재의 모든 조직이 불합리와 큰 모순에 빠졌기 때문입니다.

4의 1. 노동의 5대의大義

그러면 노동의 참된 의의는 무엇입니까. 저는 5대 의의를 부여코자 하노니 첫째, 생명의 발로, 둘째, 창조 혹은 개조의 환희, 셋째, 인류의 무한한 향상, 넷째, 행복의 원천, 다섯째, 가치의 본체가 곧 이것입니다.

1. 생명의 발로. 사람이 사람을 낳을 때, 여기에서 다른 하나의 생명이 출현됩니다. 사람의 노력으로 하여 한 잎의 풀, 한 줄기의 나무가 성장할 때 여기에서 하나의 새 생명의 송가頌歌를 드립니다. 물론 이것은 자연과 인력과의 협력이지만 그 새로운 생명 가운데에는 자연의 대법칙에 의한 '초인간력超人間力'이 포함된 동시에 노력을 공헌한 자의 생명을 체현하는 그 무엇이 있는 것입니다. 하나의 미술품, 하나의 건축물이 노동의 은혜가 아니면 어찌 인류의 행복에 채운 아름답게 꾸민 문화의 궁전을 장식할 수가 있으며, 그 작품에 작자 자신의 전 생명이 용광로의 쇳물을 주입함과 같이 응결치 않고서는 또 어찌 가치가 있겠습니까. 생명은 영원한 것입니다. 육체를 떠난 생명은 영원한 것입니다. 예술가가 항상 "예술은 영원하다"고 감탄하는 것은, 또 예술이 사실상 영원한 생명을 가진 것은 영원성을 가진 생명이 노동을 통하여 생명의 발로로써 모든 작품에 응결되기 때문입

니다. 동서고금의 영원히 기념할 만한 대大 미술품, 대 건축물은 실로 우리 노동자가 한 삽의 흙을 져오고 돌을 담아 옴으로부터 무궁한 생명을 가지게 된 것입니다. (1920. 4. 24)

2. 창조(혹은 개조)의 환희. 예술가가 최후의 붓대를, 그 화가畵架(이젤)로부터 최후의 칼날을 그 조각으로부터 떼고 나서 환희에 타는 만면의 미소를 감추지 못하며 자기의 작품을 바라보고 섰을 때, "몇천원이나 받기에 그리 기뻐하느냐"고 묻는 자가 있으면 그는 반드시 두 주먹을 빼내 들고 달려들 것입니다. 만일 그에게 그만한 용기가 없다 한다면, 그 억제치 못하는 환희는 머지않아 금전의 형태로 자기 품에 들어오리라고 예상하는 그 작품의 교환가치에 대하여 느끼는 자인 동시에 그의 예술은 타락의 심연에 빠질 것이외다. 그의 환희는 반드시 지고지순한 창조의 환희가 아니면 아니 될 것입니다. 그와 같이 한 직공이 공장에서 자기가 제조한 물품의 성적이 양호할 때 과거의 고심, 노력과 이에 대한 보수의 많고 적음을 타산打算하기 전에 자기의 손기술의 교묘함과 진보와 숙련에 대한 희열의 감정 내지 하나의 일에 성공하였다는 행복의 미소가 다만 일순간이라도 입가에 흐를 것입니다. 이것이 인생의 가장 높고 가장 순결하고 가장 가치 있으며 가장 행복스러운 창조의 환희입니다. 그러나 오늘날의 노동자가 이러한 행복의 경험이 없고 이러한 향락의 맛을 모르는 것은, 노동이란 것이 본질적으로 그와 같은 소질이 없는 것도 아니요, 노동자의 심경이 이것을 환기할 만한 원동력이 결핍한 까닭도 아닙니다. 오직 오늘날과 같은 자본주의와 임금제도하에서 매일 장시간의 노동을 마치고 피로와 권태와 기갈饑渴에 원기元氣를 소실한 자에게는 하여간 임금을 받아들고 고대하는 처자에게로 돌아갈 생각 이외에 다른 여유가 없을 것입니다.

이를 요컨대 오늘날의 산업제도가 사람의 창조력을 소멸시킨 죄입니다. 물론 사람에게는 완전한 창조는 없습니다. 오직 대자연의 일부를 개조함에 불과하고 또 이것을 지칭하여 '창조'라 하는 바이거니와, 하여간 오늘날과 같이 노동을 상품시하여 순전한 생산용구의 일부로 간주하는 결과 노동자에게 산업에 관한 책임과 애착이 없으므로 노동이 창조의 희열을 환기함은 고사하고 오히려 고통을 견디지 못하게 하는 바입니다.

3. 인류의 무한한 향상. '인류를 위하여, 인류의 무한한 향상을 위하여'라는 말은 현대에 이르러서는 결코 공허한 수식적 문자가 아닙니다. 만일 우리의 뇌리에서 이러한 말을 빼앗을 지경이면, 우리의 모든 노력은 눈사람을 불 속에 투입함에 불과할 것입니다.

그러나 이것은 노동을 제쳐두고는 기대할 수 없는 것입니다. 과거에도 그리하였지마는 미래에는 더 한층 그러함을 능히 논증할 수 있습니다. 20세기 초의 문명이 수십억만 인의 노동의 총화가 아니라도 능히 반박할 자가 그 누구며, 장래의 문화가 노동에 의하여만 그 광희光熙를 더하리라 함을 믿지 않을 자가 그 누구이겠습니까. 전 인류 행복, 문화의 향상은 노동자의 질의 향상으로부터 출발하고 노동자의 질의 향상은 노동을 전 인류가 분담함으로써 비로소 이를 기대할 수 있는 동시에 노동의 결과만 미래의 세계에 왕성하고 찬란한 최고의 문화를 건설하고 이상향을 개척할 수 있습니다.

4. 행복의 원천. 수많은 사람의 뼈가 참담하고 황폐한 광야에서 마르는 동안 어떤 장군의 가슴 위에는 온 백성이 찬탄하는 공훈功勳의 광채가 찬란합니다. 그와 같이 우리의 행복은 그 전부를 다수의 노동자에게서 은혜 받았습니다. 수레 끄는 사람의 노동력은 우리의 정력과 시간을 절약시키며 우리의 사업을 신속하게 하느라고 얼마나 그 자신을 희생하는가. 이것은 가장 비근한 일례나, 하여간 그들이 구슬 같은 땀을 흘리며 땅을 파고 흙을 지며 사람을 끌고 달음질할 때 우리의 가슴은 양심의 가책을 느끼지 않으면 아니 될 것입니다. 과연 우리의 행복은 일부 사람이 제공하는 노동으로 말미암아 비로소 유지할 수 있습니다. 그러나 미래의 우리는 반드시 전 인류가 서로 노동함으로써 서로 돕고 서로의 행복을 증진케 하여야 하

겠습니다.

5. 가치의 본체. 이것은 과학적 관찰입니다. 독일의 칼 맑스는 이것을 설명하되, '상품의 가치라는 것은 그 상품 중에 함유한 추상적 노동의 분량'이라고 하였습니다. 이것을 평이하게 설명하면, 즉 우물물은 천연의 산물이므로 사용가치(실제효용의 가치) 이외의 상품으로서의 가치는 없으나 한 바가지의 물을 구매할 때 2, 3전錢의 가치를 매기는 것은 그 우물물 자체의 가격이 아니라 한 바가지의 물을 운반하는 노동의 가치라 함입니다. (1920. 4. 25)

5. 결론

'자유·평등'이란 용어는 예수의 설교와 프랑스혁명의 인권선언, 혹은 미국 독립선언서의 대문자를 보지 않더라도 고금의 구별이 없이 보통은 중요한 과업으로 됩니다.

그러나 어느 때, 어느 곳에 진정한 자유·평등이 존재하였습니까. 권위와 권위가 한없이 교대하는 사이에 자유·평등은 무참히 유린되었습니다. 프랑스혁명이 자유·평등의 근본정신에 입각하였다 할지라도 이것은 다만 귀족계급과 시민계급이 자본계급과 노동계급의 형제로 변함에 불과함이 아니었습니까. 소유권의 신성함을 선언한 한편에 자본주의 산업이 왕성하게 됨에 이르러, 이에서 자본가계급의 정치적·사회적·산업적 패권이 무산계급의 머리 위로 압도할 것은 필연지세라 하겠습니다. 이같이 하여 인류역사의 어느 페이지에든지 권위의 포학은 기록되어 있으나 자유·평등의 향기로운 문자는 영원히 매몰되었습니다.

노동이 물품이 아니요 천한 역할이 아니며, 도리어 인류생활의 기본 요건이요 신성한 의무임을 자각할 때, 우리는 무산계급을 위하여 헤아릴 수 없이 많은 눈물을 아끼지 않는 동시에 모든 불합리와 모순 위에 성립된 이 사회현상을 저주하지 않을 수가 없습니다. 물론 자유라는 말은 이기적 욕망을 무제한으로 만족시킨다는 의미도 아니요, 또 평등이란 것이 사람은 본질적으로 평등하다는 것도 아닙니다. 오직 개개인이 그 무제한으로 요구하는 일면의 욕망을 자제함으로써 정치, 산업, 사회 등 각인의 외적 생활상 평등한 기회를 부여하라 함입니다. 항상 하는 말이지만, 인류 전체의 행복과 최고 문화의 건설은 오직 개인이 천부적 재능을 유감없이 발휘함으로써 성취할 수 있고, 또 이것은 각인의 기회를 균등케 함으로써만 기대할 수 있습니다. "모든 사람의 어깨 위로부터 가혹한 부담을 삭제하고 모든 사람에게 평등한 기회를 주지 않으면 안 된다"고 노예해방의 아버지 에이브러햄 링컨은 인도人道를 위하여 갈파하였습니다. 이것이 소위 민주주의의 근본정신인 동시에 산업적 민주주의를 표방하는 노동운동을 일관한 주의주장이라 하겠습니다.

수억만 인의 일체의 생활이 극소수의 특권계급에 농단됨이, 합리하고 불합리함은 고사하고 이것이 과연 인류에게 어긋난 도리가 아니라고 능히 논증할 자가 있겠습니까.

인민의, 인민으로 된, 인민을 위한 모든 시스템. 이것을 내면적으로 관찰하면 개인의 의사를 존중하고 각인의 의사로만 지배하는 모든 조직의 건설, 이것만이 우리의 정당한 요구요, 또 이것만이 우리의 노력의 대상인 동시에 노동운동의 최후의 귀착점입니다.

6. 조선과 노동문제

이상은 본 주제 아래에서 논하고자 하는 바를 약술하였습니다. 물론 불충분하고 불만족한 점이 많습니다. 더구나 노동의 5의의를 쓸 때는 시간이 촉급하여 용두사미의 탄식을 면치 못함은 큰 유감으로 생각하는 바입니다. 그러나 기회는 앞으로 허다하겠으므로 시간의 여유가 있는 대로는 한층 자세히 논하고자 합니다마는, 최후에 간단히 한마디 하고자 함은 조선에도 노동문제가 발생하고 또 이에 관한 운동이 있겠느냐 하는 문제와, 만일 있다 하면 이것을 어찌 지도하겠느냐는 문제에 대하여 좁은 소견을 피력하여 선배 여러분의 높은 가르침을 구하고자 하는 바입니다.

지난여름 이래로 경성 시내의 전차 차장의 소小파업, 활동사진관의 변사·기사 등의 동맹파업, 기타 일전의 부산에서 일어난 인부의 동맹파업 등 사실을 엿보더라도 다소간 조선에도 해외의 영향이 파급波及한 모양이거니와 오직 논리적 견해로 논할지라도 장래에 발생할 허다한 요건을 구비하였습니다.

첫째로 거론할 바는 계급사상의 반동입니다. 오늘날의 조선인같이 계급사상이 발달된 민족은 없겠습니다. 관존민비官尊民卑의 고루한 사상은 물론이려니와 수천년간 뇌리에 들러붙은 계급사상, 즉 양반·상놈의 개념은 고사하고 노동이라면 노예적 천역으로 간주하는 결과, 노동자를 우마와 같이 멸시함은 사실입니다. 하므로 노동자가 일단 자각함에 이르면, 반드시 그 반동으로 사회적으로 평등한 지위와 대우를 요구할 것입니다.

둘째는 산업제도의 모방입니다. 목하 조선의 산업계는 여러 외국에 비하여 현저히 뒤쳐졌으나, 하여간 그 제도는 선진국을 모방하여 자본의 집중으로 주식회사, 공장적 생산을 경영합니다. 하고 보면 이 같은 제도의 필연적 부산물인 노동운동을 끌고 나오게 됨은 명백한 일이라 하겠습니다.

셋째는 부호의 완명頑冥(어리석음)과 생활난의 압박입니다. 원래가 빈궁한 국민인데, 생활정도는 산업 발달과 반비례로 앙진합니다. 그렇지 않아도 도시 발달에 따라서 문명의 재앙으로 생활난을 호소하는 현상에, 산업은 부진하고 부호는 완명하여 수만의 자금을 깊숙이 숨기므로 재계가 불황한즉, 여기에서 무산계급으로 임금생활도 경영하기 어렵게 되는 결과, 반드시 이와 같은 문제를 발생시킬 것이며,

그다음에 넷째로 거론하고자 하는 바는 소작인 문제라 하겠습니다. 구

미 여러 나라의 노동문제와 그 운동은 대개 공장노동자에 한하나, 우리 조선은 농본국農本國인 고로 노동자의 수로 논하여도 소작인이 대다수를 점할 것이며 오히려 또한 오늘날과 같이 일반이 참담한 상태에 빠져 있는 이상 반드시 여기에서 일대 문제가 장래에는 일어나리라고 쉽게 예상할 수 있습니다.

이상은 그 대개大概에 불과하거니와 이러한 원인으로 대소大小를 불문하고 이에 관한 온갖 종류의 운동이 일어난다 하면, 우리는 이를 어떻게 지도할까 하는 문제가 실로 중대합니다. 물론 여러 가지 사회적 사업과 시설로써 이러한 화근을 닥치기 전에 막고 다스림은 관민협력으로 노력할 바이거니와, 자본가와 지주도 십분 유의할 바이나 유식자로서는 무엇보다도 우선 노동자의 질의 개선, 즉 교양에 착목하여 힘쓰는 동시에 이 문제의 연구와 해결에 관하여 십분 노력치 않으면 아니 되리라고 생각합니다. 그러나 여기에서 특히 경계할 바는 사회문제 혹은 사회적 운동을 정치문제 혹은 정치적 운동과 혼동함입니다. 오늘날의 우리로 무엇을 경영하든지 정치문제와 관련하게 하고는 충분한 발달과 성과를 수호하기 어렵거니와, 더욱 노동문제를 정치적 범위 이내에 끌어들이는 경우 비단 노동문제 해결을 늦어지게 할 뿐 아니라, 허다한 폐해를 자초하리라 생각합니다. (1920. 4. 24)

2장
사상으로서의 문학

개성과 예술[1]

1

예술창작상으로 고찰한 개성 문제는 그리 용이한 문제가 아니므로 충분한 학적 연구에 기대할 바이지만, 나는 지금 일반적 상식 문제로서 우선 자아의 각성을 약술하고 나음으로 그에 말미암은 개성의 발견과 그 의의를 논한 후에 예술적 창작, 따라서 그 가치 평정評定상 개성은 어떠한 지위를 점하며 어떠한 의의가 있는가를 극히 통속적으로 일별하려 한다.

대저 근대문명의 정신적 모든 수확물 중 가장 본질적이요 중대한 의의를 가진 것은 아마 '자아의 각성', 혹은 그 '회복'이라 하겠다. 이에 대하여는 누구나 이의가 없을 것이다. 실로 근대인의 특색이 이에 있고, 가치가 이에 있으며, 오늘날의 모든 문화적 성과가 이에서 출발하였다 하여도 결

---

1   『개벽』 1922년 4월호.

코 과언이 아닐 것이다. 물론 브루투스가 시저를 시살弑殺한 그 거룩한 정신으로 보면, 당대의 로마 민족은 벌써 정치적으로만이라도 확실히 '나'를 자각하고 '나'를 주장하리만치, 그들은 인류의 선각자라고 논단할 수 있을지 모르겠다. 따라서 특히 문예부흥시대 이후, 또는 종교개혁이나 프랑스혁명 이후에 비로소 자아를 발견하였다 함과 같이 논함은 도리어 온당치 못할 것 같기도 하다. 그러나 중세기의 소위 암흑시대라는 교권敎勸주의의 절대적 위압하에서 신음하여오던, 자기 몰각 상태의 몽환적이면서도 암담하고 황량한 노예적 생활을 일축하고 엄연히 자기의 존귀를 주장하며 인간의 본연성에 돌아왔다는 사실은, 아무리 하여도 인류적 신기록이라고 아니 할 수 없을 것이다. 교권이라는 철문이 굳게 닫힌, 그윽하고도 쓸쓸하며 심중沈重하고도 졸음 오는 저 사원의 죽음과 같이 신비로운 감옥문을 밀어내고, 피 있고 고기 있으며 눈물 있는 동적動的 세계, 진정한 인간다운 생명이 약동하는 현실세계에 일대 비약을 단행한 것이 이 문예부흥의 운동이요, 자아회복, 혹은 발견의 위업이었다.

그러하므로 이와 같이 교권의 위압으로부터 해방되고, 몽환에 술 취한 '낭만적' 사상의 베일로부터 벗어 나와 자기의 정체를 명료히 응시할 만치, 깊고 오랜 꿈에서 깨어 나온 근대인은 우선 모든 것을 의심하기 시작하였다. 이 '의심'이야말로 어떠한 시대에든지 모든 문화의 효모酵母다. 일생을 취생몽사로 지내는 사람에게는 온갖 사물에 대한 의문이나 비평적 정신이 있을 리가 없지마는, 일단 각성한 이상 자기의 주위를 의심하고 비평적 태도로 일체를 탐구·평가하려 할 뿐 아니라 자기 자신에까지 의혹의 안광을 향하게 되는 것은 당연한 일이라 하겠다. 그리하여 자각한 그들은, 제일第一에 우선 모든 권위를 부정하고 우상을 타파하며 초자연적 일체를 물리치고 나서 현실세계를 현실 그대로 보려고 노력하였다. 또한 이러한 사상은 자연지세自然之勢로 신앙의 동요를 가져온 동시에 신성이니, 위대니, 절대니, 숭배이니 하는 등 용어에 대한 의의를 의심하게 되었다. 다시 말하면 지금까지는 모든 것이 미려한 것, 위대한 것, 경건한 것으로 보이던 것이 일단 깨인 사람의 눈으로 세밀히 해부하여보고 검토하여보면 추악하고 평범하고 비속한 것으로 비침을 깨달았다는 의미이다. 마치 삼각산은 서울 장안에서 바라보면 청수淸秀한 아치雅致 있는 자연의 선경仙境 같지만, 실제로 올라가보면 고목잡초에 덮인 살풍경 속에 분뇨진애糞尿塵埃(똥오줌과 더러운 먼지)가 즐비 낭자하여 변변히 잠깐의 휴식을 얻을 만한 곳이 없더라는 것과 같은 심리상태이다. 또 내가 연전年前에 『폐허』 창간호에 「법의法衣」라는 시를 쓴 일이 있었다. 어떠한 여성을 상당한 거리를 떨어져 볼 때는 완염婉艶(순하고 고운)한 자태가 흠모할 만하게 보이나 접근하여본즉 중년에 달한 주름 많은 얼굴에 주근깨가 있더라는 실감에 비유하여, 신부 신부信夫信婦의 법의는 찬란하나 그 법의를 벗은 그들을 볼 때는 모든 경건을 빼앗아간다고 한탄한 것이 그 내용이었다. 이 역시 자아각성의 싹이 피어온 근대인의 심리와 다를 것이 없는 것이다.

이러한 심리 상태를 보통 이름하여 '현실 폭로의 비애' 또는 '환멸의 비애'라고 부르거니와, 이와 같이 신앙을 잃어버리고, 미추美醜의 가치가 전도하여 현실 폭로의 비애를 느끼며, 이상理想은 환멸하여 인심은 갈 길을 잃어버리고, 사상은 중축이 부러져서 방황 혼돈하며, 암담 고독에 울면서도 자아각성의 눈만은 더욱더욱 크게 뜨게 되있다. 혹은 이러한 현상이 도리어 자아각성을 촉진하는 그 직접 원인이 된 것이라고도 할 수 있다. 하여간 이러한 현상이 사상 방면으로는 이상주의, 낭만주의 시대를 경과하여 자연과학의 발달과 공히 자연주의 내지 개인주의 사상의 경향을 이끈 것은 사실이다.

세인世人은 왕왕이 자연주의를 지칭하여 성욕지상의 관능주의라 하며 개인주의를 논박하여 천박한 이기주의라고 잘못 생각하는 자가 있는 모양이나 이것은 큰 오해이다. 이에 대한 상세한 고찰은 지금 나의 소론에 그리 필요치 않으므로 후일에 양보하거니와, 자연주의의 사상은 결국 자아

각성에 의한 권위의 부정, 우상의 타파로 인하여 일어난 환멸의 비애를 호소함에 그 대부분의 의의가 있다. 하므로 세인이 이 주의의 작품에 대하여 비난·공격의 목표로 삼는 성욕 묘사를 특히 제재로 택함은 정욕적 관능을 일층 과장하여 독자로 하여금 열등한 감정을 유발하게 하고 저급의 쾌감을 만족시키려는 것이 목적이 아니라, 현실폭로의 비애, 환멸의 애수 또는 인생의 암흑 추악한 하나의 이면으로 여실히 묘사함으로써 인생의 진상은 이러하다는 것을 표현하기 위하여 이상주의 혹은 낭만파 문학에 대한 반동적으로 일어난 수단에 불과하다.

예를 들어 말하면 프랑스의 모파상의 작품 『여자의 일생』과 같이, 미혼한 처녀가 자기의 남편 될 사람은 위대한 인물이라고 상상하고 결혼생활은 신성하고 재미스러운 남녀의 결합이라고 생각하였던 것이, 급기야 결혼하고 보니 평범한 남자에 불과하고 남녀의 관계는 결국 추잡한 성욕적 결합에 불과함을 깨닫고 비탄하는 것이 자연주의 작품의 골자이다. 이상은 이미 자연주의에 언급하였기로 약간 논지의 곁길에 나온 듯하나, 한마디의 변명을 한 것이거니와 하여간 소위 자연주의운동도 역시 각성한 자아의 외침이며 그 완성의 도정인 것만 이해하면 그만이다.

그다음에 근대인에게 개인주의 색채가 농후함은 사실이나 결코 이기주의와 혼동할 바가 아니라 이 역시 권위의 부인, 우상타파의 자기각성에 출발점이 있는 것이다. 재래의 사상으로는 개체는 그 전체에 대하여 예속한 일부분에 불과하다고 생각하였으나, 개인주의사상으로는 그 위치와 가치를 전도하여 개체의 존엄을 주장함으로써 무엇보다 먼저 자기에게 충실하라, 그리함이 자기를 포함한 전체에 대하여 충실한 소이所以라는 것이 이 주의의 주장이다. 보통 근대의 문명은 신을 인격화하고 인간을 신격화하였다 함과 같이 신도 '자기' 없이는 존재할 수 없다고 주장한다. 그는 하여간 이 주의의 시비곡직을 막론하고 각성한 자아가 자기의 존엄을 굳게 주장함에 불과함은 췌언贅言을 필요로 하지 않는 바이다.

2

그러하면 자아의 각성이니 자아의 존엄이니 하는 것은 무엇을 의미함인가. 이를 줄여 말하면 곧 인간성의 각성 또는 해방이며 인간성의 위대를 발견하였다는 의미이다. 따라서 일반적 의미를 떠나 개인에 있어 일층 심각히 고찰할 지경이면 개성의 자각, 개성의 존엄을 의미함이라고도 할 수 있는 것이다. 다시 말하면, 근대인의 자아의 발견이라는 것은 일반적 의미로는 인간성의 자각인 동시에 개개인에 따라 고찰하면 개성의 발견이요, 고조요, 굳센 주장이며 새로운 가치부여라 하겠다.

그러한데 이상에 나는, 자아의 각성은 '정靜(고요함)'으로부터 '동動(움직임)'에 피 있고 육신 있고 눈물 있는 지정의知情意의 활약 있는 생명적 비약이라고 말하였다. 하므로 근대인이 자아를 각성함으로써 각개의 개성을 발견 확립하고, 그 위대와 존엄을 자각하며 주장함도 또한 생명적 용약勇躍(용맹히 뛰어오름)이 아니면 안 될 것이다. 그러하면 소위 '개성'이라는 것은 무엇인가. 개개인의 타고난 '독이적獨異的(혼자만 다른) 생명'이 곧 그 각자의 개성이다. 하므로 그 거룩한 '독이적 생명의 드러남(流露)'이 곧 '개성의 표현'이다. 이것은 얼핏 보면 심히 난해한 듯하니 백만가지 시물에 개성이 없음이 없고, 그 개성은 곧 그 사물 자체의 생명임을 쉽게 이해할수가 있는 것이다. 지금 일례를 들어 비유한다면, 일반으로 종이류는 공통한 사명이 있는 것이다. 즉 동일한 쓰임새의 가치가 있는 것이다. 다시 말하면 종이로서의 공통한 생명이 있다. 그러나 서양 종이는 철필로 씌이거나 벽을 바르는 데에 적당하고, 조선 종이는 붓으로 씌이거나 창호지로 사용될 특성을 가진 것이다. 물론 두 종류 종이의 용도를 절대로 전환하여서는 아니 된다함은 아니나 그 특성을 따라서 적용하여야 충분한 효과를 얻으리라 함이다. 하므로 철필로 씌이거나 도배용으로 사용되는 데에 서양 종이의 개성이 있고 따라서 그 생명이 있는 것이며, 조선 종이는 붓으로 씌이며 창호지에 쓰이게 되는 거기에 조선 종이의 특장 즉 개성이 표현되며 생명이 드러나는 것이다.

하므로 이상에 내가 '일반적' 인간성이라고 하고 '독이적' 생명이라고 한 것도 역시 이러한 '의미'에 불과하다. 인간성이니 개성이니 하였지만 아무리 해도 생명의 발현인 점은 일반이다. 하므로 자아의 각성이 일반적 인간성의 자각인 동시에 독이적 개성의 발견이라 함은 결국 종이류는 공통한 사명과 동일한 수요가치, 즉 공통한 생명이 있는 동시에 개별적 특성이 있다 하는 것과 같은 말이다. 이를 요컨대 개성의 표현은 생명의 유로流露(드러남)이며, 개성이 없는 곳에 생명은 없다는 것만 깨달으면 될 것이다.

그러하면 소위 '생명'이란 무엇인가.

지금 나는 철학적으로 고찰하여 생명에 대한 정의를 내리려는 경거망동은 물론 피하고자 한다. 그러하나 이에서 이른바 생명이라 함은 생물적 번식을 의미함이 아님은 물론이다. 생물적 증식을 의미하는 생명은 다만 수數나 양量의 문제요, 피상적·물질적 생명의 연장 즉 '종족의 보전'이라는 의미밖에 아니 된다. 그러나 자아각성에 말미암은 인간성의 해방, 개성의 고조 또는 그 표현으로서 의미하는 생명은 물질적 의의로부터 초월한 심오한 의미가 없으면 아니 될 것이다. 그러면 개성의 표현을 의미하는바 생명이란 무엇을 의미함인가.

나는 이것을 무한히 발전할 수 있는 '정신생활'이라 하려 한다. 물질적 생명의 요구나 또는 그 현현顯現은 생물에 공통한 현상이며, 다시 한 걸음 더 나아가 희로애락애오喜怒哀樂愛惡의 감정생활이며, 사업욕·지식욕·기타 자유를 요구하고 인권을 주장하는 등으로 말할지라도 역시 정신생활의 일부의 표현이 아닌 것은 아니나, 이것도 일반적 인간성의 표현에 불과한 것이요 아직 숭고한 생명의 발로인 독이적 개성의 영역은 아니다. 오십 평생에 눈물 한 방울 흘려본 일이 없다는 특수사례가 없지 않은 것은 아니나,

부모가 죽으면 슬퍼하며 위압 아래에서 자유를 희구하는 것은 보통 인정人情이 아닌가. 그러나 거기에는 스스로 깊고 얕음과 강약의 차이가 있을 것이다. 이 심천강약의 차이가 곧 일반적 인간성으로부터 독이적 개성의 의의를 구분하는 점이다. 세상의 충효열절忠孝烈節(충효와 절개를 지닌 위인)이며 일세의 성현군자와 의분가義憤家(불의에 분노한 사람), 개혁가 등이 모두 각개의 개성으로부터 울려 나오지 않음이 없다. 다시 말하면 공자의 일생사업은 공자의 개성의 발전이며 표현이었고, 석가의 불도佛道는 석가의 성격의 드러냄이었다는 의미이다. 이와 같이 그 천부적인 개개의 천성을 자유로이 발휘하는 거기에서 그의 정신생활의 모든 부분을 분명히 알 수 있고, 그 정신생활이 곧 그 자신의 거룩하고 독이한 생명의 발로라 할 것이다.

종교가가 보통 힘주어 말해온바, 영혼의 불멸이니 사후재생死後再生이니 하는 사상도 결국은 개성의 자유로운 발전과 표현인 정신생활의 영원한 생활을 의미함이 아닌가 나는 생각한다. 위대한 개성의 소유자는 위대한 생명이 중단 없이 연소하는 자이며, 그 생명이 연소하는 초점에서만 위대한 영혼이 불똥같이 번쩍이며 반발·약동하는 것이다. 그리고 그 위대한 영혼이 약동하는 거기에, 비로소 숭고한 정신생활이 향상·발전되고, 고매한 인격이 완성되는 것이다. 그리하여 모든 이상이 이로부터 성취되고, 모든 기치가 이로 인하여 창조되는 것이다. 다시 말하면 위대한 개성의 표현만이 모든 이상과 가치의 본체, 즉 진·선·미로 표징되는바 위대하고 영원한 사업이 인류에게 향하여 성취하게 하는 것이라 함이다.

하므로 영혼의 불멸이라는 것은 개성의 표현인 그의 위업의 성과가 사후 수만년에 이르러 자손의 번영과 공존하고 후세 자손의 영혼 속에 항상 새로운 의의와 가치와 원동력이 되어 다시 나타나고 활동함을 이름이 아닌가, 나는 생각하는 바이다. 다시 말하면 그의 정신생활과 인격의 발로인 위대한 사업에 내재한 그의 개성이 영원히 빛남을 가리켜서 영혼의 불멸이라 하며 사후의 재생이라 이른다 함이다. 이러한 의미로 고금의 성현은 그 경전과 사업이 인류사회를 지배할 때까지, 동서東西의 석학과 천재는 그 문헌과 작품의 생명이 존속될 때까지 그의 영혼은 영원히 불멸할 것이다.

인생은 짧고, 예술은 유구하다 함은 이를 이름이 아닌가 한다.

3

개성에 관한 고찰은 이상에 논술한 바로 대략 그 윤곽만이라도 이해하였으리라고 생각한다. 그러하면 예술과 개성과는 어떠한 관계가 있는가. 달리 말하면 한 작품에 대하여 작자 자신의 개성은 어떠한 활동을 하는가, 또는 예술적 가치를 평정할 때 개성은 어떠한 지위를 점유하는가를 고찰하고자 한다.

이상에 나는 개성의 표현은 정신생활을 의미하는 생명의 드러남이라 하였고 또한 모든 이상과 가치의 본체, 즉 진·선·미는 개성의 산물이라 논하였다. 그러하면 예술의 영역인 미美와 개성 간의 관계는 어떠한가를 더욱 자세히 살펴볼 필요가 있다.

대저 '미'라는 것은 무엇인가.

이에 대한 여러 학자의 철학적 고찰은 고사하고, 미는 쾌감을 주는 대상의 상징이라고 보통 생각한다. 그러나 그러한 정적靜的. 외면적 의미밖에 없는 것일까. 물론 미는 우리에게 쾌감을 주지 않는 것은 아니다. 그러나 미는 결국 예술의 범위요 예술의 내용이며 생명인 이상, 그리고 예술의 가치가 우리에게 오직 값싼 쾌감을 주는 것에 불과한 것이 아닌 이상, 미로써 쾌감의 대상이라고만은 할 수 없을 것이다. 만일 이러한 해석을 시인한다 할 지경이면, 오색이 영롱한 채색화는 묵화보다 우리에게 쾌감을 더 한층 유발하는 고로 예술적 가치가 보다 더 많다 할 것이요, 미인이나 수려한 풍경이나 그 사진도 역시 훌륭한 예술품이라 하겠다. 그러나 아무리 색채가 영롱하더라도 그것은 생명이 움직이고 빛나는 예술품이 아니라 정적靜的

공허한 한 현상을 묘사함에 불과하면 사진이 예술품이 아닌 것과 다를 것이 없다. 또한 근래에 일본의 야나기 무네요시柳宗悅(1889~1961) 씨가 특히 고려자기를 비롯하여 각종 조선의 미술품을 상찬하고 조선민족미술관 건설에 분주한 모양이나, 만일 씨의 이른바 고려자기나 기타 작품의 곡선미가 쾌감을 주기 때문에 예술적 가치가 있는 것이라고 논단할 지경이면 그것은 일고의 가치도 없음은 물론이거니와 근자에 성행하는 고려자기 모조업자도 훌륭한 예술가이겠고 그 제작품도 또한 예술적 작품이라 하겠다. 그러나 다만 쾌감의 대상일 따름인 곡선미는 아직 예술의 영내領內에 들어오지 못하며 그 모작은 오직 상품에 불과하여 상인이나 감정인으로 하여금 진짜·가짜(眞贗)의 구별을 끌어내게 하지 않는가. 그러면 진정한 예술적 내용이 될 만한 '예술미'와 쾌락적 표현인 '쾌미快美'의 분기점은 어디에 있는가.

나는 상술한 중에 생명이 연소하는 초점에서 영혼의 불똥이 튄다고 말하였다. 예술미가 예술미인 원인, 쾌미에 아직 예술미로서의 가치가 없는 이유가 실로 여기에 있지 않은가, 나는 생각한다. 과연 불같은 생명이 부절히 연소하는 초점에서 번쩍이며 뛰노는 영혼 그 자신을 불어넣은 것이 곧 예술의 본질이어야 하겠고, 우리는 거기에서만 진정한 미를 찾아낼 수 있으며 영원한 생명이 간단없이 약동히고 드러남을 볼 수가 있다. 그러면 연소하는 생명 자체가 무엇이며, 그 초점에서 반발하는 영혼은 무엇인가. 두말할 것 없이 이것이 곧 개성의 활약이며 표현이다.

하므로 이를 요약하여 말하면 예술미는 작자의 개성, 다시 말하면 작자의 독이적 생명을 통하여 투시한 창조적 직관의 세계요, 그것을 투영한 것이 예술적 표현이라 하겠다. 그러하므로 개성의 표현, 개성의 약동에 미적 가치가 있다 할 수 있고, 동시에 예술은 생명의 드러남이요 생명의 활약이라고 할 수 있는 것이다. 이에 이르러 상술한바, 고려자기의 곡선미가 쾌미의 대상으로 볼 때에는 무의미한 것이지만 그 내재적 생명의 드러남을 볼 때에는 예술적 가치를 인정할 수 있으며, 또 그 모작품은 상품에 불과하다는 논거가 명확히 된 줄 안다. 과연 야나기 씨는 조선미술품을 통하여 조선의 민족성을 발견할 수 있다 한다. 이를 환언하면 조선민족의 민족적 개성을 한 줄기 선으로부터 발견하였다 함이다. 4천여년의 역사적 배경, 풍토, 조건으로부터 전통하여오며 발전하여나가는 조선민족에게 특유한 민족성이 우리의 피에 사무쳐 무궁히 흐르는 거기에, 우리의 조선혼이 있고 민족적 생명의 리듬이 있는 것이다. 다시 말하면 여기에 민족적 개성이 형성되는 것이다. 그리하여 이 존엄하고 숭고한 민족적 개성이 섬세하게 구부러진〔纖細蜿蜒〕한줄의 곡선에 맡겨져 표현될 때에 일개의 토괴土塊〔흙덩이〕에 영원한 예술적 가치를 부여하며, 창조적 생명의 영원한 생장과 발전과 활약이 있는 것이다. 그리고 동시에 신비하고 알 수 없는 감격이 그에 묻혀 있고 민족적 생명과 같이 인류의 광영이 그로 인하여 빛나는 것이다. 이를 요컨대, 그 곡선의 내부에는 작자 자신의 개성이 표현된 동시에 민족적 개성이 표현되고, 민족적으로 독이한 생명이 잠재되어 흐르고 활약함으로써 예술적 가치가 생긴 것이라 함이다. 이와 같이 예술은 이미 개성의 독창에 생명이 있는 것인 이상 모조모사模造模寫에 예술적 가치가 없음은 명화名畵를 석판石版에 복사한 데에 예술적 생명이 없음과 다를 것이 없는 것이다. 한 작품에 있어서 그 작자와 동일한 재료, 동일한 기교, 동일한 수법으로 얼마나 교묘히 제작한다 하더라도 그것은 결국 기계요, 생명 있는 개성의 표현은 아니다. 또한 예술은 모방을 배척하고 독창을 요구하는지라, 거기에 하등의 범주나 규약과 제한이 없을 것은 물론이다. 생명의 향상발전의 경지가 광대무애廣大無涯함과 같이 예술의 세계도 끝 간 데 없음〔無邊際〕이요, 예술의 세계의 무변무애無邊無涯는 개성의 발전과 표현의 자유를 의미하는 것이다. 이리하여 우리의 정신생활의 내용은 더욱더욱 풍부하며 충실할 것이요, 영혼은 나날이 빛나질 것이다.

　마치고 보니 불충분한 점이 허다하다. 그러나 일자가 촉급하고 분망하

여 다음날에 더욱 자세히 논급할까 한다. (1922. 3. 16)

지상선至上善을 위하여[2]

1

노라 사실 내게는 아이들은 부탁하실 수가 없습니다. 당신 말씀대로, 그런 문제는 내 힘에는 겨운 일예요. 나에게는 그보다도 먼저 해석해야 할 문제가 있습니다. 나는 자기를 교육할 방책을 차려야 하겠습니다. 그러나 당신의 조력을 받을 필요가 없지요. 나 혼자 시작하겠습니다. 내가 이젠 하직하고 간다는 것도 그 때문이올시다.

헬머 (깜짝 놀라서 벌떡 일어나며) 무슨 소리야?

노라 자기 자신과 주위의 사회를 알기 위하여 나는 아주 독신이 될 필요가 있습니다. 하기 때문에 이 이상 당신하고 같이 지낼 수가 없다는 것입니다.

헬머 그래 가정이나 남편이나 자식까지 버린다니, 세상에 효상爻象(길흉)시니은 것도 생각을 헤야지.

노라 그런 것은 꺼리고 있을 수가 없어요. 나는 단지 하려고 하는 일은 어떻든지 해야 하겠다고 생각할 뿐입니다.

헬머 이게 말이야. 대체 그 따위로 자네의 제일 신성한 의무를 버릴 수가 있나?

노라 나의 제일 신성한 의무란 무어예요?

헬머 그걸 날더러 물어? 남편에게 대한, 자식에게 대한 의무지.

---

2   『신생활』 1922년 7월호.

노라 나에게는 똑같이 신성한 의무가 다른 데 있습니다.

헬머 그런 게 있을 리가 있나. 무슨 의무란 말이야?

노라 나 자신에게 대한 의무죠.

헬머 무엇보다도 제일에 자네는, '아내'요, '어미'다.

노라 그런 것은 나는 이젠 믿지 않아요. 무엇보다도 제일에 나는 사람이에요. 마치 당신이 사람인 것같이. 적어도 이제부터는 그렇게 되려고 합니다. 물론 세상 사람은, 대개는 당신에게 동의하겠지요. 책에도 그렇게 씌어 있겠지요. 그렇지만 이젠 보통 사람이 하는 말이나, 책에 씌인 것으론 만족할 수 없습니다. 자기가 무엇이든지 생각하고 궁리해서 환하게 깨달아내지 않으면 안 되겠습니다.

이 몇 개의 절이 노르웨이의 문호요 현대의 문제극問題劇의 권위인 헨릭 입센의 걸작이라는 『인형의 집』(1879)의 가장 중요한 부분임은 근대사조에 대한 다소의 이해가 있는 분은 누구나 아는 바이겠지만, 부인해방 문제의 예언인 동시에 그 해결의 제1선언이 실로 우리 노라의 조그만 가슴이 울리우고 붉은 입술이 떨리며 영감靈感 그 물건같이 먼저 나타난 이 몇 마디에 다하였다 하여도 결코 과언이 아닐 것이다. 이러한 의미로 인형의 녹삼홍상綠衫紅裳(연두저고리와 다홍치마)을 벗어던진 후, '자각自覺'이라는 갑옷으로 무장하고 '자아'라는 장검을 휘두르며 수천만년 오랫동안 예속을 강요하던 일체의 남성에게 대하여 엄숙한 선전을 포고하고, 인습의 쇠로 만든 성, 관념의 철벽으로 향하여 돌진한 노라의 한마디 한마디는 오직 수억만의 여성을 위하여 만장萬丈의 기염氣焰일 뿐 아니라, 실로 영적으로 거세된 전 인류에게 대한 일대 경고요, 교훈이었다.

인문人文이 아직 유치하였던 시대에는 여존남비女尊男卑의 관습이 있었다는 것을 부정하는 것도 아니요, 여성은 남성을 위하여 존재하였다는 와일드Oscar Wilde류類의 견해를 일축하고 여성옹호에 급급하여 내 코가 석

자임을 알지 못한 것도 아니지만, 여성이 남성을 위하여 존재하였다 함이 진리이면 진리일수록 나는 노라의 그 장하고 용감하며 엄숙한 태도에 대하여 거듭 머리 숙이지 않을 수 없다.

오늘날 새로운 생활을 영위하려는 새 사람에게 대하여 개체의 존재를 굳게 주장하고 자아의 확립과 존엄을 고조高調함은, 신인新人의 생명인 동시에 신도덕의 기조基調요 최상의 의의가 있는 것이다. 하므로 여성이 '남성을 위하여'라는 노예적 불리한 입지에 존재하였다는 견해가 진리이든 아니든, 하여간 오늘날과 같은 처지에서 자기의 경우를 자각한다 함부터 지난한 일인데, 하물며 이에서 초탈하여 사람답게 생활하겠다는 욕구와 향상과 노력이 있음은 혹시 그 취하는바 수단의 적절함 여부는 있다 할지라도 우리 신인의 견지로서는 찬동치 않을 수 없는 것이다. 그것은 마치 윤락녀가 자기의 타락을 뉘우쳐 바른길로 소생하려 함을 보고 냉연한 태도를 취할 수 없음과 다름이 없는 까닭이다. 그러면 내가 노라에게 대하여 경의를 표하고 전 인류에게 일대 교훈이 되리라고까지 역설한 까닭을 여러분은 이해할 수 있을까.

2

그러면 입센의 위대한 사상의 자식인 노라는 어떠한 여성이었으며, 가정을 파괴하고 낭군과 자녀를 버린 이유는 어디 있고, 또한 이 이륜彝倫(사람된 도리)의 적賊을 가리켜 용감하며 장하다 하는 진의眞意는 무엇인가.

노라는 현모賢母라고는 못 할지 모르나 재래의 기준으로는 확실히 양처良妻의 전형이었다. 남편의 향락을 위하여는 완롱물의 인형에 만족하였고, 남편의 생명과 출세를 위하여는 고리대금업자의 강박强迫과 위협을 헤아리지 않으면서 오직 순종과 희생으로써 시종하니 만치 그녀는 양처였다. 그러면 그 남편 되는 헬머의 태도는 어떠하였는가.

"우리 집 '참새'를 기르기에는 여간 돈이 들지 않는다"라는 헬머 자신의 말과 같이, 헬머에게 대한 노라는 조롱鳥籠 속에 꾸며놓은 종달새에 지나지 않았다. 노라도 물론 이에 불평은 없었다. 그리고 두 영혼은 끊임없는 사랑으로써 연결되었다고 피차에 믿었다. 그러나 그 애사랑은 사람과 사람 사이의 사랑이 아니라 황금을 먹고사는 종달새에 대한 소유주의 사랑이요, 주인의 얼굴 예쁜 노비에 대한 사랑이었던 것을 깨닫지 못하였었다. 어떠한 경우에든지 강자가 약자에게 대한 사랑이라는 것은 한쪽의 인격을 무시한 연민·비호·혜택·자선의 변용인 줄을 어찌 그들이 자각하였으리요.

그 무엇보다도 명료한 증거는 노라가 자기 남편 헬머의 난치의 질병을 위하여 비밀히 고리대금을 차용하고, 그 상환으로 인하여 수년간 노심초사하다가 급기야 파탄의 비참한 지경에 빠졌을 때 헬머가 취한 태도이다. 대금업자가 어떠한 불평을 가지고 노라의 차용증서의 문면文面의 착오를 빙자하여 위협한 결과 노라가 문서위조, 사기취재詐欺取財의 죄명을 쓰게 되었을 때, 헬머는 그 원인이 자기에게 있고 자기의 오늘날의 생존과 출세가 그에 말미암은 것임을 다 알면서도 누가 자기에게까지 미칠까 하여 연끊기를 강요하고 축출을 명령하였다. 그러나 2, 3분이 못 지나 대금업자의 회개로 말미암아 문제의 차용증서가 수중에 들어온 때에 헬머의 태도는 금시로 표변豹變하였다. 그리하여 또 다시 양처가 되고 현모가 되며, 자기의 쾌락과 가정의 미봉적彌縫的 안녕을 위하여 종달새가 되며 인형이 되고 노비가 되기를 간절히 원하였다. 이를 요컨대 헬머에게 대하여 세간적世間的 영예는 절대였으며 안중에 오직 자기의 존재가 있을 뿐이라, 이기적 욕망의 충족을 위하여는 일체를 희생하여도 원망이 없으니, 이로써도 또한 그들의 과거의 생활에 진정한 사랑이 있었다 할까.

그러나 노라의 영혼은 영원히 잠들지 않았었다. 사람의 지성은 결국 순간적 작용이라 부모의 품에서 그대로 남편의 품에 옮기어 안긴, 잠든 아기 우리 노라도 드디어 깨일 순간을 가졌었다. 그리하여 일개의 남아의 생명을 구하고 출세의 전도를 개척하여준 후 거금의 부채를 갖은 고초를 무릅쓰고 비밀리에 혼자 힘으로 변상하여가는 자만自滿을 홀로 낙으로 삼으며 이러한 희생과 사랑에 대한 낭군의 '기적적' 보상을 몽상하던 어리석음을 뉘우치고, 환멸의 비애에 울면서도 우선 여성으로서의 자기의 지위를 자각하는 동시에 "당신이 '사람'인 것과 같이 나도 '사람'"이라고 굳게 주장하였다. 한 사람의 어머니가 되고 처가 되기 전에 우선 자기 자신이 '사람'이 되는 의무가 처나 어머니 되는 의무보다 긴급하고 또한 그와 똑같이 신성하다고 소리 내 말하였다. 그리하여 5분, 10분 전에 노예였고 약자였고 피정복자였던 노라는 드디어 인형의 탈을 벗어버리고 종달새의 조롱에서 스스로 해방되었다. 자아를 몰각한 노예사상, 기계적 인습도덕의 견고한 감옥 내에서 낡은 관념의 쇠사슬을 보기 좋게 끊어버리고 적나라한 인간계로 향하여 일대 비약을 시도한 것이 이때의 노라였고, 해방의 전쟁터에 돌진하는 정의로운 반역자가 이때의 노라였다.

과연 부단히 신장하여가는 영혼, 탄력과 활력과 생기가 팽창한 영혼의 생명은 '반역'에 있다. 일체의 낡은 것에 대하여 반기를 올리고, 일체의 새로움에 향하여 매진하는 거기에 영혼의 아름다운 광채가 빛나며 생명의 영원히 새로운 세례가 있는 것이다.

자기혁명이라는 것은 진부한 자기에 대하여 반역하고 새로운 자아를 확충하며 완성함을 이름이니 이러한 의미의 반역은 곧 지상선至上善(최고의 선)이다. 따라서 노라가 수억만의 여성의 선두에 서서 모든 권위에 대한 반역자로서 묵은 도덕, 그릇된 관념, 폭군적 남성, 묘지 같은 가정에 향하여 모반의 화살을 놓고 무엇보다도 우선 자기에 대한 충성을 다함으로써 자기혁명의 대사업을 완성하려는 거기에 노라의 생명이 용감히 뛰었으며, 위대한 영혼이 체험한바 지상선을 성취하였음을 시인하지 않을 수 없다.

3

그러나 여기에는 '용기'와 '희생'을 요한다. 종달새가 사람이 되고 인형에 영혼을 불어넣는 일대 기적을 행하려는데 어찌 용기와 희생을 요하지 않으랴. 예수는 40일간 금식할 만한 용기와 십자가의 형을 감수할 만한 희생의 각오가 있었기 때문에 능히 그 위대한 자아를 완성하였고 지상선을 실현한 것이다. 그러나 반역자로서의 노라에게 요하는바 용기와 희생은, 고리대금업자와 암투하며 내조와 모성애에 정성을 다한 용기나 희생도 아니려니와 예수의 금식이나 수형受刑 같은 것도 아니었다.

어떠한 권위, 어떠한 우상, 어떠한 강자, 어떠한 약자, 어떠한 유혹과도 타협하지 않는 용기! 이것이 우리 노라의 용기이며 '대아大我의 확립과 완성을 위하여 소아小我를 자제멸살自制滅殺하고' 모래 위의 누각같이 불안정하고 불합리한 '가정의 조직을 근저로부터 개조키 위하여 봉헌하는 희생!' 이것이 우리 노라의 장대하고 엄숙한 희생이었다.

그러면 '타협'이란 무엇인가 위선僞善의 극치, 자기기만의 제1단계, 자기부정의 모체, 이것이 곧 악마 같은 타협의 본질이다. 사람의 그 거룩한 영혼이 이로 인하여 얼마나 무참하게 거세되었는가.

인간생활에 무엇이 제일 추하고 악하냐? 자기를 부정·몰각하는 것! 그이상의 추도 없고 악도 없을 것이다. 그러면 자기부정이란 무엇인가. 자기의 독이성을 스스로 멸살하고 자기의 본질적 요구를 스스로 거부함으로써 타인의 자아를 위하여 자기의 자아를 희생하거나 혹은 희생하는 듯이 표방하는 것이다. 과연 인간은 이같이 자기 자신까지를 속이지 않으면 만족할 수 없을 만치 타락하였다. 그러나 자기기만 이상 가는 위선이 또 어디 있으랴.

부언附言한다. 위선의 모체인 타협은 영혼을 거세하며, 그리고 선한 의미로서든지 악한 의미로서든지 오늘날에 우리가 향유한 모든 문화는 이

거세된 영혼으로 말미암아 막대한 해독은 입었을지언정 구우九牛(아홉마리 소)의 일모一毛(한 터럭)만 한 공헌도 없었다고.

"타협은 '사탄'이다." 그러나 이 사탄을 능히 물리친 자가 몇이나 되는가. 나라를 팔고 민족을 판 자는 우선 자기의 전 존재를 들어 타협이라는 사탄에게 바친 자이다. 그러면 다시 타협이란 무엇인가. 악수하면 아니 될 데에 악수만 할 뿐 아니라 입맞춤까지 하는 매춘부의 행위를 이름이라. 예수 일대기가 허다한 사탄의 시험으로 채워져 있음은, 곧 이 타협과 고투하여 승리를 얻은 전적戰績을 기록한 까닭이다. 그가 만일에 시류에 영합하려 하였다면 우선 바리새교인과 악수하였을 것이요, 그리하였다면 그의 육체적 생명은 물론 안전하였을 것이다. 그러나 예수는 매춘부는 아니었다. 그의 거룩한 영혼은 어떠한 힘으로도 거세할 수 없었다. 그리하여 그는 육체적으로 무참한 패배자의 지위를 취하였다. 막대한 희생을 제공하였다. 그러나 동시에 그는 고금을 통하여 위대한 승리자였다. 타협이라는 사탄은 육체의 생명을 정복하고 승전가를 불렀으나 그것은 빈 껍질에 불과하였었다. 위대한 영혼의 소유자요, 현명한 '자아 충실자'인 예수는 오직 자아의 껍데기를 타협이라는 사탄에게 투여함으로써 자아를 완성하고 자아의 절대와 영생을 여실히 하였다.

타협은 하지 못할 악수를 칭하고 패륜적인 입맞춤을 억지로 꾀어낸다. 그러나 예수가 매춘부가 아닌 것과 같이, 현명하고 정숙하며 용감한 우리 노라도 드디어 매소부賣笑婦는 아니었다. 지금까지의 그녀는 인습과 관념의 쇠사슬에 묶인 타협의 포로였다. 쌀값과 분값을 위하여 생식의 기계인 것에 만족하였다. 그러나 아직 거세되지 않았던 그녀의 영혼은 모든 타협의 악마를 물리침에 충분한 잠재력을 가졌었다. 그리하여 차용증서가 스토브 속에서 불붙은 뒤에, 헬머의 지위와 명성이 의구히 지속될 보장을 얻은 뒤에, 온갖 말로 유혹하는 남편의 달콤한 유혹을 거부할 수가 있었다. 왜 거부하는가. 자기혁명을 위하여, 새로운 자기를 확충하고 완성하기 위하여서다.

그러나 예수가 책형을 받지 않으면 안 되었던 것과 같이 노라도 '희생'을 모면할 수는 없었다. 자기를 주장하므로 타협을 거절하고, 타협을 부정하는 이상 희생을 요함은 필연한 귀결이 아닌가. 그러나 십자가를 지고 생명을 도박하는 희생은 아니었다. 다만 자기의 감정을 억압하고 가정의 호도적이요 미봉적인 평화를 파괴하는 희생에 불과한 것이었다. 남편에 대한 애착의 깊고 얕음은 고사하고 자식에게 끌리는 애욕은 인정으로 참을 수 없는 경우가 적지 않을 것이다. 그러나 철저히 자기에게 대한 신성한 의무를 수행하려는 큰 목적에 비하여서는 이만쯤의 희생은 그리 값비싼 것은 아니었다.

또한 가정의 평화나 가정에 대한 봉사와 희생이라는 것도 가족주의의 견지로 보면 중대한 문제일지 모르나 가족주의 그 자체부터 결코 절대적 의의가 있는 고정固定한 진리가 아닌 이상, 신생활을 개척하려는 우리 신인에게 대하여는 자아의 존엄, 개성의 자유와 상대관계에 불과한 것이다. 혹은 어떠한 개성에 취하여는 한뼘의 가치도 인정할 수 없을지 모른다.

이러한 논법은 재래의 관념으로 관찰하면 심한 이단일 것이다. 도학 선생은 고사하고 우리의 어른들이 들으시면 자기네가 귀머거리가 아니었음을 한탄할 것이다. 그러나 어제의 나에게 반역하는 우리들로서는 어제의 그릇된 관념의 소산인 오늘날의 가정에 대하여 또한 반역자가 될 수밖에는 없는 결론에 봉착하였다. 혹은 이와 같이 반박할지도 모른다. "자기에게 충실키 위하여 가정의 화평을 희생한다 하면, 거꾸로 가정에 대하여 충실한 구성원이 되기 위하여 자기를 희생할 수는 없느냐"고. 그러나 가정이란 그처럼 자아 이상으로 신성하며 개개의 자아에게 무조건으로 희생적 봉사를 강요할 하등의 권한과 이유를 가진 것인가. 또한 가정의 화평이라는 것은 개성의 자유, 자아의 확립, 인격의 존중 모든 관념 혹은 주장과 양립할 수 없는 것인가.

"일체一切는 나에게 대하여 아무것도 아니라"는 개인주의 사상에 심취하여 이러한 의문을 내놓을 것이 아니라 실로 우리가 조용히 생각해볼진대, 오늘날의 소위 가족제도라는 것은 어떠한 형식과 실질을 갖춘 것이며 개개의 자아가 그 가정에 대하여 희생하라 함은 과연 무엇을 의미함인가 의심치 않을 수 없다. 그러면 대체 가정이란 무엇인가.

4

기계화한 도덕의 푸른 녹으로 장식한 전통 위에 형성한바 관념의 사생아, 전제주의의 잔해가 곧 오늘날의 가족제도가 아닌가. 그러나 시간은 모든 것을 파괴하여 부단히 새 국면을 우리 앞에 전개하여준다. 봉건제도는 중앙집권이 되고 중앙집권의 한 형식인 군주전제주의는 입헌군주, 공화의 정체政體로 해체되고 교권주의敎權主義는 문예부흥의 대홍수에 세례를 받고, 제1(성직자)·제2계급(귀족)은 프랑스혁명으로 인하여 제3계급(부르주아 등 평민)에게 패잔의 비운을 경험하고 제3계급은 또 다시 제4계급(프롤레타리아)의 자각과 대두로 말미암아 일대 신개벽新開闢이 시연되려는 이때에, 유독 이 가족제도만은 행인지 불행인지 수주守株[3]의 구태를 아직 벗지 못해, 기계화하고 죄악화힌 소위 이륜彝倫이니 오륜오상五倫五常이니 하는 등 금성철벽 안에 그 세력을 숨기고 가장의 권위라는 절대 전제주의가 아직 횡행하여 개체의 존재를 무시하고 노예적 봉사와 무리한 희생을 명령함은 무엇인가.

대저 어떠한 시대, 어떠한 사회에든지 그 시대와 사회의 기조가 되고 인심의 방향과 생활의 기준이 되는 것은 소위 '시대사조'라는 것이다. 하므로 이 시대사조 혹은 시대정신에 합치되는 자는 흥할 것이요, 이에 배치하

---

3   송나라 때 한 농부가 나무 그루터기에 부딪쳐 죽은 토끼를 우연히 잡은 뒤부터 하던 일을 팽개치고 그루터기만 지키고 있었다는 『한비자』「오두편(五蠹篇)」의 고사.

는 자는 망할 것이 필연한 일이다. 내가 이상에 신인은 반역자로 자임한다는 의미도 또한 이를 이름에 불과함이니, 즉 시대정신을 체득하여 이에 배치하는바 일체의 '낡은 것'에 대하여 반역함으로써 우리의 신생명의 뿌리를 깊고 굳게 심겠다는 의미이다. 그러하면 오늘날의 시대사조 내지 그 정신이 이미 전제로부터 민주에, 계급적 차별로부터 평등에, 인습으로부터 해방에, 개성의 부정으로부터 개성의 고조에 있어서 일체의 가치가 전도하였을 뿐 아니라, 실로 이것이 소위 사회개조·생활개조의 근본원리인 이상 오직 가족제도만이 이 도도한 사조의 대세에 역류코자 함은 도저히 불가능한 일이 아닌가.

실제로 오늘날의 소위 가정이라는 것이 어떠한 형식과 실질로써 성립되어 있는가를 세밀히 규찰窺察하여보라. 가장권의 전제·횡포·남용·위압과 이에 대한 노예적 굴종과 호도적 타협과 위선적 의리와 형식적 허례와 형무소 같은 감금과 질타, 꾸짖음, 오열, 원망 등 모든 죄악의 소굴이 오늘날의 소위 가정이 아닌가. 거기에는 개성의 자유로운 발전도 기대할 수 없거니와 인생의 가장 아름다운 인정의 따뜻한 드러남도 볼 수 없다. 따라서 부단히 활약하고 성장하는 생명의 비침이 있을 리가 없다. 음산하고 침정沈靜하며 살풍경한 묘지 속에 오직 존재하였을 따름이요, 생활이라는 것을 모르는 생물이 준동함을 볼 뿐이다. 인간의 본연성은 유린되고 아동은 인간 범위 내로부터 쫓겨나게 되어 기형적으로 발육되므로, 인류사회의 독충의 제1원인을 양성하며 정조는 상품화하고 과장誇張한 허위가 상습화한다. 이를 요컨대 오늘날의 가족 간의 관계는 주종의 관계요, 강자가 약자에게 군림한 하나의 형식에 불과하다. 다시 한 걸음 더 나아가 그 근본정신을 해부하여보면 시속時俗 문자대로 소위 '부르주아'라는 한 단어가 전부일 것이다. 이와 같이 이미 부르주아적 원칙에 바탕을 두고 성립된 주종의 관계인지라 그 아버지나 남편은 부권父權 또는 부권夫權으로써 자식과 아내를 노예시하며 강압할 것은 물론이니, 여기에서 피차의 이해가 충돌하고 의사가 벌어질 것도 또한 자명한 일이다. (이에 이른바 주종의 관계라 하며 노예시한다 함은 인격상 문제를 표준 삼음은 물론이다.)

이와 같이 이미 인격의 존엄을 무시하고 이해가 상호 충돌하는 이상 소위 한 집안의 평화이니 화합·단란이니 함은, 혹시 불평분자를 억압하는 구실은 될지 모르나 그것은 결국 현대 조선의 위정자가 표방하는 모든 감언미사甘言美辭와 다를 것이 없다. 원래 오륜삼강五倫三綱에 대한 도덕률이며 기타의 우리의 생활 내용을 이르는 모든 도덕과 고정관념이 부르주아 근성에서 지어져 나온 바이지만, 후세에 이를수록 부지불식간에 악용한 결과는 활용하고 융통하기 어려운 기계로 변하여 자승자박하는 일종의 질곡이 되었다. 다시 말하면 인간을 위한 도덕이 아니라, 도덕을 위하여 인간이 존재함과 같은 기이한 모습을 보이게 되었다. 하므로 모든 가혹한 도덕률은 원래가 지극히 소극적이었지만, 이륜彝倫을 밝게 하고 올바로 할 잣대가 변하여 주인이 노예에게 과하는 일종의 형벌로 되었다. 하므로 각자가 충분히 자각하여 화기애애 중에 자발적으로 지킬 바, 자기의 맡은 바를 각별히 지키는 게 아니라 전제군주하에서 내린바, 가렴주구로 일을 속이는 무리하고 황당한 법령과 같이 강제와 채찍으로써 충효와 신의와 제공悌恭을 강요하여왔다. 그러므로 일가의 가장을 제외한 수다한 식구들은 결코 기꺼운 복종[悅服]이라는 자유롭고 화기和氣 있는 정신은 없을 뿐 아니라 관념이라는 모형에 자신의 전부를 주입하여놓고 맹목적으로 추종하고 복역服役하지 않으면 아니 되었다. 그 결과는 성격의 변화를 이루어서 의존, 아소我所(외고집), 굴종(가장에게 경제적 조건의 보장을 얻으려는 의식이 있을수록 우심하다), 음험, 모해, 중상, 시기, 편애 등 허다한 악덕을 함양케 되었다. 하므로 어떠한 가정이든지 그 표면으로는 과연 화평을 유지하는 듯하나, 그것은 소위 간담肝膽을 터놓는다는 진정한 가정의 화락和樂은 아니었다.

도덕의 이상은 자발적 정신 즉 자율의 정신이 충분히 발달되는 데에 있거늘, 만일에 가장의 편달과 위력이 없으면 가정의 안녕과 질서가 와해한다 하면 인간에 대한 도덕은 동물에 대한 우리에 지날 것이 없지 아니한가. 사실 예부터 가장이 죽은 후에 상속문제로 형제가 반목하며 집안이 문란하여지는 실례가 파다함은 소위 '동방예의지국'이라는 말이 기실 얼마나 공허하고 유치한 자만인가를 가장 웅변으로 증좌함이 아닌가, 나는 생각한다. 그뿐만 아니라 소위 무지하고 무례하다는 하급사회일수록 가정적 분란이 희유稀有하고, 비교적 쉬이 깊고 절실하게 화합·단란할 수 있으나, 그와 반대로 유식하다 하여 사회를 지배하며 도덕적 중추로서 자임하는 중류 이상 상류계급에 이를수록 가정 내의 파란이 자심하고 고전적 형식주의에 중독이 되어 부자·형제·부부가 오직 엄격과 허례로써 가풍을 지음을 보건대, 재래의 가족제도를 규율하는 인습도덕이 얼마나 형식을 편중하고 까다롭고 복잡한 규칙과 예절에 떨어져 인간성의 아름답고 자유로운 노출을 저지함으로 인하여 생활의 메마름을 가져왔으며 인생으로 하여금 영혼이 거세된 허수아비의 누적으로 길러내게 하였는가를 쉽게 간파할 수 있다. 과연 부단히 뛰는 신생명을 십이분十二分으로 발휘하고 완실完實하게 하려는 우리 신인에게 주어진 재래의 도덕은 우리를 오직 사지死地에 유도할 따름이요, 한 집안의 안녕도 능히 지지할 수 없을 만치 피폐하였음을 우리는 명료히 깨달았다. 그러나 혹은 이륜이 시들고 해져〔萎靡疲弊〕 부모를 사랑하고 어른을 공경하는 미풍美風이 사라졌다고 개탄하며, 그 원인을 인심의 부박함에 돌리고 그 책임을 현대의 우리 신인에게 전가하나, 재래의 도덕이 시들어 뒤떨어졌다〔萎靡退嬰〕는 그 사실 자체가 벌써 구도덕은 시대에 부적합하므로 자연도태의 대법칙에 따라 죽었음을 명증함이 아닌가. 더구나 애친경장의 미풍을 거부하려 함이 아니라, 이 미덕을 더욱더욱 함양하고 발휘하려면 재래의 기준과 수단으로는 도저히 불가능하다 함에 불과한 것이다.

그러면 진정한 가정의 화평은 무엇에 구할 수 있을까. 대저 사랑은 온갖 행동의 원천이다. 그러나 원만한 이해 없이 순실한 사랑을 기대할 수는 도저히 없다. 나무 한 그루 풀 한 포기라도 우리가 그에 대한 지식, 즉 이해가 있은 후에야 비로소 사랑하고 미워하는 감정이 생기지 않는가. 비록 이해함으로 인하여 증오를 느끼는 경우일지라도 사랑이 아닌 것은 아니다. 증오라는 것은 다만 사랑의 불충분·불완전한 일면일 따름이라. 사랑하려는 욕구가 있으면서도 사랑할 수 없는 경우에야 우리는 증오를 느낀다. 결국 사랑과 증오는 동종이형同種異形일 뿐이라. 하므로 이해가 사랑을 만든다는 견해는 결코 독단은 아니다. 그리하면 이해는 무엇으로 얻을 수 있는가. 존경하는 정신! 이것이 곧 이해하는 열쇠[開金]이다. 과학자가 한 잎의 작은 풀에 대하여서라도 경의敬意가 없을진대, 그는 드디어 그에 관한 지식을 얻지 못할 것이다. 하물며 사람이 사람을 대함에 경의가 없고서 어찌 접촉할 수 있으며 원만한 이해를 얻을 수 있을까. 그러면 경의란 무엇이냐? 인격의 존중이니, 상대자의 인격을 무시하고 어찌 경의가 있다 하며 이해할 수 있다 하리오.

하나의 가정에 있어서 자식이나 부인이나 형제 또한 사람인 이상, 각자의 인격이 있음은 아버지나 남편이며 형과 조금도 다를 것이 없다. 아버지가 그 자식에게 대하여, 또는 남편이 그 부인에게 대하여 자기의 인격만을 존경하라 하고 그 상대자에게는 존재를 무시힘과 같은 인행으로 대힐 지경이면, 그 위력에 움츠려들어 반항은 아니 한다 하더라도 마음에서 우러난 친애의 정이 있을 수는 없을 것이다. 혹은 사랑은 위로부터 아래에 미치는 것이라 오직 장자長者가 사랑으로써만 대하면 그뿐이라 할지 모르나, 상술한 바와 같이 진정한 사랑은 윗사람이 그 아랫사람에게 대하여 은혜를 베푸는 비호나 연민의 정과는 판이할 뿐 아니라, 장성하여 인격적 자각이 있은 후에는 자기의 인격까지 희생하고도 애호를 희구하지는 않을 것이다. 이것은 마치 한 민족이 타민족에게 아무리 애호를 받고 부귀를 받더라도 그 자주自主의 권리를 양여讓與하기를 원하지 아니함과 다를 것이 없는 것이다.

이를 요컨대 인격의 존숭과 대등은 가정의 평화를 유지하는 제1조건이라 함이니, 만일에 재래의 가정과 같이 가정권家庭權의 독점〔專擅〕하에 부인과 자식의 인격의 존엄과 개성의 자유가 보장되지 못할진대, 거기에 진정한 사랑과 화순和順이 없음은 물론이거니와 우리는 이러한 가정의 일원이 됨을 가장 불명예로 아는 동시에 추호라도 양보하며 타협할 수 없다 함이다.

하므로 이러한 견지에 서서 노라가 가정의 평화를 희생에 바치고 집을 떠났다는 그 행위를 엄정히 비판할진대, 노라가 오직 자아에게 충실하였다는 의미 즉 자아의 자주가 되고 그 완성을 위하여 해방을 요구하였다는 의미만으로도 충분히 인정할 수 있거니와, 재래의 불합리한 가정조직을 개조하려는 의도로 논할지라도 우리 신인으로서는 또한 그 전부를 용인치 않을 수 없다.

그러면 인격의 확립, 개성의 자유를 의미하는 자아라는 것은 어찌하여 그다지도 귀중한가?

5

근대문명의 정신적 일대수확은 자아의 발견이었다 함은 누구나 하는 말이요, 나도 얼마 전에 『개벽』 지상에 쓴 일이 있거니와, 실로 근대의 모든 문화적 성과는 이 자아의 발견이 그 심원한 근저를 이루었다 할 수 있다.

"나는 사유한다. 고로 나는 존재하였다"라는 데카르트의 명구名句가 아직도 새로운 의의를 가지는 것도 또한 이를 의미함이라 하겠다. 즉, 사유한다 함은 의심한다 함이다. 대개 계몽시대의 회의적 시대경향을 표명함이요, 자기가 존재하였다 함은 그다음 대인 근대문명의 여명기에 들어갔음을 표백하는 동시에 자아의 존재를 굳세게 주장함이라 하겠다.

중세기의 암흑시대 전후에 풍미하던 신의 위세도 문예부흥이라는 봉화 烽火 앞에는 그 환영의 자취를 감추지 않을 수가 없었다. 그리하여 이때까지 눈감고 꿇어앉아 있던 신의 충직한 자녀 선남선녀들이 우연히 눈을 뜨고 궁전의 윗자리[殿上]를 처다볼 때, 거기에는 천식喘息하는 하나의 잔해가 누워 있음을 볼 뿐이요, 벌써 전능의 왕은 간 곳이 없었다. 신은 죽고 전당은 암흑에 싸였었다. 그리하여 그들의 가슴은 큰 의혹과 절망에 채워졌다. 숭배와 봉사가 아니면 생활의 중축은 좌절하고 영혼은 메마르는 것이라고만 배워온 그들에게, 취하여 숭배하고 봉사할 대상을 잃었다는 것은 그야말로 망극罔極한 일이었다. 대체 이제부터는 무엇을 숭배하고 무엇에 봉사함으로써 생활의 중심을 삼아야 할지 몰랐었다. 오직 회의하며 방황할 뿐이었었다. 그리하여 결국 도착한 데는 가장 현실적이요 가장 명확한 실재인 '자아'라는 궁전이었다. 사실 그들은 지금까지 신비롭고 불가사의하게 보이던 몽환적 신의 궁전 안의 모든 촛불이 꺼진 뒤에는, 그 굳게 닫힌 문밖에서 맑고 또렷이 울리는 행진곡에 귀를 기울이지 않을 수가 없었다. 행진곡이란 무엇인가. '자아'라는 각 개인의 개별적 군주를 옹립하여 가지고, 꽃이 있고 새가 있으며 자유의 술이 있고 해방의 잔이 있으며 고기의 향이 있고 영혼의 춤이 있는 신세계로 향하는 신생활의 서곡이었다.

과연 이같이 하여 자기로서 살 줄을 깨닫고 배웠으며, 모든 지리적 발견과 과학적 발명은 사람의 힘에 대한 신임을 얻게 하고, 이것이 원인이 되고 결과가 되어 '자아'에 대한 신념은 어떠한 사상적 동요가 있더라도 깊고 굳은 근저를 세우게 되었다. 그리하여 결국 자아 없고는 신의 존재도 없고 만유萬有도 만유가 아니라고까지 주장하게 되었다. 실로 '완전'과 '통일'의 표상이며 혹시는 만유의 주재자라고까지 생각하던 신도 자기의 사유 밖에서는 나오지 않음을 깨달았다. 다시 한 걸음 더하여 윤리적으로 관찰할진대, 자기의 인격이 완성되고 통일된 경지가 곧 신의 경지요, 신을 실현하는 자가 곧 자아라고 주장할 만치 자아의 존엄을 우리는 자각하였다.

이제는 우리는 각자의 자아가 예속될 대상을 예상할 필요도 없거니와 그리할 수도 없다. 자아의 봉사를 상찬으로써 기꺼이 받아들이시는 '권위'가 꼭 한 분만이 계심을 우리는 가장 명료히 자각하였다. 그러면 그분은 누구신가? 곧 '자아'이다. 하므로 우리 자신은 아무것의 소유도 아니다. 군주의 소유가 아닌 것과 같이 부모의 소유도 아니요, 인류의 소유가 아닌 것과 같이 신의 소유도 아니다. 오직 자아는 나 자신의 소유일 따름이다.

자아주의의 제1인자, 요한 카스파르 슈미트(필명은 막스 슈티르너)[4]는 이렇게 말하였다.

그(神)의 도道란 무엇인가. 그는 우리가 요구하는 바와 같이 그 이외의 도, 즉 진리의 도나 혹은 사랑의 도를 취하였는가. 그렇지 않으면 그 자신의 도를 취하였는가. 당신들은 이에 대한 오해로 인하여 감격한다. 그리고 신의 도는 실로 진리와 사랑의 도라고 우리에게 가르치는 동시에, 신은 그 자신이 곧 진리와 사랑인 고로 이 도를 그의 도와는 다른 도라고 하지는 못한다고 가르친다. 그러나 당신들은 신이 그 이외의 도(필자가 말하길, 결국은 신 자신을 위한 도, 즉 진리의 사랑의 도이다)를 그 자신의 도로 하여나감으로 인하여 우리들과 같은 가련한 벌레가 된다는 가정 때문에 감격한다 하지마는 '만일에 진리의 도가 신 자신의 도가 아니었으면 신은 이것을 취하였을까?' 그는 오직 그 자신의 도에만 유념하나, 그는 일체의 일체(전능이란 뜻이다)인 고로 일체의 도가 그의 도이다. 그러나 우리는 일체의 일체도 아니요, 우리의 도는 미미하고 비근하기 때문에 우리는 '일층 숭고한 도'(즉, 신의 도)에 봉사하지 않으면 아니 된다. 이에 이르러서 신은 그 자신의 것에만 유의하고 그 자신을 위하여만 활동하고 그 자신을 위하여만 고려하여, 그의

---

4   요한 카스파어 슈미트(Johann Caspar Schmidt, 1806~56). 『유일자와 그 소유』(*Der Einzige und sein Eigentum*, 1845)로 잘 알려진 프로이센 철학자로, 막스 슈티르너(Max Stirner)라는 필명이 더욱 익숙하다.

안중에는 자기만이 존재하였다는 것이 명백하게 되었다. 신에게 받아들여지지 않는 자는 모두 화禍일진저! 신은 자기보다 더 한층 숭고한 자에게 봉사하지 아니하고 오직 그 자신만을 만족시킨다.

이것은 신의 도가 곧 진리와 사랑에 있기 때문에 오직 자기를 위하여 자기의 도를 취하였을 따름이요, 결코 인류의 복리나 제세창생濟世蒼生(온 세상 사람을 모두 구제함)의 큰 이상을 위하여 자기를 희생하고 자기의 도가 아닌 것을 자기의 도로 취함이 아니라는 의미이다. 다시 말하면 그 결과가 비록 제세창생에 있다 할지라도 그것은 자기의 도를 행하여 자기를 완성하려는 욕구로 말미암은 동기와 목적에 따른 성과에 불과한 것이라 함이다. 또는 백보를 양보하여 신이 자기의 도를 행하는 최초의 동기와 목적이 제세창생하려는 희생적 정신에 있다 하더라도 엄밀히 비판하면 최선의 동기와 최종의 목적이 역시 자아실현에 있다고 아니 할 수 없다고, 나도 역시 슈미트를 위하여 조언한다.

이와 같이 만인이 감격하는 신 자신이 이미 자기의 도에 충실하여 자기완성에 급급하는 이상, 우리의 도가 얼마나 미미하고 천박하며 비근할지라도 우리도 우리의 도를 위하여 충실하여야 하겠다고, 슈미트는 주장한다. 그다음에 군주에 대한 일질을 보면,

자기의 신민을 그처럼 깊은 자비심으로 애호하는 터키의 황제를 보아라. 그이야말로 순정한 무욕無慾한 자가 아니냐? 그는 그 백성을 위하여 항상 그 자신을 희생하지 않았는가? 과연 그러하다. 그러나 '그의 민民'을 위하였다. 시험적으로 당신들 자신을 그의 소유가 아니라 당신들 자신의 소유라고 표명하여보아라. 당신들은 감옥에 투입되리라. 이 터키 황제는 그 도를 자기 이외의 누구의 위에도 두지 않았다. 그는 그 자신에게 대하여 일체의 일체였고 그 자신에게 대하여 유일자였다. '그의 민'의 1인이 되기를 부정하

는, 어떠한 자하고라도 화해하지 않았다.

　이러한 명료한 실례에 의하여 당신들은 '가장 번영하는 자는 자아주의
자'라는 것을 배웠을까. 나 자신은 이러한 교훈에 의하여 이 이상 이러한 대
자아주의자에게 무욕하게 봉사함보다도 차라리 나 자신이 자아주의자가
되기를 주장한다.

　신 또는 인류는 그들 자신의 무엇이든지 간섭하지 못하게 한다. 그러하면
나도 같은 모양으로 신과 같이 자기 이외의 아무것도 아니다. 나의 일체요,
나의 유일자인 나 자신으로 하여금 (나에게) 간여하게 하여라.

슈미트는 이와 같이 자아의 존대를 역설하고 '나'가 자기의 일체의 일체
이며 유일자임을 주장하여, 일체의 권위의 보다 큰 자아주의를 위하여 희
생하고 봉사함을 절대로 거부하는 동시에 신이 자기의 도를 위하여 타자
의 간섭을 허용하지 않음과 같이 자기도 또한 자기의 주인이 되기를 맹렬
히 주장하였다.

과연 '자아'의 지위와 가치가 상대로부터 절대에, 부정으로부터 전적 긍
정에, 굴종으로부터 주인에 전도되고 향상된 것은 근대 인문발달사상의
일대 경이요, 현대 사조와 문화의 기조며 정화精華이다. 넓고 푸른 바다에
한알의 좁쌀〔渺蒼海之一粟〕이라 하여 뱃전을 두드리며 깊이 탄식한 것은,
한번 가면 돌아올 길 없는 적벽강수赤壁江水와 같이 영원히 흘러간 옛날 꿈
이었다. 현대인에게 이런 말을 한다면 그것은 왜 자살하지 않느냐는 의미
밖에 아니 된다.

6

나는 이상 제2절에 자기혁명은 지상선이라 하였고, 제3절에는 예수가 지상선을 실현하였다고 서술하였다. 만일 지금 예수나 석가가 살아 있다 하면, "네 말이 지당하다. 과연 우리는 세상을 제도하고 백성을 구하기 위하여 나를 희생함으로써 사랑을 설하고 선을 권하였으니까, 사실 지상선을 실현하였다. 그러나 자기혁명을 가리켜 지상선이라 함은 대역무도大逆無道하고 우리를 모욕하는 말이다. 원래 자기혁명이라는 것은 자기의 내부 생활의 전 내용을 변혁할 뿐 아니라 그 필연한 귀결로 현대의 우리 생활의 근저가 되는 모든 고정관념의 소산을 일체 파괴하고 심지어 그 관념 자체까지를 부정하며 일체의 권위에 대하여 반역할 터이니, 도저히 이것만은 인정할 수 없다"고 항의를 제출할 것이다.

그뿐만 아니라 이에 대하여 예수나 석가모니는 고사하고, 우리 사회의 대다수의 여러분도 역시 각자의 우상을 옹호하고 각자의 입각지와 지반을 보전하기 위하여 또는 천박하고 비열한 이기주의의 근성을 숨기고 변명하기 위하여, 이타利他의 공덕功德을 설하고 자비와 자선과 희생과 숭배의 정신이 얼마나 거룩하고 아름다운가를 극구 역설할지도 모른다. 그러나 여러분이 허심탄회 가장 정직하게 내심의 소리에 귀를 기울일 때가 있다면, 여러분의 앞에 놓인 거울을 똑바로 바라볼 용기도 없음을 깨달으리라. 아, 인간의 아들아! 너는 어떤 별 아래 무슨 숙명을 안고서 태어났기에 위선의 잔을 들어 자기의 정신까지를 스스로 마비시키지 않으면 살 수 없다고 하느냐?

아! 위선의 아들, 인간아! 네가 어느 때, 어디서, 누구를 위하여, 얼마나 네 자신을 희생하였느냐? 얼마나 너는 자비로웠느냐? 얼마나 너는 자선을 행하였느냐?

예수 같은 위대한 인격자로도 그 십자가를 질 때, 오히려 두번 세번 주저하고 전율하며 애통하지 않았던가. 이것을 순전히 악에 대한 근심과 유대민족 또는 전 인류적 타락과 장래를 우려하는 표정으로만 관찰하려는가. 하물며 여러분의 이르는바 가면적 이타·애타愛他의 주의는 얼마나 근저가 있으며 순실한가, 나는 의심치 않을 수 없다.

더구나 그이가 그의 일생과 생명을 희생함이 그 자신의 도, 즉 그 자신의 자아를 만족시키고 완성하려 함이 아니라 하는가. 그이의 이타·애타는 자기실현의 수단이요 경로였다고는 생각지 않는가?

허위의 아들, 인간아! 왼뺨을 맞고 오른뺨을 내어 댄 후에 남는 결과가 무엇이던가, 또는 무엇일까를 생각하여본 때가 혹시나 있었는가? 네가 저고리 두개 중에 한개를 벗어줄 때에 너는 무슨 생각을 하였으며, 그다음 순간에 너는 너의 심중을 자성하여보았느냐? 또한 그 나머지 저고리까지를 청구할 때에 너는 어찌하였느냐? 이웃이 너의 집 안방에 살기를 원할 때에 너는 어찌하였느냐? 이민족이 너의 국토를 빼앗고 너를 다스리겠다고 할 때, 너는 어찌하였느냐? 또한 어찌하려느냐? 천편일률로 온갖 행동과 온갖 일에 합당하지 않는 도덕은 아직 완성한 도덕은 아니다. 도덕의 최후의 목적은 아니다. 만일에 최고 비판으로 행하여 허위를 자초함이거든 우리는 이를 헌신짝〔弊履〕과 같이 물리치고 자아를 확립하여 양심이 명하는 대로 갈 수밖에 없다. 여기에 비로소 진정하고 철저하며 용기 있고 자각 있는 봉공의 정성과 희생의 사랑이 있는 것이다.

인간의 아들아! 여러분이 자선과 희생의 생명의 표현으로 많은 사람이 둘러앉은 가운데 백원, 천원의 지폐장을 박수소리와 같이 강단 위로 날릴 때, 여러분의 집 금고 속에 예금통장이 있더냐? 없더냐? 한시간 전에 그 자리에 참여하러 오는 길가에서 '주린 앉은뱅이'가 "나리님!" 할 때, 여러분은 눈도 떠보지 않았던 것이 생각나느냐, 아니 나느냐? 그날 제1차로 만난 고학생의 약 한 봉지가 주머니 속에 있더냐, 없더냐? 기생과 첩에게 반지나 사서 주고 남은 돈이더냐, 아니더냐?

묻노니 세간의 희생자요 자선가인 숙녀들아! 여러분이 은비녀를 빼어서 교단 위에 던질 때에 우리 집 농짝 안에는 금비녀가 있다는 생각을 하였느냐, 아니하였느냐? '비단 윗저고리'를 벗어서 여러분의 그 아리따운 정신의 고조를 표시할 때에 여러분의 남편의 주머니가 말랐다고 생각되더냐? 여러분의 머리채를 썩둑 잘라낼 때에 여러분의 남편이 없는 것과 여러분의 나이가 몇 살이나 되는가를 꼽아본 일이 있느냐, 없느냐?

만일 있다면 여러분이야말로 이기주의자요, 위선의 무리다. 그러나 내가 이처럼 묻는 것은 그 모든 행위가 그르다는 것은 아니다. 그 행위 자체는 좋으나 그 정신과 동기가 어떠한가를 자성치 않으면 무의미한 일이라 함이며, 또한 나의 의심하는 바이다.

예수는 항상 활약하는 위대한 영혼으로서 생명을 희생하여 자아를 실현하였다. 그러나 세간에 자선가 이타주의자는 사소한 물질, 쓰고 남은 물질로써 행한 바 자기의 행위를 지상선이라 하여 스스로 자랑하며 무형한 보수를 바랄 뿐 아니라, 간혹 그들과 반대로 자기 자신을 속이지 않고 자기의 생활을 우선 바른길로 인도하여 충실한 인류의 일원이 되려고 노력하는 자가 있으면 이를 무고하여 인도人道의 적敵이니 패륜의 아들이니 천열淺劣한 이기주의이니 함이 가증하다 함이다.

그러면 나의 이른바 지상선은 무엇인가? 다른 데 없으니 이상에 누누이 진술한바, 자아의 완성, 자아의 실현이 곧 이것이다. 하므로 어떠한 행위든지 자기의 영혼의 생장욕과 확충욕을 만족하게 할 수 있으면 그것은 곧 선이다.

7

그러나 지금까지 논술한바 자아의 확립, 자아의 완성 또는 실현이라 함은 무엇인가? 개성의 자유, 개성의 발전과 표현! 이것이 곧 그 내용이다.

개성이 자유롭게 발전되고 배양되며 살이 찌는 거기에서 자아는 확립하고 확충되며, 개성이 자유롭게 표현되는 거기에서 자아는 완성되고 실현되는 것이다. 그리하여 생명은 항상 새롭고 항상 생장하는 것이다.

그러면 개성이라 함은 무엇인가? 독이적 생명 그 자체를 이름이라. 하므로 이 독이하고 유일한 생명이 부단히 성장하고 비대肥大하는 도정, 즉 자기혁명의 도정이 곧 개성의 자유로운 발전이며, 그 부단히 신장하여가는 생명의 드러남이 곧 개성의 자유로운 표현, 즉 자아의 실현이라 하겠다. 이와 같이 하여 혁명된 자기가 완실完實됨으로써 '나'는 일층 새롭게 성장되고 실현되며, 또다시 어제의 나를 혁명함으로써 더 한층 새로운 생명의 나를 얻는 거기에서 전 인류적 문화에 공헌하고 봉공하는 의무를 다할 수가 있는 것이다.

하므로 이러한 의미의 자아주의를 기초로 한 신도덕이 확립하는 때에 비로소 사私로는 인격의 대大를 완성할 수 있고, 공公으로는 자각 있고 근기根氣 있으며 용감하고 철저한 봉사와 희생의 정신을 발휘할 수 있게 될 것이요, 따라서 일 민족의 번영, 전 인류의 행복을 가히 기할 것이다.

깨닫고도 스스로 속이는 자들아! 진정한 자아주의자를 오해하여 천박하고 비열한 이기주의라 비웃고 헐뜯지〔譏毁〕 말라. 진정한 자아주의자야말로 자기를 살림으로 말미암아 자기의 민족을 살리고 인류를 살린다.

고정관념에 실신한 자들아! 자아주의를 가리켜 반역자라 비방하지 마라. 근대의 모든 문화는, 하여서는 아니 된다는 금지와 구속을 파계함으로써 얻은 성과였다.

그러나 자아의 높고 중함을 깨달은 자들아! 헛된 명예를 위하여 꿈같은 부귀를 위하여, 어느 때든지 타협하지 마라. 타협은 자아의 생명인 개성을 늘 탐식하려고 기웃거린다. 그러나 진정한 영예와 영원한 부귀는 탁마琢磨하고 정련精鍊된 개성의 산물이다.

노라와 같이 타협하지 마라. 이것이 지상선을 위한, 자아실현을 위한 제

1잠언이다.

　1922. 6. 3. 깊은 밤〔深更〕. 거북앞집에서.

작자의 부기附記[5]

　추락한 비행사가 뜨내기 목숨을 얻어가지고 분쇄된 기체 밑으로 엉금엉금 기어 나와서 "응! 달리 떨어졌나! 수천미터의 공중에서 거꾸로 박혀도 목숨은 이렇게 붙어 있다는 것을 보이자고 한 장난이지! 놀라는 너희들이야말로 애탕艾湯이다"라고 하면 구경꾼은 그 비행사가 높은 공중에서 떨어져 내려오는 바람에 간肝이 뒤집혀서 그런 소리를 한다고 할 것이다.

　이와 같은 예는 우리가 도처에서 볼 수 있는 일이요, 또한 그럴 때마다 불쾌함을 느끼고 심하면 그 변명 같지 않은 변명을 하는 당자當者에게 대하여 격렬한 증오의 염까지를 갖게 된다. 무엇보다도 알기 쉬운 예를 들면, 수험자가 시간이 부족하여 또는 교사가 가혹하여 충분한 답안을 제출치 못하였다고 머리를 긁을 때 우리가 얻는 감정이 곧 그것이다. 왜 그러나 하면 원래 변명이라는 것은 약자가 피난처를 찾으려는 노력에서 나온 것이요, 그 결과는 다만 자신의 또 한가지 과실이나 불완전이라는 것을 거듭하게 하는 것밖에 아니 되는 것이기 때문이다.

　내가 이 『만세전』을 발표하고 그 마지막 날에 당하여 작품의 내용에 부딪히지 않는 일종의 변명을 횡설수설한다면 독자 여러분은 작자의 몰염沒廉한 정도가 위에 말한 추락 비행사나 저능아의 수험자와 다를 것이 없다

5　『시대일보』 1924년 6월 4일자, 3면. 「만세전」의 연재 후기로 수록되었다. 신문 원본이 온전치 않아 최근까지 그 존재가 알려지지 않았다. 함태영 박사의 개인소장본을 바탕으로 이은선이 처음 학계에 소개했다. 이은선 「새 자료 염상섭 '만세전'의 '작자(作者)의 부기(附記)' 연구」, 『국제어문학』 55호, 국제어문학회 2023 참조. 이 논문에 첨부된 자료에는 한자 오독, 누락 등이 있어 함태영 박사 소장 원문과 대조하여 바로잡았다.

고 할 것이다. 과연 나도 그렇다고 자인하는 바이다. 다시 말하면 약자로 자처하여 피난처를 찾아 들어가겠다는 뜻이다. 왜 그러냐 하면 양심상 다소의 부끄러운 점이 있기 때문이다.

이 일편一篇은 작년 여름에 모某 방면과 관계상 집필하게 된 것이었다. 처음 나의 계획이라든지 계약은 『만세전』을 쓰고 『만세후』를 쓰기로 하였었다. 그런데 나 자신의 구상으로 말하면 미숙한 솜씨로나마 『만세전』에 있어서는 조선의 유사 이래로 민족적 대大시련이라 할 만한 3·1운동을 구획점으로 하여 그 운동 전의 우리 내외적 생활을 묘사하여 3·1운동이 일어난 그 기운機運의 암시를 준 뒤에 『만세후』에 미치려 한 것이었고, 『만세후』로 말하면 3·1운동 후에 시시각각으로 변천하고 동요되는 제諸 현상 중 통괄적으로 추상된 일점一點을 붙들어서 그려보려 하였다. 그러면 『만세후』는 장래에 속한 바이니까 이에 거론할 바 아니로되 이 『만세전』에 있어서 무엇보다도 작자 자신이 불만을 느끼는 것은 종편終篇의 전부를 누락하였다 함이니, 이는 독자에 따라서 용두사미龍頭蛇尾라는 기훼譏毁(헐뜯고 비방함)가 있더라도 감수치 않을 수가 없는 바이다.

그러나 이에 대하여는 이유가 없는 것은 아니다. 당시 이 작품을 출판하겠다는 방면에서 200엽頁(쪽수)이라는 절대 제한을 주고 속편도 무용이라는 강경한 주장이 제일인第一因이요, 제이인第二因은 내가 늘 분망한 데에 있었다고 할 수 있다. 어떻든지 간에 이 일편은 성공 여부는 고사하고 이대로도 완편完篇되었다고 할 수 있고 또 후일에 어떠한 형식으로든지 속편을 쓸 수도 있는 것이나, 정자靜子(등장인물 이름)에 대한 서신으로 자기 구상의 일부라도 표명하려고 노력한 것은 변체變體(변종, 기형)인 동시에 그만큼 작자 자신의 고통이 있음만은 독자 제군이 알아주시면 고마운 일이다. 그러면 혹 어떠한 분은 이렇게 반문할지도 모른다 ── 이다지 군색한 변명을 할 양이면 당초에 발표치 않았음이 어떠하였느냐고? 그러나 여기에는 구태여 답변할 필요를 찾지 못한다.

6월 2일 밤 병석에서.

민족, 사회운동의 유심적 고찰: 반동, 전통, 문학의 관계[6]

신년 벽두에 새삼스러이 이런 회고로 몇 마디 하려는 것은 다른 까닭이 아니다. 일전에 어떤 청년이 와서 이야기 끝에 "자 지금 조선에서 농민을 지도한다든가……. 얼른 쉬운 예로 요사이 선전되어가는 문맹타파운동 같은 것을 실행하잘 지경이면 그것은 민족적 정신하에서 할까? 그렇지 않으면 사회운동의 일 방도로 지도하여야 할까?" 하며 매우 의아·난처하여 하는 모양이었다. 한 사람의 마음으로 만인의 경향을 촌탁忖度(미루어 헤아림)할 수 있고 없는 것은 경우를 따라 다를 것이나, 지금의 사려 있는 조선청년의 번민의 한가지는 확실히 여기에 있지 않은가 한다. 민족운동으로인가? 사회운동으로인가? 그러나 그것이 그처럼 걱정일까? 그 의문부터 먼저 해결하여놓고 나야, 할 일이 손에 잡힐 것인가? 또한 이 양개 운동은 그다지도 분립하지 않으면 안 될 것인가? 그것은 보기에 달렸고 생각할 탓이니 저마다 저대로 맡겨두려니와 이러한 의심에 마음을 질정質定치 못하고 두서頭緖를 차리지 못하는 것이 한 경향을 이루었다 하면 또한 지나는 일로 보고 가벼이 여길 것도 아닌 듯 마음에 걸려서 다른 문제보다는 이 문제를 택한 것이다. '나'라는 위인은 본시 이러하다는 주의에 매어달린 사람이 아니다. 무식無識으로도 그러하고 무골無骨로도 그러하거니와 이미 주의가 없고 보니 흑색, 백색, 회색, 그 아무것에도 해당함이 없다. 다만 자기의 생활이라는 것이 있는 탓으로 깊지 못하고 넓지 못한 대로 자기의 생활을 통일하여갈 만한 자기의 '생각'이 있을 뿐이니 다음은 그것의 일단일

---

6   『조선일보』 1927년 1월 4~16일자(7회 연재).

따름이다.

1. 반동과 문학

생활감정에 분열이 생길 때의 직전까지의 생활은 벌써 분해작용을 시작한다. 따라서 직전까지의 생활을 지지하여오던 사상은 추락한 비행기 모양으로 자기의 관념 속에서 해체에 착수치 않으면 아니 될 것이요, 현전現前의 생활조직과 생활의식이 무용無用의 폐물화廢物化한 것을 깨달을 것이다. 이것이 '반동'이라는 것이다. 일종의 모반이다. 기존既存한 사상, 인습한 전통에 대한 모반이요, 현실에 대한 모반이다. 한마디로 말하면 반동은 현실타파다. (해석을 요할 바도 아니거니와 본 논문에서 사용하는 '반동'은 현재의 상용하는바 구세력의 역전적 반동을 의미함이 아니라 일반적 의미 또는 구세력의 반동인 신세력을 지칭하는 경우가 있을 것이다. 편의상 용어이다.)

그러나 분해작용 이후, 현실타파 이후에 무엇이 닥쳐오겠느냐는 것은 반동 그 자체 속에서 발견치는 못한다. 이것이 곧 반동에는 사나운〔猛然〕 파괴성을 가지고 있는 까닭이거니와 현실타파 이후에 다가올 신생활의 조직과 의식과 이것들의 총람일 신사상의 체계는 기성한 일체에서 나오는 것이다. 다시 말하면 새로운 생활감정이 반기를 듦으로 말미암아 분해되어가는 대상물, 즉 폐물화한 구조직과 구사상의 총결산으로서 새로운 일개의 사상을 얻게 되고 또 그것이 반동운동의 목적을 지정한다. 그러나 그것도 다만 반동의 목적을 설정하는〔成算〕 수단에 그치는 것이요, 그 이상 더 나가서 그 반동운동이 종결된 뒤에 출현할 생활양식이라든지 모든 활동의 근본원리와 그 실제라는 것은 오직 상상과 계획에 그치는 것이요, 아무도 아는 사람은 없다. 그것은 아무도 경험한 바가 없는 까닭이다. 여기에서 반동기에 있는 프롤레타리아에게는 반동행위 이외에는 자기표준의 문화적 가치가 있는 하등의 것도 가지지 못한 것을 알 수 있을 것이다.

반동운동의 목적을 지정하며 그 실행에 필요한 모든 감정, 사상, 지식, 수단 하나도 그들 자신의 것이나 자신이 만든 것이 아니라, 부정하고 파괴하려는 이 과거의 생활권 내에서 얻은 것이기 때문이다. 말하자면 옛 주인의 세간살이를 얻어가지고 나왔거나 빌려가지고 나온 폭쯤 되는 것이다. 그러나 그것은 불가피할 일이요, 또 필요한 일이다. 옛 주인과 영영 분립하여 교섭이 단절되면 그만이거니와 반동에 대한 반동이 있는 다음에는 하는 수 없다. 저편이 피스톨을 가지고 위협하면 이편에서도 피스톨이 필요한 것이다. 다만 그 피스톨에 대한 관념이 다르고, 피스톨을 사용하는 목적이 다를 뿐이다. 해독하기 위하여 이독제독以毒制毒(독으로 독을 풂)하는 권도權度이다.

하여간에 그 피스톨은 반동기의 프롤레타리아가 산출한 문명, 또는 문화적 가치를 가진 것은 아니다. 그러므로 반동작용이 끝나고 프롤레타리아 독재기 또는 그 이후의 사회에서는 반동행위기의 생활을 제약하였던 사상관념도 불필요하게 될 것이다. 제국의 군대가 독가스를 제조하여야 할 것이다. 그러나 승리를 얻은 후에는 그 기술자는 청기와 상인이 되어야 할 것이다.

사실 우리가 지금 혁명 전의 러시아 문학, 그중에서도 혁명운동에서 취재取材한 뚜르게네프의 작품을 볼 때 우리의 감상이 어떠한가? 혁명 후의 러시아 사람에게는 말할 것도 없거니와 19세기 후반의 러시아 청년 같은 현재의 우리로도 어떤 풍토기風土記를 읽는 것 같은 감명밖에 얻지 못한다. 생활에서 문예를 보면 한낱 역사적 기록이다. 일면에 보편성이 없는 것이 아니요 내재한 예술적 가치가 스러지는 것이 아니지만, 시대의 간격은 그만큼 실감을 삭감하는 것이다. 가령 뚜르게네프의 『처녀지處女地』에 나타난 사상이나 감정이 혁명 후의 러시아 사람에게는 물론이려니와 반동기에 있는 우리의 견지로 보더라도 그것은 부르주아에게서 빌려 온 피스톨에 불과한 것이요, 결코 반동과 주체인『처녀지』시대의 러시아 청년 자신의 것이나 현대의 우리 자신의 것은 아니다. 즉 부르주아 문화의 목록에 편입할 것이요, 반동기의 문화도 아니며 반동 이후의 것도 못 된다는 말이다. 그것은 작가 자신의 사상과 태도가 비非반동(부르주아적)이기 때문도 아니요 취재 여하의 문제로도 아니라, 사상 그 자체, 감정 그 자체가 부르주아 생활에서 우러나온 것이기 때문이다. 다만 미래의 생활의 이상이 추상적 혹은 상상적으로 몽롱이 한 귀퉁이에 나타났으나, 그것이 곧 미래의 생활 자체가 아닌 것은 말할 것도 없는 것이다. 그러나 작품으로 볼 때에 시대, 계급, 인종을 초월한 보편성과 예술미를 가진 탓으로 금후에도 예술적으로는 생명을 지속할 것이다. 그것은 마치 피스톨이 반동시대 후에는 생명 재산의 수호신의 지위에서 쫓겨나서 오락용, 수렵용에나 필요하게 될 것과 같은 이치일 것이다(그렇다고 예술이 오락이라는 말은 아니다).

이러한 이론은 반동기와 프롤레타리아의 문화가 없고, 따라서 반동기의 반동계급을 대표한 문예는 그 현시에 있어서는 기성한 문예 ── 소위 부르주아 문예 ── 와 대치하여 양립하지마는 본질적으로 보면 양자가 같은 뿌리에서 나온 다른 몸임을 입증하였을 뿐 아니라, 반동행위 이후 ── 즉, 반동계급(프로) 독재기에 있어서도 소위 프롤레타리아 문화 혹은 문예가 불시에 성립되지 못할 것까지를 증명한다. 그것은 반동계급 독재기가 단축되면 될수록 이상理想 현실이 조속早速할 것이요, 따라서 어떠한 기간 이후에는 계급의식이 해소될 것이니까 그때에는 계급인이 아니라 민족의 일원, 사회의 일원, 인류의 일원일 따름인 고로 프롤레타리아의 문화·문학이라는 것이 특정적으로 존재할 여지가 없는 때문이다. 이는 나의 지론이요, 또한 그 국면에 당한 러시아 평론가 뜨로쯔끼도 인정하는 바인 모양이거니와, 이와 같은 다만 시간적으로 장구한 세월을 요하는 한 문화를 짧은 반동계급 독재기 내에서 형성할 수 없는 까닭일 뿐 아니라 그보다 더 큰 이유는 그 독재기도 아직 기초공사 시대이므로, 즉 반동계급의 이상을 실현할 초기의 시험시대라는 데에 있다. 다시 말하면 그 기간을 지배하는 사상은 아직까지도 반동행위기의 사상 그대로를 답습하였을 뿐 아니라, 신이상에 적응한 실생활이 아직 구체화하지 못하였으며 따라서 뿌리 깊은 전시대의 관념이 모든 사람의 행위(정신 생활로나, 실제 생활로나)를 비교적 넓은 범위에서 여전히 지배하고 있기 때문이다. 그러므로 진정한 프롤레타리아 이상에 부합되는 문화 또는 문학은 사상관념, 생활양식 등 일체가 구세계, 구생활에서 완전히 탈각하여 인간생명 본연의 요구를 가장 합리적으로 유도하고 창달케 함을 따라서 산출될 것이다. (1927. 1. 4)

그러면 반동기에 있는 프롤레타리아는 자기의 문화가 없을 뿐 아니라 적극적으로는 기성문화의 파괴밖에 꾀하지 못할지니, 차치且置 막론하고 이 시대의 문학은 그것이 아무리 전기前期의 지속일지라도 '사회적으로 어떠한 사명을 가질 것인가'에 이르러서 독자는 만일 1년 전에 본지에 게재하였던 계급문학에 관한 나의 소론을 읽은 분이거든 특히 '프롤레타리아 문학의 기조'라는 일장一章을 상기하여주기를 바란다. 이제 그중 일절을 간단히 적어두려 한다.

"이 '관념'의 세력이라는 것이 의외에 위대하다는 사실을 결코 경시하여서는 아니 된다. 실로 계급해방운동에 있어서 이 '관념의 파기'라는 것도 모든 정책적 운동에 못지않은 중대 문제라 하겠고, 또한 '그 이상'의 실현 전보다도 그 후에 중요 의의를 가질 것이요 정책의 한 항목이 될 것이라고 생각한다. 프롤레타리아 문학자가 전통을 부인하려고 애만 써서는 아니 될 것이다. 우리의 생활의 전 국면을 위대한 역량으로 샅샅이 지배하는, 즉 우리가 지금 가지고 있는 관념을 근본적으로 퇴치하려고 위대한 계획을 세워가지고 성실한 노력을 다하여야 할 것이다. 그러나 다만 퇴치하는 것이 능사가 아니다. 새로운 생활을 자율하고 지지할 만하고 새로운 사회를 가질 새 사람의 새 관념을 바꾸어 가져야 할 것이다." 이를 요컨대 '관념의 개조'에 과도기의 문학, 현재의 용어로 프로문학의 기조와 목표가 있다는 말이다. 위에 피스톨에 대한 관념이 다르다는 예를 들었거니와 이 예를 거듭 들어 말하자면 전대의 사람들에게는 피스톨이란 것은 생명재산의 수호신이요 살인용기라고 관념되었지마는, 반동 이후의 민중은 인류생활, 인간생명의 중심요구와 배반되는 것을 진정·진심으로 인식하게 되는 것과 한가지로 정신, 물질 할 것 없이 모든 것에 대한 관념을 개조하게 하는 것이 반동기의 문예가 그 운동에 공헌할 수 있는 최대한도의 실행력이라는 말이다. 그러나 이것이 문예의 유일한 존재이유도 아니요, 또한 문예 자체로 보아서 중요한 요소가 된다는 것도 아니요, 또 그러한 공리적 일면이 일부 사람의 주장과 같이 선전문을 써도 좋다고 하는 등 분별없는 의견에 대한 논거가 되는 것도 아니다. 문예는 문예다운 가치가 있고서야 비로소 문예의 효과를 빌려 선전의 공리도 나타나는 것이요, 문예의 독립성도 보전되는 것이다. 그러나 다만 반동운동의 입각지에서 보면 문예가 직접적인 효과는 적더라도 본질적인 중요한 임무를 가진 것인 고로 이용하려는 것이다. 왜 그러냐 하면 반동운동의 교화적 근본의의는 전통 파기에 있고, 전통과 관념은 실로 표리관계이기 때문이다. (1927. 1. 5)

2. 전통

1) 전통의 양면

반동의 대상은 두가지로 볼 수 있다고 생각한다. '간접 대상'과 '직접 대상' 혹은 '유심적 대상'과 '유물적 대상'의 두가지로 구분함이 편리할 것 같다. 간접 대상 즉 유심적 대상은 전통 또는 전통적 관념을 가리킴이요, 직접 대상 즉 유물적 대상은 정치생활, 경제생활을 가리킴임은 물론이겠다. 그러나 이 소론은 그중에서 특히 유심적 대상을 논하여 민족운동과 사회운동의 실제적 관계를 고찰하려 함인 고로, 유물적 대상은 차치하고 먼저 전통에 대하여 개설하여보려 한다.

'전통'이란 평면적 혹은 심리적으로 보면 사람과 '흙'을 관통한 본류적 혈통이요, 이에 대립하여 입체적 혹은 사회적으로 보면 물질과 사람을 연결한 지류적 방계로서 정신 또는 관습의 관념적 활동이라고 볼 수 있다. 그러나 전자에서 특히 '흙'이라는 지리적 조건에 중심을 두고 후자에서는 '물질'이라는 경제적 조건에 일층 더 착안한 것은 다만 비교문제에 불과한 것이요, 여하히 심령心靈에 관한 것이라도 문화의 창생적 견지에서 보면 어느 거나 '흙' 또는 물질의 속박에서 탈각할 수 없는 것은 일반이다. 그리고 또 전자에 있어서 '혈통'이라 하고 '심리적'이라 함에 대하여, 후자는 '사회적·관념적'이라 한 것도 어떤 정도까지의 차이임은 물론이니, 혈통이라는 것이 인류결합의 대본大本인 결혼에서 출발할 것인 다음에야 이미 사회적 현상임은 물론이요, 관념도 또한 심리작용이기 때문이다.

2) 평면적 고찰

'전통 대 혈통' 문제는 반상班常의 보학譜學(족보 연구)을 연상하거나 특수계급의 옹호 혹은 추상적 관념같이 보통 생각하나, 이것은 실로 인류생활의 중대 엄연한 기초이다. 동물은 본능으로나 공리적으로나 군서群棲(군집생활)를 영위하는 것이요, 또한 군서라는 사실은 도덕 발생의 필연적 동인이 되기니와 도덕의 기조는 실로 본능적인 모성애에 그 출발점이 있는 것이다. '성선'이냐 '성악'이냐는 문제, 즉 도덕은 본능적·자연적 발생이냐, 성악이로되 군서의 필요조건으로이냐는 문제는 고래로 각 설이 구구하거니와 무엇보다도 확실한 것은 모성애가 본능에 뿌리 깊게 박혔다는 사실이다. 이 모성애가 유추작용으로 형제에 미치고 하나의 혈통에 미치고 하나의 부족에 미쳐서 민족적 관념을 이루고, 더 나아가서는 인류애에까지 발전하는 것은 이론으로나 실제로나 부인할 수 없는 바인 동시에 유추작용, 즉 사랑은 근친에서부터 비롯한다는 것도 어찌할 수 없는 본능적인 정인 것을 시인하는 수밖에 없을 것이다. 또 '인정' 혹은 '동정'이라는 것은 군서의 필요로 공동동작, 즉 협동에서 나온 자연적 발생이라고 하겠지마는 그 표준은 역시 모성애인 것이라 하겠다. 우리가 우주의 일체를 부인, 또는 몰각하고 회의하더라도 자기가 모체에서 나온 것, 유일한 어머니를 가졌다는 것만은 회의치 못할 것이다. 그러므로 인류학자가 사상 또는 입증하는 바와 같이 난혼亂婚, 군혼群婚 시대에는 모계계승 시대를 우리는 거쳐왔다. '모계계승'이라는 것은 혈통 혹은 혈속 보존의 본능의 시초라고 볼 수 있다. 그러나 모계계승에서 부계계승으로 넘어온 것은 군혼시대에서 개혼個婚시대로 추이되는 동시에 부권의 확장과 짝을 이룬 사실임은 물론이겠지만, 나의 유심적 사유로 하면 그 정의의 발달과 병진한 본능작용이 더 깊은 동인을 가졌으리라고 생각한다.

일반적으로 육체는 물론이요, 더욱이 정서적 발달에 있어서 여성이 남성에 비하여 신속할 뿐 아니라 오늘날의 현상을 보더라도 여성은 정서적으로 완성하였다 할 수 있다. 그러므로 모성에 대한 부성애, 즉 자손에 대한 애욕 또는 혈통보존에 대한 의욕이 모성보다 뒤떨어져서 각성되었을지나 그 본질에 있어서는 모성인 경우와 같이 본능적이었을 것이다. 다만 개가 수태를 하면 다시는 교접을 기피하는 경향이 있다든지, 또는 원앙의 일부일처주의라든지, 기타 조류가 교미 기간이 되면 자웅이 합취合聚하여 가정적 형식을 일시 취한다든지 하는 사례로 보아서 인류가 난혼, 군혼을 피하여 개혼의 형식을 취한 것도 자손에 대한 감정과 의지의 발달과는 별개의 계통으로 동물적 본래의 자연한 추이가 아닌가 하는 의문도 없지 않으나, 일면으로 보면 아름다운 이성을 독점하려는 본능적 충동과 군서로 인하여 훈련된 연대성의 공동책임감, 또는 일층 절실히 말하면 배우자인 모성 자체의 수고를 원조, 경감하려는 개별적 정의情誼로라도 생아生兒의 양육을 남성도 무관심하게 보지 않았을 것이요, 겸하여 자식 사랑의 감정을 경험하는 동시에 혈속보존욕과 완력, 즉 생활부지력生活扶持力에 의한 가장권 탈득奪得(빼앗아 가짐)이 아울러서 부계계승의 사실을 낳은 것이라 볼 수 있을 것이다.

이상은 본능에 근거한 모성애로부터 비롯한 혈통의 유지가 가장 자연적, 또 본능적 발전을 가지고 또한 도덕의 기반이 이에 있음을 약설한 바이거니와 다시 현대과학의 힘으로 혈통감별법의 신발견에 (일본 의학계에서) 성공하였다는 사실은 무엇보다도 중요한 입증이 될 것이다. 이외에도 만일 유전학이나 우생학 같은 논거에서 보면 일층 유력한 바가 있을 것이다. 이들 요컨대 가족 또는 민족으로서 혈통을 운위할 때 누구나 그것은 문벌이나 민족의식 또는 민족적 대의명분을 고조함에 항용恒用하며 일체의 구도덕을 지지·옹호하기 위하여 가르치는 관념적 상투어로 여기는 모양이나 이것은 큰 편견, 큰 오류요, 실로 이것은 인간생활의 기조인 동시에 본능적인 점에 있어서 시간과 관념을 초월한 실재라고 할 수 있다.

그다음에 제2로 '지리적 조건'으로 관찰하건대 어느 생물이든지 환경에 지배 아니 되는 것이 없거니와 특히 사람에게 있어서 지리적 환경은 다만 문화의 질을 결정할 뿐 아니라 그 토착민(土着民)의 개성을 결정하는 것이다. 문화라는 것은 사회학에서는 '생활의 양식'이라고 정의하는 예도 있거니와 여하간 하나의 문화소文化素가 생활에 대한 순응성이 없는 것이면 처음부터 성립되지 못할 것이요, 만일 문화로 성립되기만 하면 그것은 곧 개성적 발달을 띠를 것이며 역사적으로는 전통화할 것은 물론이다. 좁은 반도 안에서도 서북인, 기호인, 영남인 등의 개별 풍습을 가지고 있을 뿐 아니라 동시에 각자의 집단적 개성이 있는 것은 교양이나 정치적 혹은 사회적 사정이 제약하는 바도 없지는 않지만, 무엇보다도 지리적 환경에서 중요한 원인을 발견할 것이다. '지리적'이라는 말은 기후·위치·지세와 및 거기에 포함된 일체의 자연물을 가리킴이니 한대와 열대, 대륙과 도서, 산지와 평야의 문물과 민족성이 유별되는 것은 더 떠들 필요가 없는 바일 것이다. 장려한 문화와 심원한 국민성과 웅대한 감정호흡은 호대장엄浩大莊嚴한 국토와 자연 속에서 나오는 것이다. 순정적 예술은 명쾌한 남국 정서에서 나오고 침통한 고민상苦悶相은 음삼陰森한 북국 문학에서 찾을 것이다. 더욱이 개성과 생활감정에 미치는 지리적 영향이 크나큰 것을 보려면 입센 『바다부인』의 엘리다가 등대지기의 딸로 자라나서 육지사람인 방엘 Wangel[7]과 결혼한 뒤에 바다가 그리워서 불안 초조한 생활을 계속하고 있는 심경을 상상하면 알 것이다.

그뿐 아니라 제일 문화의 근원이요, 또 개성적이며 전통적인 언어와 문자의 발달을 보더라도 얼마나 사람이 '흙'에 비끄러매 있는가를 깨달을 것이다. '말'의 첫걸음이 몸짓, 손짓일 것은 학자의 보고를 기다리지 않아도 아자啞者(농인)에게 배워서라도 알 것이려니와 이 몸짓, 손짓은 반드시 우연히〔혹자〕 자연계에서 감수感受한 사물에 의거하는 수밖에 없을 것이다. 즉, 지리적 조건은 언어에 대한 동작을 제약한다는 말이다. 호주의 퀸즐랜드섬 사람은 수렵에 대한 손짓의 전신법傳信法이 비상히 발달하였다고 한다. 또 지중해 연안지방 사람은 '없다'는 뜻을 표시할 때 네 손가락을 오므리고 엄지를 세워서 가슴께에 가져가 몹시 흔든다고 한다. 어떠한 이유로인지는 알 수 없으나 우리나라 사람같이 머리에 물방구리 같은 것을 얹고서는 손이나 몸을 임의로 쓸 수 없으니까 이런 경우에는 다른 방법을 취하였을 것이다. 그러면 '말' 없는 시대 사람이 왜 머리에 이는 풍속이 생겼는가? 그것은 우리나라 사람 모양으로 기후관계로 틈만 있으면 연료를 장만하려고 나무를 하여 오는 동안에 생긴 풍습이 아닌가 한다. 무겁다는 것보다도 손에 들거나 옆구리에 끼기에는 너무나 갈고랑이가 뻗히어서 머리에 얹게 된 것이라고 생각한다. 일본에는 다만 한곳, 쿄오또에서 조금 떨어져 있는 오하라大原라는 산촌에 여자들이 머리에 이는 풍속이 있다. 세계 다른 데에도 있을지 모르지만 그 오하라 여자는 대개 집에서는 나무를 해서 이고 오고, 시내에는 꽃가지를 꺾어 이고 팔러 다니는 것을 산중에서도 보

---

7   원문의 "왕겔"을 교정.

고 도시에서도 보았다. 쿄오또의 지세地勢가 겨울에는 조선만치 춥고 오하라는 더구나 산기슭이니까 그런지 모를 것이다. 그는 하여간 퀸즐랜드의 지리적 관계와 그로 인한 생활 상태가 수렵을 발달케 하지 않았다면 그러한 손짓암호가 특수하게 발달하지 못하였을 것만은 추단할 수 있는 일이다. 그리고 동작 표시로 나온 언어에서도 그 지방에 없는 사물이면 따라서 말도 없는 것은 물론이겠다. '캥거루'라는 동물이 없는 조선에는 조선말에서 그 명사를 구할 수 없고, '훈도시'로 앞을 가리고 살지 않던 조선 사람에게는 그 풍습이 없는 동시에 말조차 없는 것이다.

그다음에 '문자'로 보아도 쉬운 일례는 상형문자인 한자에서 찾을 수 있다. 언어학상 상형문자는 그림문자 다음의 발달이라고 하는 모양이지만, 그림문자이든 상형문자이든 자연의 물상物象에서 모작模作한 것은 매일반이다. 그러므로 한자는 중국의 국토 — 자연이 가진 동물, 광물이나 또는 그 환경의 현상에서 얻은 이념과 상상 이외에 벗어나지는 못할 것이다. 중국의 '흙'이 가지지 않은 물상은 문자로 제정되지도 못하였을 것이요, 또한 문자 제정 이후에 자국 내에서나 세계의 타지방에서 발견된 것을 직접 표시할 문자는 없을 것이다. 다시 말하면 상형문자가 생길 당시에 소라는 동물이 중국에 없었고 그 후 조선에 소라는 동물이 있는 것을 알았더라면 중국은 '조신초朝鮮貂'라 하였든지 '거돈ㅁ豚(큰 돼지)'이라 하였든지 다른 명사로 명명하였으리라는 말이다. 이를 요컨대 한자는 지리적 약속하에 발생한 것이라는 말이요, 그 상형문자의 영향된 조선문이나 일본문은 중국에 지리적으로 인접한 까닭이라는 말이다.

이상을 다시 요약하여 말하면 혈통은 본능적·선천적이요, 사람과 '흙'의 교섭은 후천적이나 떼어낼 수 없는 숙명하에 놓인 자연적 약속이다.

3) 입체적 일면

앞 절에서는 평면적 고찰을 하였거니와 그러면 입체적·사회적 전통이란 무엇인가? 나는 이미 물질과 사람을 연결한 전통의 방계傍系라고 말하였거니와 이것은 지리적 조건에 대한 경제적 조건을 가리킴이다. 이미 '물질'이라 하고, '경제적'이라 하였으니 오늘날과 같이 맑시즘 전성시대에 내가 다시 개념적 평론을 시험할 필요도 없겠지마는 서술의 순서로 대별을 거쳐서 결론에 들어가려 한다.

문명을 구별하는 데에 온갖 설이 분분한 모양이나, 우선 미개인·반개인半開人·개명인의 3종 혹은 3단계로 구분하는 것이 온당할 듯하다. 그러나 여기에 크나큰 사실이 하나 있다. 즉, 사람의 생활이 어떠한 종류의 문명에 나뉘어 속해 있든지 또는 어떠한 단계에 도달하였든지를 따지지 않고 사람은 한가지 약속에 매어달렸다는 것이다. 사람은 미개하였을 때에는 자연에 속박되고 지배되었었다. 그러나 문명이란 결국에 그 자연의 굴레에서 벗어나는 정도에 비례하는 것인 고로 반半개명시대에는 자연과 대등한 지위를 획득하게 되었고, 그다음에 자연을 완전히 정복하였을 때에 우리는 문명인임을 스스로 자랑한다. 그러나 그것은 큰 잘못이다. 이제야 와서 모든 학자는 인류의 생활이 애초에 길을 잘못 들었다고 인류의 앞날의 운명을 탄식하는 것도 그 까닭이지마는 우리의 천박한 견해를 가지고도 인류의 살아온 길이 빗나간 것은 요량料量이 낮을 것이다. 문명하였다고 자긍하는 것이 얼마나 소갈딱지 없고 얌체 빠진 말이냐. (그렇다고 이로부터의 조선 사람이 문명할 필요가 없다는 것은 아니다.)

길이 빗나간 것은 자발적으로 만든 약속에 되걸리기 때문이었다. 어찌할 수 없는 무지한 탓으로이지마는 우리의 선조가 자연에게 속박을 받고 있을 때에 신을 섬기기 시작한 그 일이 벌써 오늘날의 인류생활을 약속하였던 것이다. 이것은 벌써 먼 선사시대의 일이거니와 기승을 떠는 자연의 포학暴虐과 불가사의한 자연의 비밀에 대한 공포에 움츠린 그들은 기도의 머리를 숙이는 수밖에 없었다. 유치한 그들에게 관념된 신은 자연 바로 그것이었든지 그 포학과 공포로부터 가호구원加護救援하여주는 개별의 존재이었든지 간에, 피륙토끝(끊지 않은 천 끄트머리)에도 떡시루를 놓고 이끼 않은 나뭇가지에도 빌었다. (1927. 1. 8)

이때부터 인류는 자연과 인간을 통하여 영원히 노예 되기를 스스로 선서한 것이다. 그리하여 수만 세월을 살아오는 동안 그 대상은 변하였으나, 이날 이때까지 그 종문서는 아직도 우리의 머릿속에 감추어 있는 것이다. 숭신관념崇神觀念, 우상숭배, 종교신앙의 싹이 이때부터 뿌리박힌 것이었다. 그러나 그 신의 실재가 신앙숭배의 대상물이나 자연 그것이 아닌 것은 물론이다.

하나의 부락 중의 제일 지혜로운 자가 추장酋長인 동시에 신직神職을 가지게 되는 것은 필연한 일이요, 또 필요한 일이 있을 것이다. 최남선崔南善 씨가 단군은 '단굴'이란 말이요, '단굴'은 신에 관한 일을 맡아보는〔掌司〕 지도자〔主〕, 즉 지금의 무당(무녀)이라는 것이요, 군君이란 '임금'이라고 제창함에 수긍할 것은 이 점이라고 생각하거니와, 하여간 신직을 꿰찬 위에 추장을 겸하였다는 것은 비상한 권위인 동시에 이로부터 행정과 경제를 '신의神意'에 따라서 독재할 것은 능히 추상推想할 수 있는 일이다. 그러나 '신의'라는 것은 필경의 신직을 가진 추장의 아직 유치한 이념 이외에 벗어나지는 못할 것이다. 즉, 신은 추장 이외에 아무것도 아니었다. 하여간에 그 신, 추장에 의하여 지배되는 민중은 신의의 명하는 대로 노동의 결과를 신단神壇에 바쳐야 할 것이다. 그 수렴한 바는 처음에는 혹 공동생활의 자료로 기회균등주의가 보장될 수도 있을 것이요 또는 완전히 신사를 위한 공헌인 경우도 있었겠지만, 하여간 신의, 추장의 임의로 농단壟斷될 위험성이 많았을 것은 쉽게 추측될 바이다. 이러한 사실은 사유재산이라는 새로운 사회현상을 출현하는 남상濫觴이 되었으리라고 생각하거니와 이와 같이 경제적 행정권이 있는 동시에 신직은 신성하고 또 신사에 전념하여야 하겠는 고로 노동의 기피를 공허公許하게 될 것도 사실일 것이다. 신직자(성직자) 및 그 가족이 노동에서 면제된다는 것은 그 부락 각원各員의 노동량이 증가한다는 의미임은 물론이다. 더욱이 신직의 민멸泯滅(자취 없이 사라짐)을 막기 위하여 생활의 비율이 일층 고등하여야 할 필요까지 생김도 당연한 일이겠다. 그런데 일면으로는 신의 '말'을 선포하여 신위神威의 향상과 일반 신앙의 돈독을 꾀할 필요가 생김으로 온갖 사물에 대한 지식욕이 자극될 것이요, 또한 경제상·시간상 여유는 이 욕구를 충실케 하여 줄 것이다. 그 결과는 인류문화의 요람을 짓는 동시에 일반 실생활에 직접 좋은 영향을 줌으로써 신직자의 권위와 신망을 일층 넓히게 될 것이다. 이리하여 세월과 한가지 신직계급과 비신직계급, 비노동계급과 노동계급이 출현할 것이요, 또한 신직계급은 지식계급인 동시에 지배계급이며 풍류계급(유한계급)일 수가 있게 될 것이다. 그리하여 사회사정이 다소 활발하여짐을 따라서는 물물교환의 유치한 상업형식이 생기자 풍류계급의 사유재산이 늘게 될 것이다. 이러한 추리는 정확한 사실史實에 서서 과학적 고찰을 한 것이 아니므로 매우 막연하나마 여하간에 이러한 시대에서부터 계급의 형체가 성립되었다는 사실은 능히 추단할 수 있는 일이겠다.

이와 같이 어머니의 젖꼭지에 매달린 것 같은 그 발육의 초기에서부터 계급의 굴레를 쓰고 자라난 인류는 자연의 굴레를 벗어날수록 그에 비례하는 계급적 질곡에 매어달리게 되었다. 신직계급만의 지배를 받을 때는 외적에 대하여서도 공동방어요, 전체를 위한 이익이며 실무이었다. 노동은 자유요, 또한 평화이었다. 일만 하면 먹기에 부족하지 않았을 것이다. 그러나 장구한 시간을 경과할수록 인문人文이 향상하고 생산방법이 발달하여 비교적 다량의 생산을 획득하는 반면에, 생산율에 비례하는 인구가 점점 증식할 뿐 아니라 신직계급 이외에 군벌계급이 중앙에서는 정권을 농락하여 자연히 계급 내의 살벌殺伐(죽이고 벌함)에 몰두하게 됨으로 서민계급은 이의 맹목적 주구로서 무용무익한 희생을 바쳐야 하게 되고, 지방에서는 대지주가 가렴주구를 하지 않는 데가 없게〔無所不至〕되었다. 상전 하나가 열, 백으로 늘었다. 그러나 자연의 반半을 정복하여 반개명하였다고 민중은 무지하게도 기뻐하고 특권계급의 위광威光을 예찬하였다. 이러한 봉건시대가 지난 뒤에 현대와 같이 자랑할 만한 문명시대가 당도한 것이다. '기계'라는 상전이 군벌의 쇠퇴에 올라타 최고위에 앉게 되었다. 공·상업 문명이 기계문명이요 자본문명이라는 것은 내가 설명할 필요도 없겠거니와 기계는 전대前代의 군벌을 자기 집 파수병, 호위병으로 고용하고 그 외의 특권계급은 세간 청지기 열쇠꾸러미를 맡기는 데에 자본주의 문명의 찬연한 위광이 떨치는 것이다. 그러나 인류가 자연을 정복하고 얻은 것은 기계를 숭배하거나 신앙치 않아도 좋다는 한가지에 그친다. 기계는 신직층도 아니요, 군벌도 아니요, 귀족층도 아니요, 대지주층도 아닌 대신에 소크라테스의 뇌신경의 동향과 기계 자신의 톱니가 회전하는 역학적 방법이 동일하다는 원리하에 누구든지 다만 노예로 도구로 봉사하려고 강요할 따름이다. 자본가는 기계에 동력을 송전하고 노동자를 자기의 재산목록에 생산용구로서 기입하며 콧날을 으쓱거리지만 기계는 자본가까지를 자기의 노예로 하고 앉았다. 요컨대 금대의 기계는 다만 노동자에게 대하여 상전일 뿐 아니라, 인류의 총합에 비하여 훨씬, 훨씬 값비싼 지위를 점령하였다 하여도 과장은 아닐 것이다. 이리하여 기계의 제일 충복인 소위 부르주아계급은 위세를 떨치게 되었다.

계급빌딜의 유래는 몇 마디에 그치자던 깃이 매우 장황하여진 모양이다. 그러나 나의 수다한 것도 그 계급이란 놈의 도깨비장난으로 보면 하는 수 없는 일이거니와 이와 같이 살면서도 어떻게 어떠한 방식으로 살아가는가를 의식하고 인식할 만한 비판력을 가지지 못하였던 인류는 자기 길을 잘못 든 것까지 이때까지 깨닫지 못하였던 것이다. 어떠한 계급이 지식을 독점하고 교육을 전제專制한다는 것, 가령 말하면 문예부흥 앞시기의 서구 대륙이 교권주의하에서 암흑시대에 빠지게 한 지식의 독점이라든지 하는 것이, 하나의 제국이 하나의 식민지에 대하여 취하는 교육의 전제주의라든지 하는 것이, 자계급·자민족에 대한 타계급·타민족의 협조라든지 동화를 바라는 것이 아니라 그보다도 먼저 자의식·자기비판력을 빼앗거나 또는 발생할 여유를 주지 않으려는 데에 원리가 있는 것이다. 우세한 계급은 결코 하층계급이 자계급과 동일한 감정사상에 협조되고 동화되기를 원치 않는다. 만일 그리되었다가는 부르주아의 밥을 상전마마님이 손수 끓여 자시게 되고, 옥 같은 손등은 엄동설한에 터질 것이며, 영감대감, 요강, 망태기, 담뱃대까지 좌우 손에 들고 다닐 것이다. 만일 그리하였다가는 큰일이다. 피정복민족이 정복민족에게 동화되느냐 아니 되느냐가 문제가 아니다. 입으로는 부르짖을지 모르지만, 기실 내심으로는 동화될까 보아 걱정이다. 만일 동화되었다가는 같은 자리에 담뱃대를 맞피워 물고 앉을 것을 누가 하고 싶으랴. 종문서도 아니 내어주려는데 더구나 농籠을 트고 덤빌 것을 누가 받으려 하겠기에!

이 점이 프롤레타리아의 이상·목표와 정반대다. 프롤레타리아는 부르주아에게 대하여 너의 과거의 죄악을 용서할 것이니 나에게 동화하라고 순순히 타이르지만 부르주아는 프롤레타리아에게 대하여 조금 더 황금을 지불할 터이니 나를 위하여 우유를 짜달라고 명령한다. 사람을 위하여 짜는 것은 고사하고 자기 배를 위하여도 못 짠다. 왜? 부르주아 전체의 위엄을 위하였다. 일치될 리도 없겠지만 일치되면 노예를 잃어버리고 재산목록에 기입한 생산도구의 한 항목이 빠지기 때문이다. 그러므로 그들이 하층 혹은 열등계급에게 허락한 교화의 범위는 자기반성·자기비판의 여유와 기회를 물질적으로나 정신적으로나 주지 않는 정도에서 우월계급의 생활양식 혹은 사회환경에 순응케 하는 데에 있다. 사실은 우월계급 자체도 그러한 반성비판력이 빈약하여 인류행로의 정부正否를 간취할 여가가 없었지마는, 특히 피압박계급에 있어서는 정신상 교화로뿐만 아니라 물질적 강렬한 압박으로 인하여 도저히 인류 전체의 생활상은 물론이요 자계급에 대한 의식까지를 잃게 된 것이었다. 이것을 바꾸어 말하면 우월계급은 자기의 이념, 자계급의 존재를 토대로 하였고, 또 혹시는 의식적으로 자계급의 존재이유를 합리화하려는 이념에서 나온 사상의 결론이나 문화의 결과만을 가르침으로써 프롤레타리아의 계급의식을 마비시킴에 성공하는 것이다.

그는 자기의 하인에게 교회에 가라고 명한다. 하인은 인류의 조상이 신력神力에 귀의하였던 것과 같은 관념으로 잠자코 교회에 가거나, 그렇지 않으면 교회에 가는 필요가 무엇이냐고 물을 것이다. 그때 주인은 "네가 내 말을 잘 들을 때 나는 너에게 어떻게 하더냐? 하물며 하나님이시랴!"라고 교훈할 것이다. 생각해보니 그러하리라 하고 교회에를 가면 목사는 어떠한 권위든지 권위를 가질 만한 이유가 있어서 가진 것인즉 이에 신뢰하는 자는 행복과 명가冥加(신의 도움)를 얻으리라고 가르치며 주인에게 충순忠順한 비복婢僕(종)은 주인과 한가지 행복하리라고 예를 든다. 그러나 '하나님은 어디 있는 것인가? 종교의 진목적은 무엇인가? 교회는 어찌하여 성립한 것인가?'를 가르치는 사람은 없다. 머리에 남은 것은 사람은 신력에 귀의하지 않으면 자립하여 살 수 없는 것, 신앙이 있으면 천당에 간다는 것. 이 두가지의 관념뿐이다. 또 주인은 날이 저물거든 전등을 켜라고 명한다. 명대로 하여보니 어제까지의 기름불보다는 밝다. 밝은 이유에 대하여 물을 때, 주인은 코대답을 할 것이다. 왜 그런고 하니 하인의 무식이 고상한 학문적 이치를 이해치 못하리라는 이유보다도 하인을 고용하는 것은 전등을 켜우게 하는 데에만 필요한 것이요, 전력을 만드는 원리와 방법을 연구하고 활용하는 것은 자기네의 책무 혹은 특권이기 때문이다. 즉 하인은 자기의 생활환경에 순응만 하면 고만이다. 전등장치의 필요와 같이 점화기로 하인을 고용하였을 따름이다. 이때에 하인은 전등을 기름등잔보다 편리하다는 관념과 도회의 유산가有産家만 쓸 수 있는 것이라는 관념만이 머리에 남을 것이다. 그는 주인 되는 부르주아와 같이 문명을 공유하게 되었으나 문화는 갖지 못한 것이다(전등은 문명이요, 발전술 혹은 그 원리는 문화이기 때문이다).

오늘의 프롤레타리아가 인류 발생과 동시한 장구한 역사를 가지고도 프롤레타리아 문화를 못 가진 이유가 여기에 있다. 이를 요컨대 프롤레타리아는 그 의식을 근대의 자본주의문명의 반동으로 비로소 발견하여 포지抱持함(마음에 지님)에 불과한 것이요, 일반적으로 피압박계급으로서의 존재는 인류생활이 의식적으로 경영될 때부터의 일이나, 그 전통은 자계급 내에서 배태된 것이 아니라 우월계급의 자주적, 지배적 도덕과 그 사상관념의 반대로 만들어준 노예도덕과 그 사상관념을 현대의 반동계급이 가지고 있을 따름이라는 말이다. 그것은 자기의 문화를 가지지 못하게 되었던 프롤레타리아의 당연한 귀결이라고 할 수 있다.

이와 같이 입체적 전통은 순전히 경제적, 계급적이요 시간적, 순관념적이며 보다 더 역사적 배경을 가진 인위적 변태성變態性에 의한 것이거니와, 이에 대립한 평면적 전통은 지방적 또는 민족적이요 토착적, 개성적이며 보담 더 지리적 약속을 가진 본능적 순응성을 띠인 것이라고 볼 수 있다. 전자는 유물적이니만큼 가변성이나 후자는 유심적이니만큼 '불가변성' 혹은 '난難가변성'이라 하겠다. (1927. 1. 9)

3. 전통과 반동

사람은 자연을 정복하였다고 한다. 그것은 사실이다. 그러나 또 그만치 오만불손한 생각도 없을 것이다. 과학의 메스는 자연을 해부는 하였으나 자연의 내장內臟은 하나도 변역變易시키지 못하였다. 또 한 낱의 원자일지라도 더 보태어놓은 것도 없고 축낸 것도 없다. 이것은 과학 그 자체가 자연의 이법理法 위에 성립된 것이기 때문이다. 현상에 의하여 지도되는 것이 과학이요, 그 문명이다. 그런데 사람이 자연이상自然理想 혹은 그 환경에 지배된다는 것은 이 자연의 원리에 따라서 생활한다는 말인 고로, 과학이 인류생활에 행복을 끼치는 첫째의 이유는 과학이 자연의 이법을 준수하는 점에 있는 것이다. 그러므로 오늘날의 문명이 만일 자연의 이법과 배치되는 원리원칙에 섰다 할 지경이면 그 발생의 당초는 아무리 자연이법에 합치되었다 할지라도 현전現前의 사실로는 인간본연의 생활과 상반하는 것이라고 아니 할 수 없는 것이다. 이것을 뒤집어 말하면 사람의 생활은 자연의 대법칙에 순응하는 정도에 따라서 보다 더 낫고 못한 것이 결정되는 것이다. 자연의 이법을 반역하는 자에게는 멸망밖에 없는 것이다. 사람의 힘, 과학의 힘으로 이것을 변역하고 정복할 수 있다고 생각하는 자는 아직도 자연의 이법을 모르는 자의 불손한 망상이다.

　연전에 토오꾜오의 어떤 유명한 목사의 부인이 중병에 걸리어서도 의사의 진찰을 받지 않고 죽은 일이 있었다. 의약醫藥이라는 인간 의지의 힘을 빌리지 않고 신의 의지에 귀의한 것이다. 그리하여 마침내 비장한 죽음을 신의 의지가 명하는 대로 감수한 것이다. 지금의 종교가는 그 여자의 순교적 '자연사'로 표상된 신앙의 철저함에 감격일 것이다. 그러나 이처럼 심한 망념도 또 다시 없을 것이다. 이 여자의 이 그릇된 행위는 의학이라는 과학으로 자연을 정복하고 자연의 통재자統裁者요 소유자인 신에게서 약탈하여 온 인간의 부당 소유물로 생각한 데에서 나온 것이었다. 또한 그처럼 부당 소유물이라고까지는 생각지 않았더라도 신의 의지에 의하여 결재되는 죽음을 인긴 의지, 혹은 인위로 된 의약의 힘으로 모면하려는 것은 신의 의지를 거역하는 것이라고 믿었던 것이다. 그러나 종교가의 견지로서 의학, 과학도 신의 바로 그것으로 된 것이요, 신이 사람에게 생활용구로 준 것이라고 생각하였으면 그러한 얼없는 짓은 아니 하고 지금도 신의 의지를 힘입어서 잘 살아 있을 것이다. 종교적 견지로 보더라도 인력으로 자조自助할 수 있는 일을 아니하고 다만 신에만 의탁한다는 것은 신에게 충실한 표상이 되는 것이 아니라, 신의 힘 또는 자기에게 대한 신의 수호심을 떠보려는(시험하여봄) 것을 의미함이 될지니 도리어 신에게 대한 불손 불경한 태도라 할 수 있다.

그런데 대체 '신'이란 무엇인가? '자연의 이법' 그것이다. 종교가는 물론 초자연적 실재로서 신을 숭신할 것이다. 그리고 자연의 이법은 그의 창의創意한 '신의 도道'라고 설명할 것이며 신의가 자연의 이법에 의하여 움직이는 것이 아니라 신의 그것의 현현顯現이 자연의 이법이라고 볼 것이다. 그러나 신은 사람이 '자연'의 생활상태 즉 자연의 이법을 조금도 모를 때, 다시 말하면 사람이 자연을 적대시하고 그 위에 적정敵情을 정찰하여 올 길이 두절되었을 때, 자연의 생각지 못한 기이한 변모(천변지이天變地異 기타)를 방어하기 위하여 쌓기를 비롯한 장성長城이요, 고탑高塔이라는 것은 전술한 바와 같다. 그리고 '신의 도'라는 것도 신직자가 신과 신직자 자신의 위엄과 지위를 향상케 하기 위하여 신직자 자신의 경험과 이념으로 만들어낸 것이라는 것도 이미 말한 바와 같다. 그러므로 오늘날과 같이 사람이 자연과 합동하고 자연의 이법을 해득하였을 뿐 아니라 그 이법이 곧 사람의 생활의 이법인 것을 깨달은 다음에는, 신이라는 성 안에 들어앉았을 필요가 없고 신이라는 고탑에서 적정을 살필 필요도 없게 되었다. 그뿐 아니라 '신의 도'와 신직자의 경험과 이념에서 비롯하였으므로 그 신직자의 경험과 이념이 정확할수록 진리에 가까워질 것이요, 그 진리는 '신의 도'를 나타내는 동시에 사람의 생활을 합리화할 것이다. 진리화하고 합리화한다는 것은 무엇인가? 자연의 이법에 일치한다는 말이니 다시 말하면 신직자라는 인간이 가진 경험과 이념이 자연의 이법에 합치되는 정도에 따라서 '신의 도', 신의 말의 진위가 결정되는 것이다. 그러면 이와 같은 사실은 어떠한 결론에 도달케 하는가? 자연의 대이법은 영원불변하고 보편유일한 실재로서 만유를 유일로唯一路(오직 하나뿐인 길)로 인도한다는 것이다. 사람이 이것을 잘 이해하고서 자기의 생활을 그 이법의 유일로에 순응하고 적응하게 하도록 스스로 노력하면 비로소 자기의 생의 현실을 얻을 것이요 또한 자기의 생명을 통하여 우주의 생명으로 하여금 창달케 할 수 있으나, 만일 그 이법에 반역하면 그 길을 잘못 들을 것이요 길을 잘못 들으면 자유를 빼앗기고 생명은 위축하여 인간세상은 지옥의 고해苦海로 화할지니, 그것은 자연의 이법을 체득치 못한 자에게 대한 자연은 염마閻魔로 보이고 또한 그 횡포에 대한 방비수단을 모르게 되기 때문이다.

인류생활의 행로가 그릇된 근본원인이 이 자연의 이법을 몰랐을 때부터 비롯한 것은 누차 말한 바이고 그것은 고의로 그리한 것이 아니라 무지로 그리된 것이니 어쩔 수 없는 일이었지마는, 하여간 이로 인하여 우리는 숭신의 관념을 얻고 그것은 다시 자연의 이법에 대하여 열리려는 이념을 덮어두게 한 동시에 오직 권위에 대하여 맹목적 복종과 숭앙을 강제하기에 필요한 정조情操와 관념만을 길러줌으로써 마침내 계급발달에 필요한 요소를 짓게 되었으니 이것이 인류의 생활행로 오착誤錯의 제1이유가 될 것이다. 그다음에 자연의 이법을 해득하는 정도는 자기생활을 질적으로도 향상케 하고 합리화하는 정도를 결정하지만 동시에 양적으로 물질생활의 정도도 결정하는 것은 물론이다. 신직계급이 노동으로부터 면제될 때로부터 시작된 비노동계급은 시간과 생활의 여유로 지식계급을 이룬다는 것은 앞서 말한 바와 같거니와 그 결과로 그들은 지식의 독점자인 동시에 그 지식은 다시 그들의 생활자료를 풍부케 하였다. 그리하여 증산된 잉여물질은 그들의 전유물이 되어서 드디어 사상 정신으로 우월계급이 존재하였을 뿐 아니라 물질적으로 더욱이 우월한 권리를 맡게 되는 동시에 본능적 소유 충동은 인류의 생활의 균등을 파괴하기 시작하였다. 이것이 인류생활로 하여 행로난行路難을 부르짖게 하였고 또 그 행로를 빗들어가게 한 제2이유다.

그다음 제3이유는 사람으로 자연에서 독립을 시키려는 데에 있다. 처음에는 무관한 탓으로 적대관계에 놓였던 자연을 점점 이해하게 됨으로 말미암아 자연과 대등하여 무의식적으로라도 그 이법에 순응하려 하였던 것이 반개명시대의 상태이었으나, 과학의 입장이 밝고 또 확고하게 됨을 따라서 자연을 정복하였다는 자긍을 갖게 되자 사람은 자연을 눈 아래로 보게 되었다. 그 결과는 자연과 교섭을 간접적으로 행하고 사람과 간격을 벌렸으며 어떤 때는 그 존재까지를 그리 대수롭게 알지 않게 되었다. 오늘날의 문명인은 자연을 구축驅逐하고 기계를 주인 삼은 데에 그 전全 생활의 알파와 오메가가 있는 것임은 물론이다. 금대인今代人은 자연의 대지 위에서 낳아가지고 기계에 집어넣어서 조금도 틀림없도록 나사를 잔뜩 조여놓은 데에 특징이 있다. 기계의 법칙은 자연의 이법에서 나왔다. 그러나 기계는 자연이 아니다. 자연의 아들을 기계의 노예로 한 데에 인류생활의 현실은 폭로되었다. 인간은 인간을 생산하는 기계로서야 비로소 존재의 이유가 성립되는 것이요, 인간으로서의 존재는 벌써 예전에 쓰러졌다. 사람이 기계의 노예라는 말은 '기계 대 노동자' '자본가 대 노동자'인 경우에만 특정적으로 지칭하는 것이 아니다. 자연을 정복하였다는 자신自信은 자연의 이법이라는 대실재大實在, 대본의大本義를 무시하고 기계가 산출하여주는 부를 중심으로 하여 생활의 법칙을 스스로 만들었다. 이 일장一章 법규야말로 빗들어선 인류생활의 최후 결산인 동시에, 유물적으로만 기계에 노예가 된 것이 아니라 그 기계를 통하여 유심적으로도 노예가 되었다. 그 노예 된 점에 있어서는 자본가나 노동자나 일반이다. 다만 노동자는 이것을 깨달아 가졌고, 자본가는 깨닫지 못하였거나 깨닫고도 그 생활법칙이 자기의 소유충동을 토대 삼아 작성된 것인 고로 현상 지속에 급급하는 데에 차이가 있을 따름이다.

앞으로의 인류의 대목표는 자연에, 자연의 이법에 돌아가는 데에 있다. 이 목표에 용왕매진勇往邁進할 자각이나 근기根氣가 없다 하면 인류의 운명은 내림길이다. 인류는 쇠미衰微하여갈 길밖에 없다.

물질문명의 절정에 서서 호기롭게 사는 신대륙의 활기만만活氣滿滿한 사회상을 가보지 못한 우리가 상상할 때, 인생이란 실로 그러하여야 할 것이다. '생활이란 그러고서 살은 보람이 있다!'고 부러워할 것이다. 그러나 그 모든 것은 사람이 기계화한다는 제1조건 위에 건설되었다는 것을 망각하였거든 다시금 이념에 붙들어야 할 것이다. 사람은 자기의 영혼을 둔 '고장'까지 잊어버리고 수레바퀴의 혁대 위에서 공중거리로 날뛰는 것을 깨닫지 못할 때에 현 사회에 대한 구가謳歌(많은 사람의 칭송)가 입에서 나온다. 성시盛時(전성기)에 오히려 백년의 대계를 생각하기에 게으르지 않은 자는 현명한 자이다. 현대문명이 그 머리꼭대기에서 이대로 전향할까를 염두에도 두지 않고 어찌 인류의 운명을 논의하랴. 기계로부터의 해방 —— 현대문명에서의 해방 —— 그것은 자연에 돌아가는 길이다. 자연의 이법에의 복귀, 그것은 자본주의의 생활법칙의 파괴요 부르주아의 멸락이다.

프롤레타리아의 반동은 유심적으로 보면 자연에의 귀의에 이상이 있는 것이라 하겠다. 그러므로 반동운동의 교화 방면의 최후의 목표가 여기에 있는 것이라고 믿는 바이거니와 그 방법론적 목표로는 이와 같이 오늘날까지의 문화가 발전되어오는 동안에 사람의 머리에 뿌리 깊게 심어준 노예도덕의 관념, 소유충동에서 오는 관념, 그 방면이 그릇된 현대문명을 시인, 지지함에 필요한 모든 관념을 파기하고 개조케 하는 때에 있는 것은 이미 '반동과 문학'을 논한 제1절에서 언급한 바와 같다. 그런데 여기에서 특히 고찰하여야 할 것은 '이러한 관념들은 민족관념과 양립하는 것이냐? 동근동종同根同種이냐?'는 문제이다. 이것은 사회운동에서나 민족운동에서나 매우 중대한 문제이기니와 독자는 이에서 앞 절에 논술한바, 전통의 2방면, 즉 평면적 전통과 입체적 전통의 상이점을 상기하여 대조하여보면 명확한 경계선을 발견하리라고 생각한다.

이를 다시 말하면 상기한 모든 관념은 입체적 전통인 계급적 전통이므로 그 변이성을 이용하여 관념개조를 하여야 한다는 말이다. 민족관념이라는 것은 자연성, 필연성을 가진 것으로 쉽게 변이하기 어렵거나 혹은 전연히 불가변성의 지리적 약속을 가졌을 뿐 아니라, 반동운동의 최후의 이상인 자연과 및 그 이법에 복귀하는 데에 유리한 방조자는 될지언정 결코 반발 불상용不相容의 것이 아니므로 사회운동에 있어서 민족관념을 관념

파기의 한 종목으로 편입하여서는 아니 된다는 것이다.

그러나 민족관념에 있어서 인위적인 일부분이 있는 것을 간과해서는 아니 된다. 즉, 부르주아가 종교를 이용하는 것과 같은 수단으로 민족적 선조 숭배의 관념을 부르주아의 수호신으로 이용하려 하는 점이다. 그러나 이것은 과학적 해석을 부여함으로써 정당한 관념을 가지게 하면 그 위험에서 건질 수가 있다. 다시 말하면 전술한바 '신'과 '자연의 이법'과의 관계와 같이 우리는 민족적 전통, 즉 지리적 전통의 실재성을 인정하고 그에 순응하도록 우리의 생활을 인도하면 고만일 것이요, 또 그러함이 '자연의 이법' 그것에 합치되는 것이다. 그런데 다만 한가지 문제는 '신'은 종교가의 이념과 감정의 소산이나 선조는 인격적 존재요 또한 사실적 실재이므로, 혈통상으로나 역사상으로 내지 관념상으로 이것을 부정할 수는 없는 것이다. 또 그리할 필요도 없는 것이다. 누구나 자기의 어버이에게 사상적 갈등을 느낄 경우에도 경애敬愛 혹은 정애情愛를 느낀다. 이것은 '피'에 대한 애착이요, 또 본능적이라고 전술한 바가 있었다. 그러면 민족적 존재가 있는 다음에야 민족적 선조에 대하여 경애의 염念을 포지하는 것이 사회개조사업에 장해를 초래[齎來]할 리가 없는 것은 자명의 이치이며, 또한 민족적 선조를 민족적 전통의 상징으로 보는 것도 무관한 일이니, 만일 그 민족이 집단적으로 어떠한 행위를 취하여야 할 긴박한 사태에 처하였을 때에도 그 상징화한 선조를 목표 삼아 만심萬心이 일치 단합하도록 특히 고조할 때도 있을 것이다. 그러나 이 경우에라도 신격적 존재가 아니요 계급적 사실이나 관념으로가 아니므로, 계급의식의 마취제로 변태를 할 수는 없다. 만일 변태화하면 그러하지 못하게 얼마든지 제지할 수단은 있는 것이다. 다만 그것으로 말미암아서 무용한 민족적 편견을 고취함에 빠지면 인류공영을 위하여 불길한 일일 따름이라 하겠다. (1927. 1. 11)

4. 민족운동과 사회운동의 실제

이상은 민족운동과 사회운동을 유심적 견지에 서서 결코 모순 반발치 않는다는 일반론이었거니와 이러한 논거에 의하여 실제적 방면을 개관함도 헛된 일은 아닐 것 같다.

민족운동은 민족전통의 옹호자로서 민족혼의 고취와 대의명분적 정신에 입각하려 하므로 보다 더 유심적 경향을 가질 것이요, 경제 방면으로는 '민족 대 민족'의 노자勞資 관계를 인식하므로 자민족의 내국적 자본주의를 긍정 또는 장려하는 경우가 있겠으므로 일반 사회운동에 대하여는 소극적 태도를 취할 것이다. 그러나 사회운동은 이에 반하여 일체의 전통을 부인하고 민족혼을 불문에 부치며 반동의 대상을 자기 민족에 대한 압박 민족에 국한한 것이 아니요, 자기 민족 내의 부르주아를 포함한 전세계의 부르주아 계급과 그 제국주의 국가에서 발견하는 것은 새삼스러이 떠들 바가 아니다. 그리고 정신문화상으로 보면 민족주의는 자민족의 개성에 중심을 둔 문화 ── 국민문학의 수립을 기도하는 반면에 사회운동 측에서는 보편성적으로 프롤레타리아 문화 ── 계급문학의 고조로써 전통적 관념의 파기 및 개조에 분망하게 될 것도 필연한 이치일 것이다(이 두 문학의 앞으로의 빌진과 그 관계는 『신민』 신년호〔1927년 1월〕에 기고한 소론에서 개설하였기로 이에서는 생략한다).

그러나 이러한 두 경향이 유심적 견지에서 결국에는 일치하리라는 것은 앞서 말한 바와 같거니와, 다시 피압박민족의 실제 운동에서 양자가 합동 일치함이 각자의 운동을 일층 권위 있게 함이라 하면 그것은 어떠한 방면에서 더욱 실제적으로 발견할까?

민족운동이 대의명분적, 또는 전통 중시적 견지에만 입각한 자민족 내부의 정치 및 교화운동으로 목적을 달하려던 것은 기미년 당시 혹은 그 후 2, 3년의 일이다. 시대는 변하였다. 제1시련이 '성공이냐 실패냐'라는 문제보다도 한가지 교훈을 얻었던 것이니 현실폭로로서 얻은 실력을 스스로 회의하는 의식으로 인하여 純純정치운동에서 경제운동에 완만한 보조로 전향하여 '민족 대 민족'의 착취를 자민족의 자본주의적 발달로서 방어할 수밖에 없는 답안에 득달得達하였다. 이것은 확실히 변태요, 역류다. 부르주아 자신이 자진하여 할 일을 여론으로써 부르주아적 발달을 촉진케 한다는 것은 숙호충비宿虎衝鼻(잠든 호랑이의 코를 찌름)요, 교인행적敎人行賊(사람을 가르쳐 도둑질하게 함)케 하는 셈이요, 까딱하다가는 무산자 스스로의 묘혈을 준비하는 것이지마는, 일면으로 보면 과연 여기에 피압박민족, 피착취민족의 남에게 말 못 할 이중, 삼중의 고통이 있고 딜레마가 있는 것이다. 그러나 이것이 자민족의 현실을 유지하는 유일로唯一路일 지경이면 순리적 입장을 버리고 사태에 순응하여 일시적 권도權道(임시방편)를 취하는 수밖에 없다. 그렇다! 이 점이다! 민족주의가 현재에 지지하는 경제정책이 어떠한 시기까지의 임기응변적 권도인 것을 자진하여 인식하는 때부터 사회운동의 우익에 출진할 자격을 가지게 될 것이다. 그것은 아무리 정치적 해결이 단독히 성취된다 할지라도 현재의 조선이 가진 부르주아의 미약한 역량으로서는 자본주의적으로일망정 경제적 해결을 주지 못하리라는 이유, 환언하면 '사회운동적' 경제정책에 의하지 않으면 경제적 해결 그 자체뿐만 아니라 정치적 해결도 완성키가 어려우리라는 예상하에서 인식될 것이다. 이에 반하여 사회운동은 민족주의가 제국주의적 발달의 과정 또는 그 귀결에 도달할 만한 하등의 필연성이 없는 동시에 '민족적 피착취'라는 현실의 사실만을 인식하고 또 민족주의의 권도정책을 묵인하면 양자는 실제 운동선상에서 충분히 협동되리라고 믿는다. 다만 한가지, 자민족의 내국적 자본주의 발전에 대하여 보호정책을 취하는 점이 장래의 제국주의적 민족주의에 유도하는 발효소라고 비난할 것이요 의심할 것이나, 그것은 너무나 실제를 무시한 순리적 견해라 할 것이다. 왜 그러냐 하면 '현실생활의 유지'라는 긴박한 조건이 있는 것이 한 이유요, 현시의 조선 부르주아가 발전된다 하자 미미함에 불과할 뿐 아니라 상당한 발달을 할지라도 부르주아의 공통한 필연적 운명하에 놓이게 되리라는 것이 둘째 이유며, 보호정책 그 자체가 수단이라는 것이 최후의 이유이겠기 때문이다. (1927. 1. 15)

하여간 이와 같이 유심적으로나 유물적 실제 운동으로나 양자가 일치되고 협력하며 병진하는 것은 목하 조선의 반동운동에 있어서 절대 필요한 일이다. 세력의 확충으로도 그러하거니와 사회운동 측의 견지로서도 민족운동은 사회운동의 우경적 선행운동을 하여줌으로써 더욱이 필요를 느낄 것이다. 가령 현하現下에 실제화하는 문맹타파운동이라든지 기타 일반 농촌무산자교화운동 같은 것에 있어서 다소의 주의 정책상 차이점이 없지 않을지라도 민족운동 측에서 공헌함이 많을 것이요, 또한 실제에 사회운동자보다 편의와 기회를 많이 가질 것이다. 민족운동이나 사회운동이나 다 같이 세계의 피압박민족 및 전체 동일계급과 국제적 연맹을 맺는 것도 필요한 일이요, 또한 현전의 자민족에 대한 압박민족 내의 무산자 및 그 정당과 악수하는 것도 사실 여하에 따라서는 불필요한 일이 아니겠지마는, 그보다 먼저 끽긴喫緊(긴급)한 필요를 느끼는 것은 자민족 내의 양개 운동의 신속한 제휴에 있다고 확신하는 바이다.

좀 더 긴절히 말하자면 민족적 일면을 버리지 않은 사회운동, 사회성을 무시하지 않은 민족운동, 그것을 지금 조선은 요구하지 않는가! 아무리 '조선민족적인 정치경제 상태'에 살 수 있게 될지라도 기계에, 자본주의적 생활법칙에 예속되어 살기를 원하고 자연의 이법에 돌아가기를 생각지 않는 동포는 새로운 세대에 발맞추지 못할 반려요, 또 아무리 새로운 생활환경에 안적安適할 수 있더라도 민족적 개성을 상실하였거나 지리적 조건으로 약속된 민족의 전통을 무시하는 사회원은 자연의 이법에 귀순하려는 인류의 신新행로의 동행자가 되기 어려울 것이다. 어떠한 세대, 어떠한 생활조직하에서라도 반도의 흙은 조선말을 하는 사람과 및 그의 자손의 손에서 갈(耕)리고 조선말은 반도의 흙을 가는 사람 이외의 사람의 입에서 회화되지 않을 것이기 때문이다. 그리 아니 할 수도 없거니와 구태여 그렇게 아니 할 필요도 없는 일이기 때문이다. 소비에뜨 러시아가 각 연방의 교육을 통일된 조직하에 각자의 방족어邦族語(민족어)로 시행한다는 것은 얼마나 자연의 이법에 순응하고 적응하는 방법이요, 또 얼마나 유쾌한 일이냐! 그리하고서야 인류의 문화는 비로소 바른길로 들어서고 또한 찬연한 빛을 얻을 것이요, 또 그리하고서야 인간의 자유는 확보되었다 할 것이다. 일본사람에게는 사미센三味線을 뜯게 하여라. 러시아 사람에게는 발랄라이카balalaika를 타게 하여라. 조선 사람은 장구를 칠지니! 그것은 다 그 토지, 그 자연 속에서 자연의 이법대로 된 그 백성의 영혼과 개성의 울리움인 연고니라.

병인 세모歲暮 토오꾜오 교외에서. (1927. 1. 15)

소설시대 ＝ 사대사상[8]

'어떠한 문학'이라는 말은 두가지 방면으로 볼 수 있을 것이다. 즉, 형체의 문제와 문예사조의 문제라는 말이다. 다시 구체적으로 평이하게 말하면, 시냐 희곡이냐 소설이냐 하는 일면의 관찰이 형체의 문제요, 문예사조로서는 당면한 문제로 소위 무산無産·비무산의 논의라든지 농민문학·국민문학의 제창이라든지 또는 무산파문학이라는 것 중에도 '볼셰비키'파니 '아나키스트'파니 하는 등을 가리킴이다.

그러면 현재와 및 장래를 통하여 조선 사람이 요구하는, 또 조선이 형성·축조하여간 우리의 문학이 어떠한 것이겠느냐? 또는 어떠한 것이어야

---

8   『조선지광』 1928년 1월호.

하겠느냐는 문제를 제일의 관점에 비춰보면 누구나 쉽게 소설의 시대라고 말할 것이다. '소설의 시대'라는 것은 조선의 현재와 장래를 지배하는 현상일 따름이 아니라 실로 세계적 추세인 것도 췌언贅言을 요하지 않을 바이다.

문학의 기원이나 근저는 가장 원시적이요, 가장 자연적인 규율에 있다고 할 것이다. 사람과 사람의 접촉, 사람과 자연의 관계, 사람의 관념의 최고 종합체인 신과 사람의 교섭 등에 대한 의혹과 공포와 불가사의를 표시하는 수단으로서는 정서적 경탄[9]의 선율을 빌리지 않을 수 없었을 것이다. 그리고 이것을 인문의 발달을 따라서 세련하고 탁마한 것이 곧 시이다. 즉, 야생적·원시적 자연 그대로의 정서를 정련하는 동시에 그 운율의 기교화로 형식미를 갖춘 것이 시이다. 그러나 시가 시로서 형성되는 데에 필요한 조건과 약속에 제한을 받게 될 때부터 본래의 보편적 성질과 작용을 잃고, 귀족적 경향을 밟게 되었다. 이러한 현상은 시 그 자체로서는 진화요 고상화한 것이나, 사회적 의의로 보아서는 시가 일반 민중의 하트heart에서 배반하고 나아서 특수계급의 전유물이 됨에 만족하였다는 현상을 이루었다 할 것이다. 미인은 부귀를 따르고, 시는 궁전에서 안식을 얻은 것이다.

그러나 '데모크라시'라는 말은 정치적·사회적 의미만을 가진 것은 아니다. 다시 밀하면 지식의 해방, 정서의 해방까지를 의미하는 것이다. 차라리 지식의 해방, 정서의 해방을 기다려서 정치적 및 사회적으로 ××××× (원문 삭제)[10]이 성취되는 것이라고도 할 것이다. 여하간에 시는 지식의 보고寶庫에서, 궁전의 음일淫佚에서 민중의 품으로 다시 찾아내오게 되었다. 그러나 민중은 분훈粉薰(화장) 곱게 꾸민 비자연적·기교적·인공적·귀족적 미의美衣(아름다운 옷)에 싸인 대로의 시를 받아들일 수는 없다. 여기에서 민중은 퇴폐 부란腐爛(부패)한 궁중 왕비와 후궁의 분합粉盒 같은 시를 민중에

---

9   원문의 "○嘆"을 문맥상으로 추정하여 제시함.

10   이 글의 × 표시는 모두 검열삭제된 부분이다.

게 적당한 형체로 개조하기를 착수하였다. 그리하여 얻은 것이 산문이다. 우리는 산문의 시대에서 예술을 건조함에 노력하고 있는 것이다. 시의 타락이 아니요, 시의 본래의 생명을 가장 건강 상태로 만회, 소생케 하려는 노력이다. 소설이라는 예술형태가 곧 그것이다.

그러므로 소설이란 데모크라시 정서에 의하여 귀족의 수중에서 탈환하여 온 시를 산문화한 것이요, 따라서 민중의 공향공락共享共樂(함께 즐김)을 위하여 제공된 보편성을 가진 예술이다. 현대가 또는 금후의 세대가 민중의 시대인 다음에는 소설은 더욱, 더욱이 그 노력을 증대할 것이요, 또한 민중의 교양의 향상과 보급을 따라서 소설은 그 발달의 진로를 다시 운율적 시가로 향하여 취할 것이다. 그러나 그렇다고 다시 귀족적 시가로 역전되는 것이 아니라, 민중과 같이, 차라리 민중의 손에서 진전되는 것인 고로 의의와 그 실질에 있어서 판이할 것이다. 하여간 현대의 문학은 소설의 시대요, 또 소설은 민중의 예술이다.

그중에서도 조선문학이 소설에 근저를 가지게 된 것은 시의 민중 ×××이라는 이유보다는 직접으로 데모크라시 정신의 체득과 소설의 황금시대라는 외계의 풍랑을 그대로 받아들인 까닭이라 하겠다. 원래 조선 사람은 명상적, 독창적 민족이라고 칭찬할 수 있을지 주저한다. 또한 자기 특유한 종교가 발달되지 못한 이유로서 예술이 독이성獨異性을 키우거나 또는 왕성한 자의식적 의욕하에 형성·발달되었다고 볼 수 없을 것이다. 근자에 신라 유물이나 낙랑 미술 운운하지만, 그 속에서 과연 알 만한 '조선'을 발견할까 의문이다. 즉, 조선인 독자의 창조력이 얼만한 포함되었는가? 의문이라면 의문이다. 모방의 체〔篩〕를 거치어 나온 것이라면 조선인의 생명이 약동하는 것이라고 단언하기를 주저할 수밖에 없기 때문이다. 독자의 것, 창세적創世的 창조라는 것을 우리 민족은 자립할 수 있었던가? 또는 그러한 자립감을 지금 가지고 있는가? 의문이다. 이러한 의문은 문학에 있어서 한층 더할 것이다. 우리가 명상적이요, 독창력이 왕성〔旺溢〕한 민족이었으면 우리의 문학사를 꾸밀 찬란한 그 무엇을 가졌을 것이다. 한마디로 말하면 우리는 독자의 예술을 자랑할 것이 없는 동시에 시의 민족이라고 보기 어렵다. 그 결과는 우리의 문학이 우리의 독자적 운율 위에서 형성되기에 매우 곤란을 받는다는 말이요, 또한 우리의 문학은 패가한 사람의 신접살림쯤밖에 아니 된다는 말이다. 따라서 우리는 신문학운동이 개시된 지 일천하기도 하지만, 남의 장단에 춤추는 셈으로 외래예술에만 지배되고 있는 것이다. 그러므로 문학의 본질로만 그러한 것이 아니라 형체로도 그러하다. 즉, 해방한 '우리의 시'가 없거나 부족하였으므로 우리는 신문학의 출발을 시에서도 있지 못하고 극劇에서 있지도 못하고 오직 현대의식의 생명으로서 겨우 소설을 붙들었을 따름이요, 또 다행히 세계문학의 추세가 소설에 있는 까닭에 근근이 그 추세에 적응시켜갈 뿐이다. 심하게 말하면 술지개미나 맛본다고 하여도 또다시 큰소리는 못할 것이다.

그 외에 지금 형편으로는 극예술을 논의할 여지가 없음은 나의 풀이를 기다릴 필요도 없는 바일 것이다.

이러한 형편이고 보니 더욱이 문예사조로서 장래의 조선문학을 추단推斷한다는 것은 망상에 가까운 일일지 모른다. 각성한 조선 사람은 사대사상事大思想을 사갈蛇蝎(뱀과 전갈처럼 혐오함)같이 생각한다. 물론 떳떳한 일이나. 그러나 주머니가 빈 자는 남의 주머니와 남의 안식만 살피는 것이다. 제 버릇으로도 그러하고, 마지못해서도 그러한 것이다. 이조 말기로 끝난 사대사상은 '중화中華'에 대하여서만이다. 지금은 그보다도 광범하고 다방면으로 사대를 하고 있는 터이다. 다만 전자는 직접 정치적 문제가 앞섰더니 만큼 노골적이었다. 그러나 지금 사람은 누구나 입 밖에 '사대'라는 말은 하지 않으나, 자기 자신마저 속이며 은연히 사대를 한다. 누구나 일본의 문화나 일본을 거쳐 오는 구미문화에 대하여 사대라고는 말하지 않는다. 그것은 노골적으로 ×××××를 가지고 있으니까. 그러니 조선의 문화는 누가 지배하고 있는가? 인위적으로 누가 지배한다는가는 고사하고 우리 자체의 의식상 문제로 말이다. 우리는 일본 자체의 문화가 아니면 일본을 통하여 오는 구미문화와 떨어져서 무엇을 가지고 있는가? 그러면 조선의 앞으로의 문학사상과 방향이 어디로 추진하겠느냐는 문제를 또다시 검토할 필요가 있을까? 불쾌, ××××××××××××××××× 주워섬길 수 있는 모든 ××의 형용사를 나열하여놓아도 사실인 다음에야 하는 수 없다. 진정한 '국면 타개, 방면 전개'라는 것은 '조선'이라는 독자성을 심절히 각오·파악하는 때이다. 자기의 생명을 붙들고 늘어질 힘이 있을 때의 일이다.

우리의 눈은 남쪽으로 향하지 않으면 북편으로 돌릴 것이다. 그것이 소위 '무산문학, 비무산문학'이란 논쟁의 유래다. 그러나 그 역시 문화, 문학상의 사대가 아니고 무어냐. 원래 문화의 세력이라는 것은 정치상 세력과 병행하는 것이지마는, '사대'라는 말은 무의식, 유의식을 가리지 않고 자기부정, 자기포기를 의미하는 것이다. 자기를 고집·파악한 자는 어떠한 것을 받아들이든지 사대가 아니라 수입이요, 이식이요, 이용이요, 제작에 필요한 원료 구매에 불과한 것이다. 그러나 조선 사람은 부정하고 포기할 '자기'라는 것도 변변치 않은 데다가 의식적으로 부정, 포기부터 공공연히 외치고 덤비기 때문에 자기망각의 사대라는 말이다. 그러나 북방의 문학사상조차 기류의 변조라 할지, 남방의 우회하여 들어오는 동안에는 삭풍의 끔찍한 기세조차 삭감되는 것이다. 그나마도 이중번역이다. 결국에 조선문학의 장래를 점칠〔龜卜〕 유일의 표준은 남북풍이다. 남북풍의 흐름이 바뀌기〔替流〕 여하에 달린 것이다. 그러나 예술이 밖에서 유입되는 것이 아니요 내발적 생명의 연소요, ××된 생명이 ××에 향하여 ××되고자 하는 내적으로 피할 수 없는 의욕에서 창조되는 것이라 하면, 외계外界의 영향으로 좌우되는 동안에는 또는 그 외력에 의하여서만은 도저히 자기의 독창적 문학이 수립될 수 없는 것이다.

조선의 문학은 자기 본연의 요구에 봉착할 때까지 오랫동안 신고辛苦(고

생)를 하여야 할 것이요, 또한 동시에〔方在〕 암중모색 중이다. 내일을 요구하기 전에, 또는 유파流派 문제를 논의하기 전에 '자기본연自己本然'이라는 것이 무엇인가? 또는 어디 가서 찾을까부터 충분히 생각하여야 할 것이다. (1928. 12. 15)

조선과 문예, 문예와 민중[11]

1

인물이 시대를 움직이고 민중을 좌우할 수 있는 듯이 믿는 것은 역사가가 어떠한 사건에 대하여 반드시 대표적 책임자를 내세우기 때문이다. 카이저가 세계대전의 책임자요, 레닌이 노농勞農 러시아의 건설자요, 윌슨이 평화론자요, 무솔리니가 국수주의자의 화신이라고 하는 것은 정말로 그러할 듯한 말이지만, 카이저의 군대에게 싸울 의사와 기개가 없고, 낡은 러시아의 오랜 역사가 혁명의 계기를 짓지 않고, 미국의 부가 없고, 남유럽 반도의 혁명적 동란이 없었던들 어떠하였을꼬? 대개 어떠한 현상이든지 아무리 표면적으로는 우빌직 사실 같다 하더라도 몇천만가지의 사건의 결과가 종합하여 비로소 나타난 것이요, 몇천만 사람의 조그만 의사意思가 움직인 결과의 총적總積으로서 출현되는 것이다.

이와 같이 한 시대의 문운文運은 웅문거벽雄文巨擘(힘 있는 문장과 뛰어난 인물)의 출현에 바라고, 위대한 작가는 한 에포크 메이커epoch-maker(시대의 창조자)라고 생각하는 것은 보통 일반의 의견으로 틀림없으나 근본적으로는 정곡을 얻은 것은 못 된다.

11　『동아일보』 1928년 4월 10~17일자(7회 연재).

한 위대한 작가를 연구의 도마 위에 올려놓을 때, 모든 학자는 각자의 견지에서 의견을 발표하리라. 생리학자는 그의 혈통에 대하여 얼마나 예술적 유전을 가졌는가, 역사가는 그 민족성이 얼마나 시적·명상적인가, 지리학자는 그의 고향의 자연풍물이 어떠한가, 병리학자는 그의 건강상태가 어떠한가, 정치학자는 당시의 정치상태가 어떠하였던가, 경제학자는 인민의 산업 상황과 생활 정도가 어떠하였던가, 교육가는 민지民智가 어떠하였던가, 철학자는 시대사조의 중축이 무엇이던가……. 이러한 모든 사정과 조건과 필연적 동기를 포착·종합함으로써 한 위대한 작가와 작품을 설명할 수 있을 것이다. 그리고 그 개개의 조건과 동기, 즉 유전과 건강과 민족성과 생활 상태와 민중의 교육정도와 사회사정과 시대사조와 그 자신의 지식과 감정과 사상은 역사적 연락聯絡과 지리적 연결로써 종합·수집된 억만인의 노력과 행위와 의사의 총적이다.

가령 한 예를 문학자에 대한 국어國語에 들어보자. 한 위대한 작가가 출현하여 자기의 작품을 통하여 하나로 통일되지 않은〔混同不一〕 자국어의 문법과 및 그 어원과 용법, 용례 등에 대하여 정확한 새 중심축을 세우고 어휘의 양을 증대시키며, 개개의 단어가 가진 내용과 음향미音響美를 확충·교정하여 자국어로 하여금 언어 그대로도 능히 예술적 가치를 자랑하게 하였다고 가정하자. 그러나 그 언어는 그가 창조한 것인가? 말의 신비로운 법칙을 그는 제정하였는가? 그는 다만 말의 정수精髓를 깨닫는 민감이 있고, 말을 구사하는 묘체妙諦(묘한 이치)를 알 뿐이다. 그의 민족적 조상으로부터 그가 '아빠, 엄마' 소리를 배울 때까지 수억만 인의 혀끝에서 세련되고, 수천 혹은 수만 년 동안 그 말을 쓰던 사람의 지혜와 감성 속에서 탁마된 것이다. 또한 그 말의 원리를 고찰하고 조직을 검핵檢覈(조사해 밝힘)하여 토론하고 연찬에 연찬을 거듭하여 내려온 무수한 언어학자의 고심과 노력을 고려에 넣지 않으면 아니 될 것이다. 그뿐 아니라 한층 더 들어가서는 그 말의 발생을 약속하였던 모든 시대의 자연풍물과 사상문화 등 허다한 원인과 조건을 무시할 수 없다. 그러면 그는 다만 자기의 예술적 능력으로서 말의 역사에 결론을 부여하고 그 필연적 효과를 교묘히 이용하였다 함에 불과하나, 만일에 그 모든 사람의 지혜와 노력과 모든 사정의 원인과 조건이 없었던들 그는 위대한 작품을 쓸 수단에 결여하였을 것이요, 말의 어머니가 될 영예도 차지하지 못하였을 것이다.

문학을 말하는 자 누구나 이백과 두보를 일컫고 셰익스피어, 똘스또이를 찬탄한다. 과연 그들은 각자의 민족적 자랑일 뿐 아니라 인류에게 영원한 황금의 탑을 쌓은 사람이 아님이 아니나, 그들이 출생하였다는 사실보다도 먼저 그들이 출생하기에 필요·필연한 사정과 원인과 조건이 구비하였다는 점을 간과하여서는 아니 될 것이다. 문화라 일컫고 그 문화를 대표하는 거인의 출생을 갈망하나, 어제 없던 화산火山이 하루아침에 폭발하여 깎아지른 듯 높이 솟는 것과 같을 수 없을 것은 당연한 바가 아니냐. 화산일지라도 그 결과로만 보면 일조일석一朝一夕의 일이지만, 폭발을 가능케 한 원인과 준비 열도熱度와 가스의 증발력과 용출량과 지각의 밀도와 지구 자체의 생명, 성질, 역사 등 여러 가지 조건이 필요한 것이다.

그러면 이와 같은 견지하에서 미래 조선의 문학과 작가를 점쳐볼진대 우리의 전통, 우리의 유흥, 우리의 풍토, 우리의 정치경제 사정, 우리의 민지民智, 이 모든 환경과 기운이 과연 시대를 대표하고 '위대'라는 이름을 붙일 만한 작가와 작품을 낳을 수 있을까? 조선의 문학과 문학가의 태반은 건강 상태에 있느냐? (1928. 4. 10)

2

종래에 조선의 문학을 운위하는 자는 누구나 먼저 작가와 작품의 무능 졸렬만을 논의하여 혹은 비난 공격하고 혹은 매도 멸시하거나 전연 무시하여왔다. 그러나 (아전인수적 변호같이 들릴 말이나) 비난 매도하기 전에 그 원인에 대하여 양해가 있으면 차라리 동정할 바가 없을까? 올봄 초에 『동아일보』 사설에도 오늘날의 조선 문예의 내용이 러시아에 구할 것이 아니면 이태리인에게 들을 말이요, 문예상 논쟁은 문단이라는 작은 국면의 집안싸움이니 이와 같이 민중과 격리하여서는 문학의 사회적 의의가 어디 있고 민중의 소리를 어찌 들으려 하느냐는 의미의 비난이 있었다. 비난은 격려를 의미하는 것으로 보아 유용한 것일 수 있고 또한 이들 언설이 정곡에 가깝지 않은 게 아니라고 나는 생각하거니와, 종래에 예술이라면 은방세공銀房細工, 소설이라면 『구운몽』 『홍루몽』 『옥루몽』 하는 등 실인생實人生을 꿈길 같은 세상, 유희적 세상으로만 보려 하는 것이나, 음악은 광대의 할 짓, 신시新詩는 연애편지 습작이라는 경멸적 태도를 버리지 못하던 일반의 인식이 일단의 진보를 보인 것이라고도 하겠으며, 또한 욕심으로 말하면 민중의 이해와 접근이 그 사설에 반영된 이상으로 한 걸음 더 고쳐나간다면 문학적 기운의 조성을 위하여 기뻐할 바라고도 생각한다. 그러나 우리는 비난하거나 작가난, 작품난을 호소하기 전에 우리의 역사적 사정, 시대적 의의, 사회적 형세, 민중적 관계 등을 살핀다면 과연 우리는 좋은 작가, 훌륭한 작품을 가질 수 있는 조건을 구비하고도 인물이 나오지 않는가를 알리라.

쓸데없는 얘기를 길게 늘어놓을 필요도 없이 우선 민중적 관계로만 보더라도 '민중에게로 접근하라, 민중의 소리에 귀를 기울여라'고 하나, 어떻게 접근하고 어떠한 소리를 들으란 말인가? 오늘날의 민중은 전통, 교육, 사상, 관념, 감정, 감각, 생활양식 등 모든 점으로 보아서 하나의 환자라고 가정하자. 그리고 요행히 여기에 한 좋은 의사가 있다고 하자. 좋은 의사일수록 환자에게 들을 말이 많으리라. 무엇을 먹었는가, 어디 어떻게 아픈가를 들어야 할 것이다. 그러나 시큼털털한 개살구를 먹고 체한 사람이 역시 개살구가 안 되면 비빔밥을 먹겠다고 보채고 열熱에 띠어서 문밖에 나가 개천물이라도 먹겠다고 고집을 세운다면 이것도 들을 말인가? 편작

扁鵲(중국 전설의 명의)인들 하는 수 없는 일이다. 훌륭한 작품을 낳을 역량이 지금 사람에게 없는 것도 사실이지만 민중이 그것을 요구치 않으면야 나올 기회를 막는 것이다. 이러한 여러 가지 실제 사정에 관한 논의는 다음 단락에서 상술할 기회가 있겠거니와 우리는 우선 '가갸'를 배우는 한 어린 아이가 작가를 얼마나 지배하는가부터 고찰의 출발점으로 정함이 당연하리라고 생각한다. 왜 그러냐 하면 현대문학의 배태胚胎가 '가갸'에 있는 것이 그 이유의 하나요, 또 하나는 나폴레옹에게 한 병사가 싸우기를 거절하였으면 나폴레옹의 원정은 역사에서 삭제되었으리라 하는 논법이 일반적으로 당신의 아들이 '가갸'를 배울 기회가 없고 배울 의사가 없고 배워도 그 글로 쓰인 것을 읽기 싫어하면, 그리고 그 친구가 그리하고 그 손자가 그리하고 그 손자의 동무가 그리하고, 그와 같이 하면 아무리 위대한 작가와 작품이라도 전혀 필요치 않기 때문이다. 작가의 출현이나 작품의 품위나 문단의 구성이나 그 모든 것은, 민중과 민중을 현재에 끌어온 생활의 퇴적과 역사가 매듭을 지어주고 가는 시대의 온갖 모습이 서로 어우러져서 공중의 전류와 같이 사람의 심정 속에서 숨어 흐르는 미묘한 기운을 빚음으로써 지배되기 때문이다. 그러나 우리는 지금 그 미묘한 기운, 예술적 모든 작용을 자극 유발하고 세련 완성시키기에 필요한 분위기에 싸여 있는가? (1928. 4. 11)

3

문예는 언어와 문자에 의한 예술적 표현이라는 의미로 —— 문예의 보급은 민중의 문자의 학습과 교양의 정도에 따른다는 의미로 —— 예술적 자극과 분위기는 문예의 민중화로써 양성된다는 의미로서 독자의 문자를 가지지 못하였던 고려 말까지 불문에 부치고라도 이조 5백년간에는 만일 조선 사람이 독자의 문학을 가질 만한 정서적 훈련과 가지고자 하는 의욕이 있었으면 십이분十二分 가능하였고 문예의 민중적 함양도 얻을 수 있었을 것이다. 그러나 훈민정음의 역사가 우리에게 남겨주고 간 업적은 시조 몇 수와 「용비어천가」나 『춘향전』 『심청전』 『홍길동전』 『운영전』 『장화홍련전』 『사씨남정기』 등 열 손가락에 미치지 못할 조잡한 통속소설 몇 편과 기타 잡가, 속요의 구전口傳을 문자화한 것 등에서 더 벗어나지 못하였다. 그러나 그것이나마 대개가 한문 원작의 직역이다. 번역이나마 조선어로 충분히 새기어서 ('조선문학화'라는 말은 너무나 과한 말일지 모르나) 조선문자화하여 민중에게 쉽게 이해하게 한 것이냐 하면 그렇지도 못한 것이다. 통속소설, 가정소설, 인정소설人情小說이라는 것은 소위 민중문예라는 의미에서 그 저급함을 간신히 변명할 수 있는 것이다. 그러나 그 내용의 가정소설로서 또는 민중의 읽을거리로서 적합·부적합은 고사하고라도 한문의 소양이 없이는 난해한 문체이고 보면, 민중적 보급이라는 점에서도 존재의 의의가 박약하여질 것은 물론이다. 그러나 이것을 근대의 민중이, 오히려 지금도 대다수의 민중이 유일하게 좋아하는 읽을거리로 탐독한다는 사실은 그들이 얼마나 문예에 주렸던가를 우리에게 가르친다.

인생은 예술 없이 살 수 없다. 숭신崇神의 정서와 제신祭神의 의식이 예술 발생의 연원이라 하거니와 사람은 무서운 감정도 예술의 수단을 빌려 표현하고, 기뻐도 예술, 슬퍼도 예술 없이 자기를 표현할 수 없다. 사람에게 감정이 있는 때까지는 예술을 필요로 하리라. 자기의 심정을 토로하여 타인의 공명을 얻고 자기에게 동화되기를 바라는 자기표현의 욕망과 본능이 있는 동안은 예술 없이 살 수 없으리라. 자기와 자기의 주위를 일층 아름다운 것, 일층 완전한 것으로 향상하려는 노력과 과장성誇張性이 사람에게 있는 동안에는 예술적 표현을 희구하리라. 아름다운 정서에 감격하고 도취하려 하며 자기의 심정을 미화하고 선화善化하려는 희망이 있는 자에게 예술은 영혼의 양식이 되리라. 감정이 고갈한 자는 이에서 윤택을 얻으려 하고, 생활력이 활발한 자는 삶의 의욕의 충실을 이에서 기대하고, 생활력이 침체한 자에 이르기까지 그 자극을 위하여 예술의 영적 기운을 쏘이고자 한다. 예술은 사람과 사람의 심정이 멸망할 때까지 운명을 같이한다.

그러면 조선 사람도 4천여년 동안 예술이라는 명칭 아래 의식하였든지 안 하였든지, 많든 적든지 예술을 가졌기에 살아왔다. 그것은 밥을 먹었기에 산 것과 똑같은 사실이다. 그러나 자기의 자유로운 문자를 가지기 비롯한 5백년 동안 민중의 예술적 욕구에 대답하여준 것은 다만 몇 수의 시조와 몇 편의 난해 추잡한 통속소설이었다는 사실은 그 죄를 어디로 돌려보냄이 타당하다 할까? 국문의 창제가 늦었다는 것, 한문·한학의 압박하에 국문의 발달·보급이 극도로 저해되었다는 것, 예술을 장인의 업으로 천시하고 문예를 한문·한시에 제한하고 소설 같은 데모크라틱democratic한 문예는 제작·발표부터 불명예로 관념된 것, 감정을 억압하여 생활 자체에 자유와 활기와 윤활미와 미감이 위축하고 메마르고 맛없이 된 것 등 여러 가지 원인을 들 수 있을 것이다. 그러나 이러한 모든 원인을 종합하면 근본적으로 예술의식을 가로막고 그 의욕을 활발하지 못하게 하였다는 결론을 얻을 것이니 조선 사람이라고 특별히 비예술적 민족성을 가졌다고 단언할 수 없고, 또 비록 비예술적 민족성을 가졌다 할지라도 그것은 선천적이라 함보다도 상술한 것과 같은 전통적 사정에 기인함이라고 보겠으나, 하여간에 자기의 글을 5백년 동안 가진 늙은 백성의 가진 문예, 자기 자신의 말과 글로 쓴 기록이 그밖에 못 된다는 사실은 그 죄가 먼저 민족성 속에 예술적 욕망이 결핍함에 돌리지 않을 수 없다. 더구나 그 남은 것 없는 수확 중에 단 하나라도 문학사를 빛나게 할 만한 것이 없다는 사실은 오래 문화를 가진 백성의 수치로 생각지 않으면 아니 될 일이다. (1928. 4. 12)

4

세계의 어떠한 민족이든지 예술은 민중의 것이 아니었다. 서양에서 궁정과 사원 속에 숨겨졌던 것과 같이, 동양에서도 궁정을 중심으로 한 소수의 특권자류나 유식계급에 한한 것이었던 것은 사실이다. 여기에도 문자의 난해라는 이유도 있을 것이요, 서양에서는 특히 종교 신앙이라는 점으로 서민의 지적 능력을 내버려두었던 것도 사실일 듯하나, 그보다도 더한 것은 정치적 사정, 경제적 관계, 인쇄술, 교통의 불완전 등 조건은 지식의 계급적 독점이라는 사실을 이끌어냈다고 하겠다. 그리고 이와 같은 사정은 문예로 하여금 그 형식과 내용을 아울러 귀족적, 고전적으로 발달케 하여 일반 민중과는 더욱더욱 멀어져간 것이다. 그러나 이러한 현상은 동서東西가 그 헤아림[揆]을 동일하게 하면서, 특히 조선에 한하여만 4천여년의 문화를 헛자랑하게 된 것은 무슨 까닭인가? 헛자랑이라는 말에 어폐가 있다 하면 예술적으로 이처럼 유치한 진짜 원인이 어디 있는가? 그 제일 원인을 가장 난해한 한자 한문의 수입·사용에 있다고 할 것이다. 그러나 동일한 문화를 받은 일본과 비교하여서는 어떠한가? 저들이 한자 한문을 배우기 시작한 것이 약 1천5백년 전 일이니(왕인王仁이 『논어』를 전함으로 보아서) 우리보다 뒤진 지 근 3천년이다. 그 후 5백년을 지나서는 일본문자가 발명되었다. 그러면 저들은 문화적 출발은 늦었으나 자기 문자로 문학의 발전을 조성한 것은 우리보다 5백년 앞선 일이다. 그리고 일본문학의 발원은 문자 발명보다 앞서기를 약 백여년이었다(『고사기古事記』『일본서기日本書紀』등).

그러면 문자 발명에 5백년 차이가 있었으니까 두 나라의 국민문학의 발달도 그만한 거리가 있는 것은 당연하다고 하리라. 그러나 저들은 자기 문학을 얻기 전에 한학과 완전히 독립한 형체를 가진 국민문학의 기반을 세웠고, 또한 문자의 발명이 5백년 앞섰다는 사실은 우리에게 어떠한 교훈을 주는가? 우리 시조의 틀이 완성된 것은 고려조의 일이라거나 그 연원을 삼국시대에 구할 수 있다면, 일본의 『고사기』 등과 연대가 비등하거나 앞섰다고 할지라도 남은 문제, 즉 한자를 쓴 지 5백년 만에 자기 문자를 가진 사람과 3, 4천년에 비로소 자기 것을 얻어도 자기 것으로 생각지 않던 사람의 근본정신의 서로 다름은 무엇으로 설명하려는가? 가장 적고 가장 우스운 말 같되 또한 가장 크고 가장 근본적인 따짐이다.

이와 같은 문자나 자주적 정신의 유무나 국민문학의 발원의 지속은 차치하자. 그러나 남이 우리의 현상現狀이 문약文弱(글만 숭상하고 실천이 약함)에 원인하였다 하고 우리의 민족성을 비평하듯이, 과연 우리는 그러한가? 우리가 즐겨 회자膾炙하듯이 "채국동리하유연견남산采菊東籬下悠然見南山"[12]이라 외는 것처럼 내 생각 같아서는 동양정취의 간명한 표정이 또다시 없을 것이며, 비단 동양적 시취詩趣뿐만 아니라 일반의 예술심, 예술경藝術境의 궁극은 여기에 있다고까지 생각하는 바이요, 좀 더한 비현실, 비실제적, 정적靜的, 도피적 동양미를 찾자면 나 본 바로는 왕유王維의 "황리탄금篁裏彈琴"[13]에서 엿볼 수 있으리라고 하겠으나, 조선 사람은 이러한 심경을 진정으로 체득할 수 있는 백성인가? 나는 한학에 어두운지라 우리 후생後生이 모신 선배, 큰 선비들의 업적을 살피지 못하였으니 몇 분의 이백·두보를 모시었는지 알 수 없고 따라서 모든 단언을 보류하겠거니와, 우리의 민족성을 가만히 생각해볼 때 이러한 시경詩境 예술심이 우리 피 속에 숨기었던가 하면 바이 의문이다. 다만 따르며 받들거나 모방뿐이 아니었던가? 자기 생명의 진적인 질실한 울림이었으면, 그래도 우리에게 무슨 흔적이 든지 뚜렷한 것이 남았을 것이다.

그러나 만일 이와 같이 순수한 초현실적, 비실제적, 정적 동양미를 대륙 백성과 같이 못 하였다 하면 우리는 실제적이요, 이론적이며 현실적이요, 동적일 수가 있을까? 우리는 과학과 친할 만한 성정을 가졌던가? 우리는 햄릿일 수 있고, 돈 끼호떼일 수 있고, 파우스트일 수 있었던가? '전부가

---

12   '동쪽 울타리 밑 국화를 따며 유유히 남산을 보네'라는 뜻. 도연명의 시 「음주(飮酒)」연작의
      한 구절.
13   '대숲에 앉아 거문고를 탄다'는 뜻. 왕유의 시 「죽리관(竹里館)」에서 따온 문구.

아니면 무無'를 부르짖고 '사랑은 지상至上(최고)이니라'고 대담히 소녀의 입술을 예찬할 만큼 치열한 탐구력과 왕성한 생명력을 자기 자신에게 느꼈던가? (1929. 4. 13)

분방한 정열도 없고 정밀한 명상도 없고 견고한 탐구력도 없고 치열한 생명력도 없으면야 그것은 중성中性이다. 반도가 대륙도 아니요 도서島嶼도 아닌 것과 같이, 비정비동非靜非動에 공중에 떠 있는 성격이다. 배도 없고 헤엄도 모르는 자는 다만 물결에 맡기어 떠내려갈 따름이다. 사정과 현상에 순응하면서[14] 다시 자기에게 사정과 현상을 순응시키는 것이 생활하는 온당한 법칙이겠거늘 조선 사람은 사정과 현상에 자기 전부를 탁 실어 버리고는 조금도 의심치 않는 백성이었던 것 같다. 자주적 태도가 없다. 자의식이 명료치 못하다. 독자의 의견이 없다. 자기를 가지지 않은 자에게 무엇이 있으랴. 의욕이 없다. 충동이 없다. 이러하고서는 예술적 독창력이 있을 수 없다. 자민족성을 너무나 자비멸시自卑蔑視하는 것 같으나 오직 참무讒誣(헐뜯음)를 위한 참무가 아니다. 동양적이거나 서양적이거나 대륙적이거나 도서적이거나 어떠한 편으로든지 치우쳤으면 자기의 생명을 살릴 방향이 질정質定되었을 것이다. 그리고 그 생명력을 토로할 예술욕이 왕성하였을 것이며 그 기틀이 튼튼히 섰을 것이다. 동서의 구별이 없이 예술이 특수계급의 전당 안에서 자라났고 지식이 계급적 독점에 있었음은 일반이었건마는 모든 문화국이 각자의 현란한 예술을 자랑하고 또한 그것이 점차 민중화하여가되 우리에게 그것이 없음을 보면, 우리의 성정 속에는 근본적으로 예술적 요소가 결핍하였거나 결핍케 된 무수한 원인이 있었던 것이라고 볼 수밖에 없다.

그러나 아무리 불리한 여러 가지 조건하에 놓였다 할지라도 이태리의 예를 들어 소위 남유럽과 같이 영롱다감玲瓏多感(밝고 따뜻함)한 정서를 왜

---

14   원문은 "자기를 순응시키면서"이지만 문맥이 통하지 않으므로 교정함.

못 가졌느냐고 물을지나, 여기에는 정치적 조건(내환외구內患外寇, 음모, 살육, 가렴주구 등)과 유불사상의 침윤과 감정생활의 무시 탄압 등 모든 원인을 헤일 수 있을 것이다. 그리고 이것은 민족성에 대하여 지대한 영향을 준 것이었다.

그러면 이처럼 예술적 혜택을 입을 모든 기회에서 떨어져 산 백성에게 '문약'이라 함은 웬 말인가? 과연 문약이란 말의 책임은 서민계급이 질 것은 아니다. 가명인假明人(가짜 중국인), 모화배慕華輩(중국문화 추종자), 유교적 바리새교인, 온 세상의 정치와 종교를 농락하던 소수자에게 보낼 말이다. 진정한 예술적 정신은 정의와 용기와 신념에 타는 불굴불요不屈不撓의 정신이다. '채국동리하' 하고 '유연견남산' 하는 지순한 예술경을 비굴한 정신, 겁 많고 나약한 성정, 확고한 자기 믿음 없이 체득할 수는 없는 것이다. 현대인에게 대하여는 그러한 초속적超俗的, 초현실적 태도를 실생활과 합치케 함이 반드시 이치에 맞는 생활태도라고는 할 수 없으나, 그러한 '노블 마인드'noble mind(고상한 정신)는 어떠한 시대, 어떠한 사정하의 어떠한 사람에게든지 있어서 필요한 것이다. 나는 예술가가 민중에게로 갈지라도 '마음의 상아탑'을 버리지 말라고 하였거니와 '마음의 상아탑'이란 이와 같은 고결한 마음을 가리킴이요, 예술과 도덕과 진리는 그 속에서 나오기 때문이다. 그뿐 아니라 무사도武士道로 국시國是를 삼은 일본이 국민문학 수립에 하루가 다른 것을 보면 예술정신의 진흥이 문약을 가져오는 것이 아님을 가까운 사실로써 우리는 목도하는 바이다. 조선은 예술을 갖지 않고 예술심이 잠자기 때문에 문약하였던 것이다. 자기를 팔아서 독창의 정신을 잃고, 술지게미에 심취하였기 때문이다. 독창적 정신의 함양과 왕성이 오직 장래의 조선을 점치리라. (1929. 4. 14)

5

나는 소설을 쓰면서 매양 누구에게 읽히려고 쓰느냐는 질문을 자기에게 발하는 때가 많다. 자기 딴은 다소 고급이라 할 만한 표준으로 쓸 때에는 소위 문단인끼리만 읽으려고 쓰는 것인가 하고 스스로 묻는다. 또 그보다 좀 낮춰서 소위 신문소설, 통속소설을 쓸 때에는 독자의 계급적 성질과 교양의 최고·최저점과 평균점이라는 것을 고려치 않을 수 없다. 그리하여 자기는 동호자끼리를 위한 소설과, 중학교 3, 4학년 생도의 정도를 표준으로 한 통속소설을 쓴다는 답안에 도달하였다. 어찌하여 그러하냐? 여기에 대한 설명은 문예와 계급적 관계를 제시할 것이요, 아울러서 조선의 현상은 얼만한 정도의 문예를 가질 수 있겠느냐는 것을 지적할 것이다.

정치적, 경제적으로 보아서 2대 계급으로 분류함에는 누구나 의문이 없다. 또 그 중간적 인텔리겐치아를 경향에 따라서 두 계급에 나누어 포함시키는 것도 당연한 일이다. 그러나 이것은 외면적 생활사정에만 의한 분류이다. 그 내면적 생활에 있어서는 인텔리겐치아는 인텔리겐치아로서의 자신만의〔獨身〕 경지를 가지고 있다. 갑甲 계급에 종속한 자나 을乙 계급에 편입된 자나 일괄하여놓고 보면(유산·무산의 두 계급의 취미, 성정, 전통, 사상, 사회관, 인생관이 각이함과 같이) 인텔리겐치아의 총체로 자기의 것을 따로 가지고 있다. 다만 저 자신이 부르주아이거나, 부르주아를 지지하느냐 혹은 무산파에 가입하느냐는 관계로 분파될 뿐이요, 자기의 교양과 세련된 취미, 성정은 부르주아의 그것과도 전혀 맞지 않고, 프롤레타리아의 그것과 같이 저하시키고 합치시킬 수 없는 일부분이나 본질적 조건을 가지었다. 더욱이 인생을 보는 방법(인생관의 내용까지 말함이 아니요, 그 방법을 이름이다)에 있어서는 앞의 양자와 현저한 차이가 있다. 그러므로 나는 그들의 내면적 경향의 각이함으로 보아 인류를 3개의 부류로 정하려 한다. 그러면 그들의 인생을 보는 방법이 어떠한가? 인텔리겐치아는 인생을 횡단적으로 본다. 인생을 깊이로 보려는 것은 그중에서도 철학자, 종교가, 문학자 같은 사람의 인생을 보는 법이라고 하겠으나, 하여간 일반적으로 인텔리겐치아는 평면적 전폭 또는 전후좌우로 본다. 그러나 다른 두 부류 사람은 인생을 종단적으로 본다. 자기가 서 있는 점에서 수직선을 세워 가지고 그것이 인생이라고 생각한다. 마치 포플러나무가 아래 가지를 툭툭 쳐버리면서 하늘이 높은 줄만 알고 쭉쭉 뻗어 올라가듯이 올라가는 게 인생이라고 생각한다. 이러한 차이는 그들이 예술에 대한 이해력과 태도에 있어서 현저한 바가 있다.

인생을 전폭으로 보는 사람은 인생의 개념을 얻은 사람이다. 그는 어떻게 살겠느냐는 의견을 가진 사람이다. 인생을 전후로 보는 사람은 생활의 양끝을 의식적, 자각적으로 미래와 과거에 비끄러매어서 현실의 의식을 깨달으며 분명히 걸어나가는 사람이다. 그리고 미래에 대한 동경과 희망은 환상미로써 그의 생활 기력과 생활 욕망을 자극하여준다. 그는 언제든지 활기찬 정력을 가지고 생을 향락할 수 있을 것이다. 또한 과거의 체험은 현실을 요리하고 미래를 예상하는 데에 도움이 되고, 추억의 정서는 생활 내용을 풍부·윤택케 하여준다. 그리고 미래에 대한 환상은 무제한으로 자유분방한 상상력에 맡기어 얼마든지 미화하고 과대하는 고로 과거의 체험과 추억이 그 환상미를 합리성과 실현가능성으로 구속·조질하여 현실성을 가진 내면생활의 내용이 되게 하여준다. 사람은 밥을 먹지 않고는 살 수 없는 것이나, 동시에 감정적, 사회적 생활 즉 인간 대 인간의 생활을 영위하는 것이기 때문에 추억의 미감과 정서적인 맛이 없이는 인생이 사막 같은 것이요, 미래에 대한 환상의 미와 동경이 없으면 일보도 전진할 기력이 없고 생명은 위축하여 자멸하는 수밖에 없는 것이다. 실로 이 두가지에 생활의 토대와 문예의 요소가 있는 것이다.

그다음에 인생을 좌우로 본다는 것은 자기와 어깨를 나란히 한 사람을 본다는 말이다. 여기에서 사회관을 얻고 윤리관을 얻을 것이다. 일층 널리 말하면 우주현상의 상관적 인과적 이법理法을 살핀다는 말이다. 이웃에게 어떻게 대할까를 생각하고 풀 한 포기 돌 하나라도 그것이 어떻게 존재한가를 생각할 때, 사랑과 조화와 진리를 얻거나 얻지는 못할지라도 거기에 가까울 수가 있을 것이다. (1928. 1. 15)

이와 같이 인생의 의의를 생각하고 추억의 정서적인 맛, 환영·동경의 미감과 대인관계의 애욕, 사물에 대한 참된 지혜……. 이러한 것을 얻으면 다만 생활을 순응하고 지도하는 원리가 될 뿐 아니라, 이것은 또한 문예를 구성하는 기초적 요소가 되고 문예를 구성하는 동기도 되며 예술적 표현욕의 원동력도 되는 것이다. 왜 그러냐 하면 문예란 인생의 반영인 까닭이요, 또 누구나 인생을 널리 분명히 보고 자기가 경험하고 희망·공상하는 일을 별개의 생활 형태에서 발견하면 유쾌하기 때문이요(문예를 요구하고 이해하는 이유), 또 누구나 자기의 경험하고 생각하는 것은 타인에게 알리어 공명을 얻고자 하는 표현욕이 있기 때문이다. (당신은 어떻게 행복스러웠던가, 어떻게 감격하였던가, 어떻게 실연의 독배가 쓰던가를 시로 읊어보고, 소설로 기록해보고 싶은 생각이 나지 않았습니까?)

6

그러나 인생을 종단적으로만 보려는 부르주아 군君과, 준準부르주아 군이나 프롤레타리아 군에게는 다만 현실의 일점一點, 그것만이 자기의 모든 상념을 흡수하는 전체이다. 마치 백양목이 서 있는 제자리에서 가능한 최대한도의 양분을 흡수하면서 불필요한 가지를 말려 떨어뜨리고 뻗어 올라가듯이 자체적 생활의 층을 올려쌓기만 하면 그만이다.

'과거'는 어떠한 수단으로 정권을 잡았던가, 어떠한 기미로 주식株式에서 천금을 한손에 쥐었던가를 회상하기에 필요할 만큼 기억에 남아 있을 뿐이다. 그리고 프롤레타리아는 과거의 앞에서 눈을 감는다. 가난과 궁핍과 불명예와 굴욕밖에 추억할 것이 없기 때문이다. 판에 박은 듯 구차한 살림을 찾자면 전날의 일만 생각해도 넉넉하기 때문이다. '미래'는 '신명이 도우소서'라고 단순히 생각한다. 정치가는 국가백년지계國家百年之計라고 떠드나, 백년은 고사하고 내일을 생각지 않는다. 정치의 이상이 없기 때문이다. 상인은 자기 상점에 고사를 지내고 제를 올리고, 빈자貧者는 뒤주 밑에서 됫박 긁히는 소리에 정신이 번쩍 날 뿐이다. 아름다운 환상, 즐거운 희망이 나올 여유가 없는 것이다. '이웃사람들'은 그들에게 필요가 없다. 백양목이 늙은 가지를 쳐버리고 기어 올라가듯이, 일신의 영달을 위하여서는 무슨 희생이든지 불사한다. 정권, 금권 앞에는 일체가 빛과 가치를 잃는 것이다. 시군弑君(임금을 시해함), 살자殺子(아들을 죽임), 암살, 짐독鴆毒(치명적인 독약), 학살. 이것은 정치의 공인公認한 부작용이다. 돈 안 주는 아비의 밥에 독약도 넣는 것이다. 그리고 프롤레타리아는 노인이 노인에게 구할 것이 없고, 어린아이가 어린아이에게 구할 것이 없는 것과 같이 피차에 구할 것이 없는 것이다. (1928. 4. 17)

소설과 민중: 「조선과 문예, 문예와 민중」의 속론[15]

일전에 게재하던 짧은 논설이 중단되었음을 헤아려주시거니와 본문의 내용은 소설에 대한 고찰을 중심으로 하고자 하나 속론續論으로 보아주기를 바란다.

유산有産·무산無産의 양 계급은 인생을 현실의 한 지점에서 종단적으로 보고, 인텔리겐치아는 인생을 횡단적으로 본다고 하였다. 그리고 유산·무

---

15   『동아일보』1928년 5월 27일~6월 3일자(7회 연재).

산의 차이는 현세적 영예와 감각적 쾌락을 탐구하느냐, 먹고살기 위하여 전 생애를 임금노예에 희생하느냐는 구별이 있을 따름이요, 그 본질에 있어서는 물질적, 동물적 생욕의 충족을 최고·최후의 생활 목표로 하고, 따라서 배타적 자기본위의 생활을 영위한다고 볼 수 있다. 그리하여 그들이 정치싸움과 상업전략에 피로한 머리는 좋은 술과 안주와 성욕적 환락으로 마비된 영성靈性과 양심을 또다시 마비시킴으로써 인생을 얼버무리거나 혹은 하루의 고역에 지친 심신을 단잠으로써 위로를 얻는 것이 유산·무산의 차이일 따름이다. 그들에게는 정서적 맛이니, 미감이니, 이웃의 사랑이니, 인류의 이상이니 하는 등 인생의 가장 유익하고 근본적 의미를 가진 모든 요소를 생각의 중심으로 할 여유를 가지지 못하였다. 그러면 이와 같이 생활의 고아순실古雅純實(격조 있고 꾸밈없는)한 의식이 없으면야 인생의 의의를 알 바 없으니, 하물며 예술을 그들과 더불어 논의할 수 있으랴.

이와 같이 생각하면 오늘날의 문예라는 것은 결국에 소수의 인텔리겐치아를 상대로 한 것이라고 할 수밖에 없다. 그들은 인생에 대하여 비판욕批判慾도 있고, 비판력도 있으니 인생비판욕이라는 것이 문예애호욕이 되고, 인생비판력이 문예감상력으로 나타나는 것이다. 그것은 문예의 중심작용이 인생비평에 있기 때문이다.

그러나 조선의 현세로 보아서는 인텔리겐치아에게도 예술에 대한 이해를 구함은 지난한 일이다. 유산계급이 돈벌이와 놀고먹기, 한학漢學의 숭상, 낡은 관념의 무게 등에 휘둘려서 신문예를 멸시하고 또 무산계급이 무지와 빈궁에 시달려서 예술에 접촉할 기회와 여유가 없음과 같이, 유식계급은 정치의식과 사회적 투쟁욕에 누가 되어 예술을 코웃음치고 무기력한 서생의 장난감처럼 여길 뿐 아니라, 또한 그와 같이 몰간섭의 태도를 취함이 도리어 세상에서 흔히 말하는 점잖은 태도요, 자기의 생활을 사회적으로 의의 있게 함이라고 자신한다. 이와 같이 하여 현재의 조선에 있어서는 비단 유산·무산계급에게뿐만 아니라 최후로 지식계급에게까지 문예는 저

버린 바가 되었다. 그것은 지식계급이 일층 고상한 문학을 요구하기 때문이 아니라 전혀 몰이해이거나 혹은 분명히 알고자 하는 정신생활의 여유가 없는 까닭이거니와, 또다시 이것은 현재의 조선 인텔리겐치아가 인생에 대하여 널리, 깊이 정관靜觀할 여유가 없고 또 그 관조력이 부족하다 함을 반증하는 것이라 할 것이다.

이로써 보면 내가 소설을 쓰는 표준을 동호자에게 두거나 중학생 정도를 그 평균점으로 한다는 말이 무리치 않음을 알 것이다. 문예는 결코 유한계급의 장난감이 아니로되 조선에서는 유한계급에게도 용납되지 못한 처지인 고로 새로운 것에 대하여 민감을 가진 청소년, 학생이 아니면 유한계급 중에서도 사회적으로 책임이 없는 유복한 부녀자에 한하여 그 독자를 구함에 그치고 말 것이라는 말이다. (1928. 5. 27)

그러나 이와 같은 문예의 비사회적, 비민중적 상태가 언제까지 지속될 것은 아니다. 사람의 예술 본능은 무의식적으로라도 어떠한 수단, 어떠한 형태로든지 표현되는 것이니, 그것이 비록 잠자고 계발·세련되지는 못하였다 하더라도 시기가 닥치면 깨치게 될 것이다. 그리고 우리의 앞에는 더딜지언정 나아가야 할 곳이 있을 뿐이니, 왜 그러냐 하면 아무리 침체한다 하여도 이 이상 침체될 여지가 없기 때문이다. 우리가 만일 날마다 더욱 심해지는 실생활의 핍박을 생각하면 문화적 발전, 그중에도 문학의 민중에게로의 침윤이라는 것은 도저히 기대할 수 없을 것 같다. 그러나 일편으로 생각하면 민중적 지혜의 계발은 비록 경제사정과 밀접한 관계를 가진 것이라 할지라도 시대적 운수의 추이와 지도의 노력으로 완만히라도 진보하는 것이니, 문학적 기운이 이에 따른 것은 두말할 바 아니다. 그러나 모든 사물의 발전의 계기가 종국에 정치에 있음과 같이 문학적 기운의 성쇠隆替도 정치적 운명과 함께 함을 고려에 넣지 않으면 아니 될 것이다.

왕권이 쇠미衰微하고 패권을 다투는 난세를 이룰 때는 대의명분적 논책論策이라든지, 순수한 자연淸流에 대한 도피적 시문은 있을지언정 영롱한 문화, 현란한 예술을 볼 수 없으며, 지방분권이 득세하면 중앙집권의 내실이 비어감을 따라 문화의 중심을 잃고, 따라서 문학이 쇠잔衰殘하여짐은 동서의 문학사가 그 이치를 같이하는 바이다. 셰익스피어는 엘리자베스 치세의 융성과 아울러 출현하였고, 이백과 두보는 당나라의 가장 공고한 중앙집권이 행한 태평시대에 났으며, 조선의 문화의 기반은 신라통일에서 나온 것이라 하겠다. 춘추전국시대에『주례周禮』편찬을 비롯하여 제자백가 서書가 있고 육조六朝 문학에 도연명과 사영운이 있고 음운학이 있다 하더라도 난숙한 순예술미를 찾자면 당송唐宋에 미치지 못함은 그 시대배경, 즉 정치적 영향의 상이에 있다고 아니 할 수 없다. 일본의 예로 볼지라도 헤이안平安 시대의 난숙한 문학 이후에는 겐페이源平 양가兩家의 쟁패[16]가 오랫동안 계속되는 동안 볼만한 것이 없다가, 토꾸가와德川가의 집권이 확립된 후에야 비로소 소위 강호문학江湖文學의 융성을 보게 되고, 또다시 나라 사정이 혼란해진 메이지유신 전후에는 기운이 쇠하였다가 국가통일의 대업이 완성됨을 따라 신문학의 기반이 확고하게 된 것이다. 그러므로 이러한 관점에서 오늘날과 장래의 조선문학을 고찰하면 정치적으로 그러함과 같이 실로 불운에 맞닥뜨렸다고 할 수밖에 없다. 만일에 조선문학이 과거에 황금시대를 가졌던 일이 있었다 하더라도 오늘날에는 도리어 기운이 쇠했을 터이거늘 하물며 신문학 초창시대에 있고 보니 시들시들 침체함이야 차라리 당연하다 할 바이다. 이와 같이 입론함에 대하여 혹은 인도의 타고르라든지 영국문단에 대한 아일랜드 여러 작가를 예로 들어 반박할지 모른다. 그러나 인도의 문화는 몇천년의 역사를 가졌는가? 영국과 아일랜드의 관계는 몇백년이었던가? 아무리 정치적으로 불리한 세대라도 1, 2인의 대가가 나지 못하리라는 것도 아니요, 또 조선이 영국과 아일랜드의 관계와 같이 장구한 시일에 동일한 국어를 사용하고 통치민족의 정치세력

---

16   헤이안(平安)시대 말기(12세기 말)에 벌어진 겐지(源)씨 일족과 헤이시(平)씨 일족 간의 내전. 겐지씨의 승리로 가마쿠라(鎌倉)막부가 수립됨.

하에 통일되어야만 그와 같이 되리라는 것도 아니요, 물론 그리되기를 요망하는 것은 아니로되 하여간 조선문학의 현상으로서는 개인적으로도 위대한 작가를 산출하기에는 근본적 요건에 결여하고 시대적 풍조로 보아도 여간 불리한 시대에 처하지 않은 게 아니다. (1928. 5. 29)

그러나 이러한 예술적 불우의 경향은 비단 조선의 특수 사정만이 아니라, 일반 이 세계의 공통한 정세가 아닌가도 싶다. 물질문명의 무게에 부대끼는 것이 현대 인류의 생활이요, 개조의 고민 ××××××××× ××× ××××(원문 삭제) 반발 반동의 기운이 온 세상에 팽배하였으니 어느 겨를에 풍류우아風流優雅한 문학의 일을 논하려고 이를 악무는 기분이 모든 생활을 지배하는 현세現勢라 하여도 과언은 아닐 것이다. 물론 살벌의 난세에 있어서도 소인묵객騷人墨客(문인과 예술가)의 자취를 찾을 수 없음이 아니거든 하물며 동서 양 대륙의 뿌리 깊은 문화가 있는 바에야 그처럼 쉽게 쇠락한 기운에 침윤할 리 만무하다 하겠으나, 동서문화가 그 방향을 전환할 기운에 맞닥뜨렸음도 사실이요, 또한 19세기 후기로부터 비롯한 현대문명의 동점구화東漸歐化(동양이 점차 서양화됨)의 경향이 다시 바뀌어 동양문화의 서구이식의 경향을 띤 사실 등은 전 인류가 문화적으로 안정을 잃은 상태로 볼 수 있으며, 그러면 20세기의 후반기에 있어서는 세력 판도가 어떠하게 전환될지 모를지라도 전반기에는 오지 무선통신 문명이나 비행기 발달의 시대임을 문명사상에 남길지로되 문학예술사로 보아서는 도저히 특별히 기록할 만한 수확은 없을 것 같다. 그러나 다만 조선에 있어서는 이식·모방에 불과할지라도 조선문학의 바탕·기초를 얼마쯤 장만한다는 점으로 보아 20세기 전반기의 시대적 사명이 있다고 할 것이다.

이와 같이 우리 문자의 발명 이후의 문학과, 우리의 민족성과 사회적 또는 정치적 사정에 비추어서 현재와 장래를 생각하면 우리 문학의 전도는 결코 낙관을 허하지 못하고 또한 위대하다고 일컬을 만한 작가나 작품을 낳기에는 매우 불리한 주위 사정과 시대 기운에 마주하였다. 그러나 인생은 예술 없이 살 수는 없다. 우리의 추상력이 늘어가고 우리의 지성과 감정과 감각이 예민 복잡하여짐을 따라서 필연적으로 예술을 요구하고 예술의 표현욕을 갖게 되는 것이다. 예술을 가지고 못 가진 것이나 또는 예술의 질적 우열에 따라서 문명과 야만을 가늠한다 함은 당연한 말이니, 예술이 없거나 저급한 백성은 생활 내용이 단순하고 지력과 감수성의 둔중함을 의미함인 까닭이다. 이러한 점을 생각하면 우리가 예술을 가지지 못하고 예술을 천시함은 아무리 문화인이라고 자찬自讚할지라도 민족적으로 수치라고 하지 않을 수 없는 일이다. (1928. 5. 30)

예술이라 하고 문학이라 하지만, 그러면 현재의 우리는 바탕을 닦고 기초를 장만함에 그친다 할지라도 그 방향은 어디에서 구할 것인가? 일반이 예술이라 하면 미술, 음악, 연극, 시, 소설 등을 들 것이요, 미술에도 회화, 조각, 건축 등의 구별이 있으며 이러한 모든 부문이 각자의 경지를 개척 확립하여 혼연히 가지를 뻗어 융합됨으로써 비로소 일세일대의 예술의 찬연한 꽃이 피우는 것임은 물론이나, 조선의 현상으로 보아서는 그 계몽 상태로나 시운으로나 재력으로나 미술·음악·연극의 시대가 아님은 새삼스러이 떠들 바 아니다. 그러면 우리가 간신히 가질 수 있는 예술은 시와 소설에 그치고 말 것이나 그러나 현대는 운문의 시대가 아니라 산문의 시대이다. 시상 없이 문학이 성립될 수 없고, 또 소설은 시의 산문화한 인생기록, 인생비판이라 하겠거니와 하여간 이 시대는 민중 —— 데모크라시 —— 의 시대이니만큼 시보다는 소설의 시대이다. 시를 귀족적이라 하면 소설은 평민적, 민중에게로의 예술이다. 그리고 조선 사람은 비명상적, 비시적인 만큼 시보다 소설에서 문학의 기반을 세울 것은 차라리 당연한 일이라 하겠으나, 이것은 또한 조선인의 문화가 역사적으로 한문학에 의한 시문詩文 이외의 예술에 대하여 괄목할 만한 업적이 많이 못하다는 점(전통음악이나 소위 선線의 예술이라는 신라 이후의 미술품이 없음이 아니나)으로 보거나, 또는 세계의 현재 추세로 보아서 역시 그 외에는 유리한 방도가 없는 까닭이다. 물론 우리에게도 음악, 회화, 조각, 건축, 연극 등에 힘써 장려한다면 기대할 바 없음이 아니로되 이것은 무엇보다도 한층 더 경제사정과 긴밀한 관계에 있으니 당면한 문제로도 지난한 일이요, 또한 앞으로의 발전 여하에 대하여도 예측(逆睹)를 불허하는 바다. 또 그리고 원래 조선에는 운문이고 산문이고 간에 하등의 특징을 가진 시대를 경험한 일은 없었으며, 더욱이 문학 방면으로 희곡에 있어서는 그 형태조차 찾을 수 없는 바이요, 다만 '남사당'이니 '여사당'이니 하는 것과, 무녀의 '굿' 같은 것에서 연극의 원시적 소질을 엿볼 뿐이거나, 아직도 유행하는 『춘향전』『심청전』 풍의 다소 실연實演이 없지 않을지라도 이것이 현대적 의의를 가진 연예演藝가 못 됨은 물론이니, 이로써 보면 조선에서 극운동이라는 것도 역사적, 전통적으로 거의 내세울(推擧) 바가 없을 뿐 아니라, 오늘날의 경제사정으로는 이도 그 발달을 가까운 장래에 기약할 수 없는 바이다. 최근에 이르러서 영화의 운동이 소위 대중예술이라는 명목하에 비교적 성황을 보이게 되었으나, 극의 소양을 전연히 결여한 우리로서는 그 제작에 있어서 앞으로 얼만한 기능을 보여줄까는 역시 의문이라 아니 할 수 없다.

이와 같은 여러 다양한 사정을 고찰하여 조선의 예술운동을 생각하면 결국에 소설 이외에는 진로가 또다시 없다 할 것이다.

그러나 현재의 조선인에게 거우 예술에 접촉할 기회를 주는 소설이라는 문학의 한 부문이나마 그 실질은 어떠하며 민중은 이에서 무엇을 구하고자 하는가를 살펴볼 필요가 있다. 현재 소설단의 유행을 보면 3개의 경향이 있으니, 소위 통속소설, 즉 대중문예가 그 하나요, 무산파 작가들의 소위 '작품행위'라는 투쟁선전 작품이 그 둘째요, 그다음에는 부르주아적이라고 하는 고급의 제작이다.

'고급'이라 하며 '부르주아적'이라는 말의 내용이라든지 의미에 있어서는 여러 가지 해석이 있는 것이요, 혹은 완전히 무의미한 말이라고 일축할 수도 있는 말이거니와, 어쨌든지 비교적 순예술미를 가진 소위 고급이라는 작품은 대중과 연이 먼 것으로 동호자끼리의 감상에 이바지하는 범위에서 더 나가지 못하는 터이니 차치하고, 대중문예라는 통속소설의 현상과 소설과 민중과의 관계를 약간 고찰하여보고자 한다.

원래 운문이 산문에, 시로부터 소설에 전환한 것은 문예의 민중화를 의미함이요, 데모크라시 정신의 소산이라 하겠는 고로 특히 대중문예라는 말은 어떻게 생각하면 도리어 모순된 말이라고도 할 것이다.

중국의 소설, 희곡이 당송唐宋의 운문시대의 뒤를 받아서 원대元代에 신기원을 지은 것이라든지, 영문학에 있어서 사무엘 리처드슨의 『파멜라 Pamela』가 소설의 최초 작품이라는 것이라든지, 조선에서 『춘향전』 『홍길동전』 등이 출현한 사실과 그 작품의 내용으로 보아서든지 모두가 서민계급의 세력이 바야흐로 대두하려는 시대적 기운의 추이에 말미암음이라고 볼 수 있다. 원나라의 소설을 발흥케 한 동기가 몽골인, 기타 외국인으로 말미암아 신사상에 접촉하게 되고 각지의 이문기담異聞奇譚(기이하고 신비한 이야기)을 더 선호하여 채록하여 된 결과에 있다 하거니와, 이것은 즉 시문과 같이 세속을 벗어난 전아典雅(품위 있고 우아함)라든지 신운神韻(신묘한 운치)이 표묘縹渺(아득히 가늠하기 어려움)라는 귀족적, 고답적 경지에서 민중적으로 보편화하여 실인생 실생활의 내용과 형태를 직관·비판하려는 예술적 새 시험이라 할 것이다. 또 리처드슨의 『파멜라』로 말할지라도 그 발표가 구미의 데모크라시 사상이 바야흐로 왕성한 18세기 중엽의 일이라 함은 주목할 만한 사실이다.

즉, 『파멜라』가 발표된 것이 1740년인데 프랑스혁명이 49년 후인 1789년이요, 미국의 독립선언이 36년을 격한 1776년이며, 맑스의 탄생이 18세기에 들어서서 1818년이라는 등 사실로 보아 18세기 말엽 이래로 유럽의 민주주의적 경향이 농후하고 민중의식이 왕성한 시대적 기운이 소설 발생을 촉진함이라 함은 타당한 관찰이라 할 것이다. 그뿐 아니라 『파멜라』의 내용이 천한 종의 몸으로 귀공자의 농락과 유혹을 배제하고 굳이 정조를 가꾸어 필경 한 소녀의 정숙·고결한 인격의 감화로 귀공자를 마음을 바꿔 뉘우치게 하는 동시에 인습을 타파하고 마침내 예를 갖추어 정실로 맞게 되었다는 사실은 마치 조선의 춘향이의 수절로써 천기의 몸이 정경부인의 영화를 누리게 되었다는 사실과 이곡동음異曲同音이니, 이는 서민계급이 특권계급에 대하여 승리하였다거나 혹은 계급의식이나 인습도덕에 반항하고 인물 본위와 도의관념으로 평등사상을 고조한 것이라 볼 것이다. 그 외에 『홍길동전』이 서얼의 천시, 압박에 대한 반동사상을 표백하고, 『심청전』이 미천한 소녀로도 덕행의 응보應報로써 능히 왕후의 존귀를 누릴 수 있음을 묘사한 것도 역시 데모크라시 정신의 하나의 발로요, 서민을 위하는 헤아릴 수 없이 큰 기운이라고 할 것이다.

이와 같이 소설의 발생적 동기라든지 그 내용에 있어서 민중의 예술이요, 따라서 소설은 시나 회화, 기타의 예술과 같이 특수한 교양이나 감상력을 필요로 하지 않고 오직 문자를 해득하기만 하면 이해 가능한 것이거늘 고급적이라고 하고 대중적이라 함은 웬 까닭일까? 이러한 문제를 새삼스럽게 논의할 필요가 없을 듯하나 일반 독자를 위하여 약간 논급하려 한다. (1928. 5. 31)

한마디 한 구절의 함축이 심대하고 온 세상의 절창絕唱이라고 하는 것은 이를 음송하고 이해하는 독자의 지성, 감성이 그 시문의 작자만 한 정도에 있는 까닭이다. 그러므로 만일에 전 인류의 지력과 감수력이 원만·균등히 발달되는 날이 있다 하면 우리는 산문을 반드시 필요로 하지 않을지도 모른다. 그리고 운문은 더욱더욱 상징화하여갈 것이다. 왜 그러냐 하면 한 감흥, 한 기분, 한 사물을 표백 혹은 설명함에 장황한 수십, 수백의 어구를 사용함은 듣는 사람의 지력과 민감성이 저열함을 반증하는 것이기 때문이다. 백낙천白樂天의 「장한가長恨歌」가 「장생전長生殿」 전기傳奇를 낳은 것[17]

---

[17] 당 현종과 양귀비의 사랑 이야기를 다룬 청대 홍승의 전기가 백낙천의 「장한가」에서 영감을 받은 작품이라는 맥락의 서술.

은 시로서 충분히 표현되지 못한 사설詞說이라든지 예술미를 다시 부연하여 가장 민중적으로 읽히고 연출하려는 데에 있다고 하겠으나, 만일에 모든 사람의 상상력이 「장생전」의 전기 작자만큼 풍부하다면, 혹은 「장한가」로만도 충분하였을 것이요 특히 이것을 희곡화하지 않았을지도 모를 일이다. (물론 희곡은 희곡으로서의 가치와 묘미가 있는 바이지마는) 하여간 그러므로 나의 보는 바로 하면 오늘날은 산문시대, 소설시대 하지마는 소설이 발달함을 따라서 소설의 표현수단보다는 직설적이요, 또 직접적 효과가 있는 희곡 전성시대를 거치어서 시극 시대에 다시 한번 바뀌어 궁극에는 가장 상징적 시율詩律의 시대로 다시 돌아가고야 말리라고 생각한다. 즉, 지금의 소설은 문학이 시에서 출발하여 시에 돌아가는 도정이라고 볼 수 있다. 한 부자의 창고에 있는 고급 음료를 빼앗아서 다량의 맑은 물에 혼용하여 백인百人의 민중이 함께 즐기려는 것이 오늘날의 소설이라 하겠으니, 그만치 향기는 희박하여졌을지 모르나 이로써 백인의 민중은 그 음료가 무엇인지를 비로소 깨닫고 각자의 감각이 발달되어갈 것이다. 그리고 민중 자신이 음료에 대한 이해와 미각의 발달로 인하여 원래의 고급 음료 그것을 스스로 만들 수 있을 때, 빈부의 차별 없이 그를 공유하게 될 것이다. 이와 일반으로 서민계급은 정치적, 경제적으로 특수·유리한 사정에 놓였다거나 또는 하늘에서 주어진 혜택으로 소수계급이 독점하였던 시문을 빼앗아서 소설이라는 형체로 개조하여 비로소 예술에 가까이할 기회를 얻었다. 그러나 민중이 정치적, 경제적으로 해방되어 지력과 감성과 예술본능이 더욱 향상하고 깨달음을 따라서 민중의 예술 감상력이 풍부케 되면 소설에 대하여 지금의 형식대로는 불만을 느낄지니, 만일 변화를 구한다면 그것은 필연지세로 운문에 되돌아가게 되리라 함이다.

이와 같이 보아오면 그 발전단계에 있어서 소설에 통속과 고급의 구별이 있음은 당연한 일이요, 또 고급이라 하여 그것의 '부르주아적'이라고 함은 부당한 일임을 알 수 있으나, 그러면 통속소설이란 무엇이요 고급소

소설이란 어떠한 것인가? (1928. 6. 1)

나는 여기에서 우선 소설이란 대체 무엇이냐는 것부터 생각해보려 한다. 나는 일찍이 어떠한 경우에 이러한 말을 쓴 일이 있었다.

소설이란 거짓말을 꾸민 것이라고 하나 그렇지 않습니다. 소설이란 붓끝으로 새김질하여 써보는 이의 마음에 아름답고 깊은 감명을 줌으로 말미암아 눈치채지 못하였던 인생의 형용과 자기와 및 자기가 놓여 있는 현실을 깨닫게 하는 데에 공리적 사명을 가진 것입니다.[18]

이 말을 다시 주석한다면, 소설은 꾸민 이야기로되 다만 공상의 산물이 아니라 실인생에, 즉 한 생활기록이라는 말이요, 또 정세 긴밀한 묘사로되 보는 사람의 심금을 건드리는 바가 있어 미감을 자극하기 시작(嗅起)하고, 인생의 진상과 현실상을 해부·비판하여 인생행로의 귀추를 보이고 실제 생활에 선도적 유익함을 주는 것이라 함이다.

문사文詞(문학적 수사와 표현), 문체의 미와 묘사·표현된 인생의 기미, 감정과 의지의 갈등·반발과 융화하고 서로 보완하는 묘미, 자연의 오묘한 풍취 등……. 이러한 것이 혼연한 조화를 이루어 하나의 작품으로서 우리 앞에 나타날 때, 우리는 그 표현미로써 세속 세상의 육욕六慾[19] 번뇌와 사념邪念, 망집妄執에서 벗어나는 순결한 순간순간을 경험할지요, 인간세태의 복잡다단함과 온갖 일과 만물의 인과와 운명을 밝혀 깨닫게 하려는 그 소위 격물치지格物致知[20]하여 생활의 원활 자유와 생명의 막힘없는 펼침(暢敍)·충족을 얻을 것이니, 이것이 소설의 본질이요 또 본직本職이라 할 것이다.

---

18   장편 『사랑과 죄』의 연재 예고로 쓰인 「작자의 말」 부분. 『동아일보』 1927년 8월 9일자.
19   불교에서 번뇌를 일으키는 안이비설신의(眼耳鼻舌身意), 즉 시각·청각·후각·미각·촉각·의식의 여섯가지 지각 형태의 욕망을 말함.
20   유교에서 사물의 이치를 깊이 연구하여 앎을 완성한다는 의미.

이를 통틀어 한마디로 말하면, 소설이란 '작자의 경험한 인생의 조각조각의 실상을 진실성과 필연성을 잃지 않는 범위에서 가상적으로 종합 안배한 한 인격자의 생활상'이라고 할 수 있고, 또 소설과 독자와의 관계를 말하면 소설은 독자의 감정과 이지에 호소하여 미감과 교훈을 주는 것, 다시 말하면 예술적 효과와 윤리적 효과를 가진 것이라고 볼 수 있다. 다른 예술에 있어서는 미, 그것만이 절대적 가치가 되고 윤리적 요소는 그 유무를 괘념치 않나니 시에 있어서도 왕왕히 그러한 것이다. 대체로 순정한 예술은 윤리적 가치라든지 공리성이라는 것을 의식적으로 생각지 않는 것이 당연한 일이다. 가장 순정한 예술미는 사람에게 좋은 영향을 주어서 무의식한 중에 윤리적 결과, 공리적 효과를 발휘하기 때문이다. 그러나 소설에 있어서는 다른 어떠한 예술보다도 지성에 호소하는 분량이 많은 동시에, 윤리적 의의의 유무 여하를 불문에 부칠 수는 없는 것이다. 소설은 다른 어떠한 예술보다도 직접 인생의 모든 문제의 핵심에 돌입하려는 인생비판이요, 인생의 존립과 조화의 대본大本(근본)은 윤리에 있기 때문에 아무리 예술적 효과를 중요시한다 할지라도 그 주체에 종속된 대본을 무시할 수 없는 당연한 일이다. 그러나 이렇게 말한다고 소위 권징주의勸懲主義(권선징악) 시대의 문학을 본받으라는(效則) 말은 아니다. 예술은 어디까지든지 예술인 조건과 본령에서 떠나서는 아니 될 것이로되, 다만 다른 것들에 비하여 윤리성 즉 교훈적 의의가 농후하다는 말이다. (1928. 6. 2)

똘스또이는 첫째로 작자가 제재에 대하여 정당한 도덕적 관계를 가지라 하고, 그다음에 가서야 표현의 명백과 미를 제언하였다. 똘스또이와 같이 윤리성을 특히 고조하거나 첫째가는 의의로 생각하고 아니 하는 것은 각자의 사상에 따라서 자유로되, 소설작가의 의식 무의식을 막론하고 소설의 감화력, 교화력이 위대한 것은 사실이다. 위에서 인용한 리처드슨의 『파멜라』의 서문에 "만일 청년남녀의 마음을 위로하고 동시에 교화를 개량할 수 있다면 ── 만일 종교와 도덕을 가장 용이하고 유쾌히 가르쳐 환락과 이익을 평등이 얻게 하려면 ── 만일에 부자父子간의 의무와 사회의 의무를 가장 모범적으로 명시할 수 있다면 (⋯) 만일에 인물을 정확히 묘사할 수 있다면, 만일에 총명한 독자의 열정을 자극하여 부지불식간에 소설 중에 잠기어 상기한 모든 목적을 달할 수가 있다면 ── 만일 이러한 모든 것을 기릴 만할 가치가 있는 것이라 하면 저자는 이들 목적을 이 소설 가운데에서 충분히 달하였다고 단언하기에 주저치 않는다"(기무라木村 씨의 일역日譯에서)라고 하였고, 또 빅또르 위고의 『레미제라블』의 서문에는 "법률과 풍속에 의하여 어떠한 영겁의 사회적 처벌이 존재하고 그리하여 인위적 지옥을 문명의 중심에 세워 신성한 운명을 세간의 인과로써 분쟁하게 하는 동안은, 즉 하층계급으로 인한 남자의 실패, 기아로 인한 여자의 타락, 암흑으로 인한 아동의 위축, 이러한 시대적 3개 문제가 해결되지 못하는 동안은, 즉 어떤 방면에서 사회적 질식이 가능한 동안은, 즉 환언하여 더 한층 광범한 견지로 보면 지상에 무지와 비참이 있는 동안은 이 책과 같은 성질의 서적이 아마 무익하지는 않을 것이다"라고 하였다.

이러한 여러 대가의 설을 보면 바람을 부르고 비를 부르는 식의 황당무계한 공상으로 소설이 되는 것이 아니라, 어디까지든지 진실한 태도로 인생의 참모습을 포착·간파하고 해부하여 정밀하게 그려야 할 것이요, 소설인 다음에는 흥미와 유쾌의 삼성을 십분 맛보게 할지로뇌 노한 교훈敎訓과 윤리적 정신에 등한히 아니 하여 민중으로 하여금 일층 높은 인격을 도야하게 하고 인류의 이상에 향하여 일층 크고 넓고 광명에 비추인 세계로 끌어올려야 할 것을 가르침이라 할 것이다.

그러나 민중이 소설에서 구하고자 하는 것은 윤리적, 교화적 요소가 아니다. 재미있는 것, 일시적 흥미를 만족시키는 것, 이것이 민중이 요구하는 것이다. 읽은 후에 그 무엇이 뇌리에 침전하거나 말거나, 인생의 실상을 묘파하였거나 말거나, 표현이 얼마나 불명하거나 말거나, 인생에 대하여 어떠한 교훈이 그 속에 포함되었거나 말거나, 예술적으로 어떠한 힘과 빛이 그 속에 맺혀 있거나 말거나, 그것에는 몰간섭으로 다만 사건이 어떻게 발전되고 나타났다 사라지는가만 흥미의 중심이다.

어떠한 문예기자가 소설작가에게 "당신의 소설의 주인공은 연애에 성공하는가요? 실연하는가요? 실연을 하면 그 소설은 독자에게 환영은 받지 못하리다"라고 하는 말을 들은 일이 있다. 이러한 언설은 신문기자의 입장으로서 다소간 허용할 수 있는 바이나 이 한마디로써 가히 오늘날의 민중의 문예에 대한 이해력을 단적으로 표명하는 바이다.

소설이라면 연애, 연애라면 반드시 실연이어서는 아니 된다는 생각부터 우스운 것이거니와 소설을 다만 흥미라든지 사건의 복잡과 곡절의 기구함으로써 일시적 호기심이나 쾌감을 주면 족함이라고 함은 아무리 대중문예라 하여도 가장 저열한 견해라 아니 할 수 없다. 소설의 진정한 가치는 위에도 말하였거니와 읽은 뒤에 생각게 하는 것, 불의 부정에 대하여 의분 증오의 염念을 환기하게 하는 것, 자기의 감정을 순화하고 자성하게 하는 것, 지금까지 모르던 깊고 넓은 인생의 형용을 깨닫게 하는 것, 자기의 소아小我를 버리고 대아大我를 체득하면서 이상의 세계에 비약할 용기를 주는 것…… 이러한 모든 점에서 결정되어야 할 것이다. 그러므로 고급이라는 말은 가장 윤리적이요, 인생에 대하여 가장 희망과 애착과 용기와 자랑을 가지고 생명의 본연한 부르짖음에 귀를 기울이고 인생을 깊이로 보면 넓이로 보는 작품에게 줄 수 있는 말이요, 또 이러한 작품이어야 비로소 인생을 위한 예술이라 할 것이다. 이러한 것이 진주眞珠라 하면, 연애소설은 실연에 끝나서는 아니 되겠다는 유의 소설은 유리로 만든 목걸이에 지나지 않는다.

그러나 문예 및 문예가가 민중의 독서력 여하에 구속되고 독자에게 영합하기 위하여 예술적 양심을 팔아버린다는 것은 도저히 허용할 수 없는 일이로되 작가로서는 역시 인기이니 명성이니 하는 것에 무관심일 수가 없는 까닭에, 작가에 따라서 다소의 차이는 있다 할지라도 자연히 이에 견제되지 않을 수 없는 것도 사실이다. 그리하여 민중을 자기에까지 끌어올리는 것은 새로이 자기를 대중에게까지 내려앉히고 마는 것이니 이는 확실히 문예가의 타락인 동시에 문예 및 문단의 타락이요, 또한 문학적 기운의 진전을 저해하는 결과에 빠지고 마는 것이다. 이러한 현상은 문학 중에도 소설이나 희곡에 한하여만 볼 수 있는 일이니, 가령 미술이나 음악 같은 것으로 말하면 결코 민중의 감상비판력에 적응하도록 자기의 역량을 참작해 가감加減하는 일은 있을 수 없는 일이다. 오늘날 조선에 있어서는 위에도 여러 번 쓴 바와 같이 역사적, 정치, 경제, 사회, 교육 등 제반 정세가 문학적 기운의 융성을 반드시 기하기도 어렵고 작가·작품의 획기적 출현을 가능하게 할 조건도 구비하지 못하거니, 그 가운데에도 발표기관이 수종의 신문 이외에 없음을 보아 더욱이 발전할 전도가 망연한 감이 있다. 만일 우리 사회에 고급 작품을 목표로 한 순문예지라든지 권위 있는 간행물이 있고 또 각성한 출판업자가 있다 하면 다대한 자극과 공헌이 있겠으나, 완전한 문예지 하나도 없이 저급의 신문소설만이 문예의 전체요 구소설이 여전히 견실한 세력을 지속하고 있다는 사실은, 민중의 요구가 그에서 더 나가지 못한 까닭인지 또는 작가의 미숙으로 민중은 기대 요구하되 이에 응하지 못함인지 생각하여볼 일이다. 그러나 구미 작품이나 일본의 작품이나 거의 예술의 권내에 늘기 어려운 가정소설, 연애소설, 탐정소설 이외에는 번역 소개된 예가 없는 것을 보면, 비록 일어의 세력과 일본 출판물이 저렴히 보급된 영향이라 할지라도 일편으로 다시 보면 민중 자체의 독서력과 독서욕에 그 책임이 더 돌아갈 것 같다. 이러한 점을 생각하면 우리의 급선무는 민중의 독서열을 고취함에 있고 취미의 선도 향상을 도모하여야 할 것이다. 이것은 반드시 교육, 정치, 경제 등 문제와 관련하여만 생각할 것은 아니다. 아무리 빈곤한 가운데서라도 아무리 불리한 정치사정하에 있더라도 또 아무리 완전한 교육을 보급시키지는 못할지라도 독서열과 취미성을 고취·향상시킬 수는 있는 것이다. 사회단체나 교육, 종교단체가 가장 평화로운 수단으로 '독서데이' 같은 것을 혹은 매월 혹은 매주에 지정하여 포스터 선전이라든지 강연 등을 이용한다면 얼마든지 가능한 일이다.

우리가 장래에 세계에 대하여 구할 것이 있고, 발언권을 얻고자 할진대 정치적, 과학적 공헌이 있어야 함과 같이 예술, 문학에서도 또한 자기의 존재를 주장할 만하여야 할 것은 물론이요, 매양 등한시하기 쉬운 예술에 의한 세력도 결코 정치 기타와 아울러 세계적 의의를 가진 것임을 깊이 생각하여야 할 필요가 있다. 또한 우리와 조건이 동일한 점으로 보아 언필칭 인도의 타고르, 타고르 하지만 흔히 말하길 로마는 하루아침에 된 것이 아니라 함과 같이 타고르는 어제 땅에서 솟은 사람이 아니다. (1928. 6. 3)

5월 3일 밤.

현하現下 조선예술운동의 당면문제: 강담講談의 완성과 문단적 의의[21]

이것은 단순히 나의 기분 문제인지는 모르겠으나 요사이 와서는 또다시 문단의 존부存否(있고 없음)를 의심하게 되었다. 문단이란 것은 물론 문예가의 집단 사회를 이르는 것이니까 몇 사람이 있든지 간에 문예가가 있는 다음에는 문단이라는 종합적 명칭이야 있겠지만 딸 없는 사위, 불 없는 화로, 날지 못하는 비행기, 박아내지 못하는 신문같이 작품 없는 문단은 돈 없는 고자라고나 할까. 어떤 통계자의 말을 보면 무진戊辰(1928년) 1년에 문단적 혹은 문예적 활동 총결산이 인원으로 20명, 작품으론 장편소설 4편, 단편 20편, 무산계 작품 15~6편, 미완결 6편, 담뿍 요것으로 조선 문단 및 그 내용이 성립되어 있다. 이것은 소설층만 가지고 본 것이나 내외의 문학이 소

---

21   『조선지광』 1929년 1월호.

설 황금시대라는 현세現勢에 있어서 소설문단이 이미 이처럼 영성零星하면야 시단, 논단, 극단은 미루어 알 일이다.

그러기에 '침체, 침체'를 부르짖고 '진흥책, 진흥책' 하는 게 아니냐고 하겠지만 그러면 어떻게 진흥된다는 말인가. 천만의 좋은 지혜와 방책을 활용할 여지가 있는가? 그리스문화 융성의 원인을 기후 순조順調, 천혜天惠의 풍부, 소국분립小國分立의 경쟁 등 지리적 조건과 언어의 유창, 생활력의 우수, 사색력의 걸출함 등을 들지마는, 생활력과 사색력의 우수는 실로 기후·천혜의 순조·풍부로 생산경제가 원활 풍유한 데다가 노예를 사용함으로써 시민계급이 잡무와 천역에서 벗어나서 시간과 정력에 여유가 많고 연구에 전심 치력致力할 좋은 팔자이었던 까닭이라고 아니 할 수 없을 것이다. 그렇다고 노예를 사용하여야 문학이 왕성한다는 것은 아니지만, 늘 하는 말같이 올찬 나락을 배불리 먹을 시절, 발동기의 회전수와 무산자의 식기에 담기는 밥풀 수효가 정비례하여가는 나라라야 문학은 진흥할 것이라는 말이다.

문단을 사회적으로 볼 때 당동벌이黨同伐異(같은 무리는 편들고 다른 편은 공격함)의 폐단(조선에는 아직 그런 폐단이 심하지는 않았지만), 주의주장상의 논쟁 등의 문제가 아니면 검열제의 폐해, 생활 문제와 작가의 관계, 저널리스트 겸 작가의 여러 문제 등이 당면한 문단 침체에 관한 문제일 것이나, 이거나 저거나 결국에 가서는 어떻게 하면 우리는 가난을 불러오는 귀신에게 미움을 받지 않게 되겠느냐는 문제에 낙착된다. 그러나 문단인만이 밥을 잘 먹는다고 문학이 융흥隆興하는 것은 아니니까 먹는 문제는 문단이라는 작은 국부局部에 한한 문제가 아닌 것도 물론이다. 그러나 어떻게 하면 우리의 배가 부르겠느냐는 복잡중대한 문제는 나는 모른다.

그다음 문단의 내용, 즉 질質 문제에 있어서는 앞으로 수년간 최근 유행하는 강담講談22이 완전한 형식을 갖추어서 충분히 발달되기를 바라는 것이다. 종래의 소설이라는 것도 강담류에서 얼마나 벗어났는지 의문이지만, 현재에 유행할 기운에 이른 강담이란 것도 강담으로서는 완성된 것이 아닌 모양이다. 즉, 종래의 소설은 문예라는 입장이나 간판하에서 소설의 형식과 수법을 따르는 경향인 고로 전자가 비소설, 비강담이었던 것과 같이 후자도 소설식 강담, 강담식 소설의 얼치기 튀기가 되어가는 모양이다. 현재 조선, 동아의 두 신문에 연재되는 『임꺽정전林巨正傳』(홍명희)과 『단종애사端宗哀史』(이광수)가 그것이다. 어쨌든 앞으로는 강담시대가 돌아올 것이요, 이것으로 말미암아 정사正史, 야사野史, 고담古談이 문예화하여 보급되는 동시에 민중교육과 민중사상 지도에도 보탬이 될 바가 적지 않다고 믿는 바이나, 나는 이러한 경향을 문예사상 보급상으로도 차라리 환영하고자 하는 바이다.

조선의 신문예운동이 십년의 역사를 가졌으나 이것은 민중적 사회였느니보다 문단적, 개인적 수양인 편에 더 의의가 있었다. 그러므로 십년의 역사를 가진 오늘날에 새삼스러이 통속소설에서 또 한층 내려서서 강담이라는 형식을 수입하는 것은 문단적 현상으로는 역진이요, 퇴영이요, 타락이지마는, 문예의 초보적 민중화라는 점으로 보아서는 사회적 진출이요, 문예의 민중에의 삼투를 촉진할 것이니, 이 점에서 나는 강담이 새로 나타나 유행하는 것을 필연한 사회현상, 문단적 현상이라고 보고, 또한 이러한 노력으로 말미암아 후일 진정한 문예의 민중화 사회화, 즉 보다 고급한 문예를 민중이 이해·소화시킬 바탕을 만든다는 의미로 환영한다는 말이다. 그러나 문단이라는 국한한 범위 내의 현상으로서 말하면 강담이 순정, 고급의 문예가 못 되는 다음에는 강담이 중심세력이 되어서는 아니 될 것인즉, 고급 문예가로 자처하고 노력하는 자는 강담이 민중의 인기에 영합되는 데에 현혹되어 자기의 길을 그르쳐서는 아니 될 것이니 여기에 십분 주의를 기울여 분투하지 않으면 아니 되리라고 생각한다. 이것은 문예가 자체

---

22   청중 가운데서 전문적인 이야기꾼이 구연으로 전하는 이야기류.

의 개인 문제만이 아니라 문단의 타락, 조선 문예 그 자체의 퇴영과 위축을 방지한다는 중대한 사명을 위하여서이다.

그러나 강담은 어디까지든지 강담이어야 할 것이요, 소설적 형식과 수법을 혼용하여 소설과 강담의 분계선을 몽롱 말살하여서는 아니 될 것이다. 원래 강담이란 형식은 일본에서 수입된 것이요, 또 강담에도 소설식 인물 묘사, 자연 묘사, 심리 묘사 등을 집어넣으며 소설체로 대화를 임의 사용함의 가부可否와 당부당當不當은 별문제로 하고(반드시 일본식 강담만이 맛이 아니니까, 그와 같은 강담과 소설의 혼합체를 새로 고안하여 조선식 강담이라고 한다면 모르거니와 이것도 후일 자세히 말하기로 하고), 어쨌든지 강담이 소설의 모조품이 되어서는 소설을 타락케 하고 저급화하여 소설단을 교란하고 그 레벨을 언제나 향상시키지 못하여 종국에 민중의 문예에 관한 안목이 깨일 기회를 주지 못하거나 또는 그 솟구침을 가로막을 것이다. 그러므로 강담은 어디까지든지 강담으로서 완성되어 자기의 영역을 확보하게 하는 정도에까지 이르지 않으면 안 되리라고 주장하는 바이다.

그다음에 문예사상 방향에도 언급하여야 하겠으나 근자에는 어떠한 논의가 유행하는지 알 수 없고 나 자신으로서는 현재 방향전환이라는 문자로 표시될 만한 심절한 농요도 없고 보니 해결을 시급히 요할 문제가 별로 없는가 보다. 이것은 또 그만치나 현 문단이 당장의 편안함(苟安)에 바쁜 반증도 되겠지마는.

1929년 크리스마스 당일 오후.

문예 연두어

좌우 양 부두의 어디에도 배(船)를 부릴 데가 없이 뱃바닥에 모래가 긁히는 소리를 들으면서 그래도 서투른 솜씨로 노를 저어나가지 않을 수 없는 것이 소위 중간층의 창백 초췌한 인텔리의 정서 상태라 할진대 불안·의구·침체라는 형용사도 지당한 것이다. 그러나 이것은 그래도 내부의 문제요, 또 어느 편 부둣가로나 선수船首를 돌릴 수 있다면 개인적으로라도 우선은 안도도 될지 모른다.

그러나 시각을 달리하여 외부적, 객관적 문제로 볼진대 그 불안·의구·침체라는 것은 세계적의 것이며 세기적의 것이요, 또 물론 문학적 및 문단적의 현상만도 아니다. 그뿐 아니라 그런 가운데서도 특히 국한된 조선의 신문학운동 및 문단을 생각해볼 때, 불안과 침체는 거의 숙명적(이런 말이 용인된다 하면)이 아닌가 한다.

요사이 박태원朴泰遠 씨의 「낙조落照」를 보면 (갑신정변 이후의 일인 듯하거니와) 초기의 일본유학생 100여명인가가 전부 정치과 아니면 법과를 지망하는 것을 보고 당시 게이오대학 총장 후꾸자와 유끼찌福澤諭吉가 실망이라 할까, 딱하다고 할까, 하여간 불만한 표정이더라는 말이 「낙조」의 주인공의 말로 쓰여 있다. 국부민강國富民强을 계도計圖함에는 당시 동양으로서 서양문명·과학문명의 수입 계발에 있을 것인데, 백명이면 백명이 하나도 빼지 않고 모조리 고관대작을 꿈꾸지 않으면 소리관사小吏官仕(하급관리)에라도 자족하는 것을 보고는 (그때 그네들로서는 무리치 않다 하겠으나) 구안자具眼者(안목 있는 사람) 쳐놓고야 후꾸자와 씨가 아니라도 한탄하지 않을 수 없었을 것이다. 그도 그렇거니와 이후 합병 전후로부터 기미己未 전후같이 일본 유학생 홍수시대만 하더라도 일본 유학생이라면 법정과 출신이 다른 과학에 비하여 훨씬 능가하였던 것이다. 물론 이 시기의 그네들은 결코 전시대의 그네들과 같은 관료적 고루한 엽관의식獵官意識(관직에 집착함)이 아니요, 신시대의 정치의식과 남다른 웅지雄志(웅대한 포부)와 이상과 목표가 저절로 있었을 것이나, 그래도 자연과학, 기계공업 같은 방면에 지망하는 학도는 열에 하나, 백에 하나였고 하다못해 다른 사회과학에 착안하는 사람조차 그리 많지 않았던 것은 사실이다. 하물며 문학, 신문학 운동에랴.

그러므로 이러한 시대에 있어서 문학을 남아일대의 사업으로 생각하는 청년은 거의 없었을 것이다. 조선에서는 고사하고 메이지 20년대의 일본에서만 하여도 그만큼 신문예의 토대가 잡히고 쟁쟁한 작가가 배출하였건마는 문예를 천시하는 풍조가 남아 있던 것이나, 이것은 한문학의 위세와 관존민비官尊民卑의 사상으로이겠지마는 오늘날에도 역시 구미에서와 같이는 문예와 일반예술을 국가적 또는 국민적으로 존중치는 않는 모양 같다. 토꾸또미 로까德富蘆花[23]가 『불여귀不如歸』를 쓸 전후에라든가, 『코꾸민신문國民新聞』 지상에 "소설가 되기를 불명예로 생각지 않는다"는 선언을 하였다는 것만 보아도 저변의 소식을 짐작할 수 있을 것이니, 하물며 당시 조선 청년, 정치에서 절연되어갈수록 이를 갈망하는 신진예기新進銳氣의 청년의 눈에는 몇 줄의 언문 시구나 한편의 패관소설稗官小說 따위쯤에 눈을 거들떠보기에는 남아일대의 사업은커녕 너무나 녹록한 일로 비쳤을 것이다.

문학이 남아일대의 필생의 사업일지 아닐지는 그 천부적 자질에도 달린 것이요, 그 지향과 취미에도 따르는 바이며, 이렇게 말하는 필자 역시 매양 자괴하는 바이지마는, 문학이 첫째는 상식이요, 선조의 당쟁시비黨爭是非 이외에 화제를 찾지 못하고 반상班常의 분계구별 없이는 거리에 나서기를 치욕으로 알던 그 후손, 그 자질子侄로서 한시, 한문학도 아닌 언문 글자 모둠 같은 신시新詩가 아니면, 『춘향전』이 아닌 신소설을 읽고 쓰게 된 것은 시대의 변천이라고만 설명하여서는 부족하고, 민족문학의 수립을 자각하여서라고만 의의를 부쳐도 너무 갸륵하다. 쉽게 말하여 정치적 희망이나

---

23 그의 형은 일본의 제국주의적 팽창을 뒷받침한 이론가, 언론인이었던 토꾸또미 소호(德富蘇峰, 1863~1957). 성씨의 글자 '부(富)'에서 갓머리(宀)를 민갓머리(冖)로 바꿔 쓰길 고집한 데서 알 수 있듯 토꾸또미 로까는 그의 형과 사상적으로 반목했다.

이상이나 야심의 한 변태 혹은 전향이 아니면 현실도피의 수단이었다고 설명하면 문학을 모독하였다거나 생활이 있는 곳에 반드시 예술이 있다는 철칙을 무시한 억설抑說이라고만 할까? (1932. 1. 3)

정치적 욕망을 명예욕으로만 간단히 보는 것은 비근한 관찰이다. 정치적 욕망도 한낱 생의 힘의 발현이라 할 것이다. 이것이 충족을 얻지 못하여 정치에서 문학으로 전향하는 경우가 많았다고 한들 억설은 아닐 것이다. 문학 및 일반예술은 소위 정신문화의 상부구조이니만치 정치 이상으로 생의 힘의 발휘라고도 할 수 있다.

생활의 실제를 요리하고 통제·안배하려는 욕망과 역량을 뻗을 데가 없으므로 눈을 인생과 자연에 돌림으로써 생의 힘을 발휘하고 자기를 표현하려는 것이 문학행위로 나타난 것이라고 할 수 없을까. 정치·법률에 지향이 있고 흥미가 있는 자로서 문학에 전향하였다면 그것은 가엾은 일이다. 일종의 수난이 아니면 아닐 것이나, 사실 그러한 사람도 많았을 것이요 또 앞으로도 많을 것이다. 문학을 진실로 남아일대의 사업으로 자부하고 나선 사람이 얼마나 될까? 자각자부自覺自負한 대작가가 없지 않겠지만 조선의 정세가 어느 모로든지 순전한 문학의 일꾼을 낳기에 어렵다는 말이다.

작가에 따라서는 자기가 문예가임을 자타가 인정하는 것을 그리 반기지 않는 경향도 없지 않을 것이다. 그것은 겸양하는 마음으로도 그럴지 모르나 문예가임이 겸양할 만큼 명예스러운 지위라 해서 그런 것도 아닐지 모른다. 또 어떤 경우에는 저 사람은 싯줄이나 소설편이나 쓸 사람이 아니라고 평하는 말을 듣는다. 이 말에는 그 사람을 또 다른 데 혹은 그 이상 무엇에 쓸모가 있다는, 한층 높여서 평하는 뜻이 은연중 들어 있다.

이 두 경우를 생각하여보면 문학이란 것을 얕게 보거나 구태여 다른 사업 이하로 평가하려는 것은 아니나, 문학 이외의 것을 중히 보고 또 그것이 긴하다는 의미일 것이다. 문학 이외의 것은 반드시 정치 혹은 정치적 관심만일 것은 아니요, 또 문단 외의 사람으로서 문학 이상의 것을 희망하는 것도 여기서 문제는 아니 되거니와 만일 문인으로서 문예 이상으로 관심하고 욕구하는 것이 있다는 것은 그러한 지망과 태도가 결코 그르다는 것은 아니나, 문학으로서 남아일대의 사업으로는 생각할 수 없다는 의미요 또 그것은 나의 위에서 말한바 정치에서 문학으로 전향되었다는 논지의 입증도 될 것이다.

신문예운동은 이조의 최말기最末期부터 싹이라고 하겠으나 조선의 현대적 저널리즘의 획기라 할 기미己未 전후로써 봉오리가 앉았거나 한두 송이 꽃이 피었더니라고 볼 수 있는 정도요, '울연蔚然'이라든지 '찬연燦然'이라는 형용사는 당치 않을 것이다. 그나마도 물론 당시의 신흥하는 기분과, 구체적으로는 현대적 저널리즘의 초기적 활기에 촉성된 것이라 하겠으나, 그 제일선에 선 사람들이 순전히 문학적으로 출발하였다느니보다도 정치적 색채 혹은 관심을 가지고 사회적 첫 진출을 한 사람이 많았을 것이다. 이러한 점으로 보아도 조선의 신문예운동 초기가 좀 남다르다고 보겠고, 이것은 만일 극단적으로 논하면 정치적 운동의 진출의 길이 가로막혀서 문학으로 들어섰을 뿐 아니라, 의식적은 아니라 하더라도 현실에 대한 도피적 경향이 다소라도 없지 않았었던가도 싶다. 도피라고까지는 심하다 하면 실의·회의·불안에서 안주安住의 땅으로 예술의 전당을 찾으려 한 경향은 없었던가?

만일 이상 논의한 바가 이치에 어긋나지 않았다 할진대 그러한 정세는 지금까지도 연속되어왔고 침체와 불안은 어제 오늘의 일이 아니라 그 출발에서부터이었던 것이 아닐까. 실로 우리의 문학 및 문단은 언제 작품으로 흥왕興旺하고 사조思潮로 안정되었기에 새삼스러이 침체불안이라 할까.

그러나 그것을 아무의 탓으로 지목할 바는 못 된다. 정치적 지망에서 문학에로 왔거나, 문학을 필생의 사업으로 생각 않거나, 현실도피의 수단이 있거나, 그것은 모두 우리의 외부정세가 그렇게 만든 원인이 더 많기 때문이다. 다만 문학 그 자체의 편으로 보아서 손해요 발달이 더딜 따름이나,

또 그렇다고 예술을 위한 예술을 주장할 용기도 없고 '문예가 먼저, 생활이 둘째'라고 할 열의가 있을 수 없지도 않은가. (1934. 1. 5)

"예술의 전당에 안주의 땅를 구한다." 나는 위에서 이러한 시대착오적 어구를 썼다. 그러나 시대는 자연주의를 청산할 어름이었건마는 그때 우리는 그래도 예술의 전당에서 로맨틱한 문학청년다운 꿈을 꾸고 상아탑 속에서 세속 세상을 굽어본다고 공상하며 긍지하지는 않았었던가? 그러면 3·1운동 이래 십여년간 예술의 전당은 세웠으며, 상아의 백탑白塔은 세속 세상의 흙먼지에 더럽히지 않고 그 청고수려淸高秀麗한 자태를 지니고 있는가?

예술의 전당에도 기아는 닥쳐오지 말라는 법이 없고, 상아의 백탑도 공황의 선풍旋風에는 파괴되지 말라는 법이 없지 않다. 그러한 로맨틱한 꿈만은 아니었겠지마는 정치적 실망과 사회적 고난, 고민과 불안 초조를 피하려던 '예술의 왕국'의 공자公子(지체 높은 집 아들)는 보다 더 급격히 들이닥치는 경제적 중압 밑에서 신음하다가 '거리의 룸펜'으로 또다시 쫓겨나고 말았던 것이다. '룸펜'이란 말이 본래의 의미로 듣기 싫은 말이라면 '창백 초췌한 인텔리'로 예술의 전당에서 쫓겨났다고 할까. 하여간 (의식적은 아니었더라도) 아무쪼록 눈을 가리려던 현실에 코를 맞대고 서지 않을 수 없게 되었던 것이다. 동시에 그것은 실망과 고민과 불안과 초조의 가중加重이요, 문단 침체의 제2차적 현상이었다.

만일 이 시기에 있어서 겨우 초입에 들어선 현대적(자본주의적) 저널리즘이 순조로이 발전을 하였다면 문단적으로도 얼마쯤은 순풍의 혜택을 입었을 것이요, 고민 불안과 우울 침체가 그다지 심각하기 전에 다소 완화되었을 것인지 모른다.

자본주의적 저널리즘이 문학에 미치는 병폐를 눈감아버리려는 것은 아니지만 현대에 있어서 문학이 저널리스트의 힘을 빌리지 않고 단독으로 발달을 기대하기는 (비록 작가 자신이나 문학적 특수그룹이 충분한 자본력을 가지고 자본가적 저널리스트 앞에 굽신거리지〔屈膝〕않기로서니〕거의 불가능한 바는 더 말할 것 없는바 여기에 먼저 그 공과 죄를 논의함은 마치 낳지 않은 자식의 현명하고 어리석음을 의논함과 같아 막론하거니와, 하여간 조선의 저널리즘이 정상적으로 발전하여졌다면 소위 부르주아 문학이라는 순정한 문학이 어느 정도까지는 결실하게 되었을 것이요, 문학에 대한 민중적 보급만에라도 다대한 수확이 있었을 것이다. 즉 깊이에로는 어떨지 모를지라도 넓이로는 상당한 효과를 얻었을 것이라는 말이다.

그러나 조선의 현대적(자본주의적) 저널리즘이라는 것이 원체 나이 어린 데다가 조선의 자본주의 그 자체가 행이거나 불행이거나 이 땅에 씨를 심어서 뿌리를 박고 자라난 것이라느니보다도, 남은 두번째로 가을에 걷어 겨울을 준비하려는 때에 바야흐로 모종을 내다가 그나마 남의 손으로 키워가려는 도중이기 때문에 거기에 딸린 저널리즘만이 앞질러 발달될 리가 만무하다. 조선의 저널리즘이 획기적 활기를 보인 이래 다양하게 겪어온 수다한 간난부침艱難浮沈의 자취를 살펴볼진대 그 자체의 유지에도 여력이 없겠거늘 어느 겨를에 문예발전에 유의하였으랴. 유의는 고사하고 멸시나 아니 하였으면 도리어 다행일 것이거니와 문단침잠의 제3의 원인이 여기 있다고 할 것이다.

그러나 이때 있어서 일시나마 활기를 뽐낸 것은 프로문학운동이었다. 프롤레타리아 문학의 발생 혹은 전입될 기운이 당시 정치·사회 정세로 보아서 도달하였더니라는 점은 이미 육칠년 전에던가 한번 쓴 일이 있기로 중복치 않거니와 이야기의 순서상, 문단적으로 본 그 발생의 필연성을 여기에 약술하여둠도 새삼스러운 한담은 아닐 것이다.

위에 말한 바와 같이 관념적으로 소위 '예술의 전당'이니 상아탑이니 하던 예술동경 시대에는 막연한 기치하에 모였었고 구태여 의의를 부치자면 민족적 신문화를 세운다는 의미로 통틀어 '민족주의 문학'이라고 하였다.

그러나 '민족문학'이라는 명칭에 붙은 '민족' 두 자에는 다분의 정치적 의의가 포함되어 있었다. 따라서 민족운동이라는 단일체로는 현상타개책이 보이지 않는다는 정세와 견해로써 운동선상에 분열이 생길 때에 바야흐로 상아탑을 버린 문학의 일꾼도 거기에 올라타거나 추종하여 분해작용을 한 것이었다. (1934. 1. 7)

분열은 내외의 정세로 보아 필연적 현상이었다고도 하겠으나 결론으로만 본다면 보다 더 예술적이냐 보다 더 투쟁적, 아지프로agitation propaganda(선전선동)적이냐는 차이라 할 것이다. 그러므로 좌경한 사람이 보다 더 문학적 입장을 옹호하는 사람을 가리켜 '우익'이라 하지마는 실상 말하면 좌향한 사람이 돌려다 보니까 우편으로 보일 뿐이요, 길이 갈린 사람을 떠나보내고 남아 섰는 사람은 우향도 안 하고 우향우도 아니 한 것이었다. 그 자리에 그대로 섰던 것이었다. 그들이 자본주의를 특히 구가도 안 하였거니와 그렇다고 현실을 무시하지도 않고, 또 그렇다고 냉혈동물도 아니었다는 것만 보아도 그들이 상아탑에서 나와서 섰던 그 자리에 섰다는 것을 알 것이다. 우로 후퇴하지도 않고 좌로 쏠리지도 않은 점으로 보아서 그들은 중정中正의 길을 걸어가려고 한 것일 것이다. 더 적절히 말하면 원래가 문학이라는 발판 위에 섰으니까 어떠한 한도 이외로 자기의 (문학적) 입장을 떠나기를 거부하였을 뿐이라고 할 수 있다.

그러므로 그들의 주장은 단순하였다. 신문학의 밑바탕부터 만들자, 좌거나 우거나 그 의거하여 설 발판을 만들자, 그리고 최후의 목표로는 무계급의 문학을 세우자는 것이었다. 다시 말하면 특히 자본주의적도 아니요, 특히 계급적도 아닌 중정의 태도로 순문학의 길을 현실에 서서 걸어나가자는 의견이라 할 것이다.

또한 그러므로 소위 우익(혹은 중간파라 함이 적당할지 모르나)이라는 분자도 현실에 대한 관찰·인식에 과오가 없으면 어느 정도까지 프로문학에 대하야 이해와 동정을 가질지 모른다. 종래로 프로문학에 대한 논전의 중심이 대개는 그 창작방법 문제에 그치고 그 이상으로 본원을 건드리지 않은 점으로 보아도 짐작할 수 있다.

그러나 프로문학 측으로 보면 선전과 동지규합과 내부 관례(掌故)를 위하여서도 그렇겠지마는, 무엇보다도 대외적 투쟁과 극복에 열중치 않으면 안 될 정세에 끌려서 거의 문예적 제반 요소의 취사取捨를 정연히 할 새가 없이 창작상 일체의 기성 약속을 무시·파기하려고까지 하였기 때문에 그 이론에는 무리가 적지 아니 있었다. 이러한 점이 프로, 비프로 작가 간에 어느 정도까지 접근될 것조차 도리어 반발적으로 멀어지게 된 원인이었다고도 하겠거니와, 그것은 차라리 '기성'에 대하여 반기를 들고 '신흥'의 존재를 고양하자면 무리를 무리로 자인하고, 오류를 오류로 알면서도 (재검토와 수정을 할 겨를이 없으므로) 그대로 빗대어버리는 방편이요, 수단이었을지 모른다. 또 혹은 그 문학이론 자체의 모순뿐만 아니라 추종자·실천자로서도 첫 시험이니만치 생소하고 난삽하여 곡해한 점도 많았던 까닭일지도 모른다. 조선의 프로문학의 이론이 소련의 것이나 일본의 그것을 그대로 답습·잉용仍用(그대로 갖다 씀)하였는지 아닌지는 논외거니와, 일본에서만 하여도 프로문학 제작상 표준 혹은 공식이라 할 만한 유물변증법적 창작방법이라는 것이 작년에 들어서 재검토를 하여 토꾸나가 스나오德永直 같은 작가는 변증법적 창작방법을 해득하기에 머리를 썩였던 것이 도리어 어리석었다고 공언하는 것만 보아도 그 전모는 모를지라도 일단은 엿볼 수 있을 것이다.

조선의 프로문학의 작품에 있어서 실제로 그 오류가 얼마나 정정되었는가는 여기에 실증할 재료를 갖지 못하였으나, 가장 대중독자층에 삼투되기를 목표로 하여야 할 프로문학으로서 제작방법을 그릇하여 작품의 효과를 감소시킨다는 것은 큰 손실이 아니면 아닐 것이다. 그 외의 외부적 원인은 여기에 논외로 하거니와 초기의 기세로 보아 또한 침체가 아닐 수 없고 따라서 전 조선 문단에 미치는 영향을 생각지 않을 수 없다. (1934. 1. 9)

전기와 같이 좌파의 불리·침체는 곧 우파에 대한 유리한 조건이었느냐

하면 그러한 것은 아니었다. 그들에게는 창작방법의 토론이나 습득의 고심은 없을 것이요, 투쟁이란 점도 프로문학에 대한 공방전, 공히 대개의 경우에 피동적이므로 그다지 어려운 고투도 아닐 것이다. 그 대신에 내적 투쟁, 내면적 고민이 없을 수 있을까?

그들의 입장이 중간적이면 중간적일수록 주관과 객관과의 모순·반발을 느끼지 않을 수 없을 것이다.

물론 객관의 세계의 불안상이 그들의 독자적인 주관에 비치니까 모순·회의·고민이 생기는 것이다. 그러므로 이것은 현실에 객관적 세계의 불안상 그 자체에서 직접 받는 고민이라느니보다도 거기에 영향받은 주관의 처리 문제요, 갈등 문제이다. 그리고 이것은 소위 예술적 양심이 예민하면 예민할수록 그 갈등이나 고민을 덮어두기는 한층 더 괴로운 일일 것이다.

근자에 '불안의 문학'이라는 말이 일부에 수입이라 할지 논의된다. 필자로서는 그 소위 '불안의 문학'의 비조라 할 앙드레 지드의 작품도 읽어보지 못하고 단편적 소개로만은 윤곽도 몽롱하지마는, 그가 중류 이상 계급인이라 하니 그 불안이 역시 중간적 작가의 체험하는 내적 갈등에서 나온 것인 듯하다. 설사 지드의 불안과 이것과는 별개의 것이라 할지라도 일맥상통하는 바가 없지 않을 것이다. 더욱이 지드가 개인주의를 버리지 못하였다는 점으로 그러하다. 주관과 객관과의 갈등·불안이라는 것은 일면으로 보면 '개인주의' 대 '비개인주의'(특히 광의로 '비개인주의'라는 말을 쓴다)의 모순·갈등이라고 하겠기 때문이다.

이러한 심경이 실제로 제작 문제로서는 어떻게 반영될까? 프롤레타리아 문학에서와 같이 무엇을 어떻게 쓰겠느냐는 창작방법 문제보다도 그 이전 문제, 즉 객관을 어떻게 보겠느냐는 견해의 문제, 관찰의 태도('방법'이 아니라 '태도'이다) 문제에서 회의적이 되고 모순과 불안을 느끼게 되는 것이라 할 것이다.

프롤레타리아 문학에서는 '관찰의 태도'라는 문제는 이미 결정하고 나서 그다음의 문제, 즉 제작의 방법 문제가 고심점苦心點이며, 그 방법론에 있어서도 '무엇을'이라는 데에서 왕왕히 범위(구체적으로 말하면 테마)를 국한하여놓고 '어떻게'라는 점에서도 (그 성패는 막론하고라도) 공식적 통제를 시험하려 하였다. 그러므로 만일에 창작방법 그것에 과오나 결함만 없으면 (창작 이후의 문제는 막론하고) 관찰로부터 제작까지는 평탄할 것이다.

이에 반하여 소위 '부르주아작가'라 지칭하는 우익 혹은 중간파에 있어서는 창작방법상 '무엇을'이거나 '어떻게'거나 일절 구속이나 공약(일반 문예상 제약 이외의 구속이나 공약)이 없는 점으로 매우 자유롭고 동시에 예술적 효과를 충분히 발휘할 수 있는 점으로도 좌익문학보다 유리하다. 그러나 어떻게 관찰하겠느냐는 문제만은 역시 숙제요, 내적 불안과 고민은 여기에서 시작하는 것이라 할 것이다.

근래 좌익의 부진에 못지않을 만큼 우파로 지목하는 작가들의 불활발한 한 원인(물론 원인의 전부는 아니다)이 위와 같은 데도 있다고 할 것이다.

그러나 조선의 문학운동은 그 밑바탕부터 만들기 위하여 중정의 길을 택한다는 점을 다시 고찰하면 조선에는 정치적, 사회적 정황이 그러한 것과 같이 문학운동에도 순리적으로만 나갈 수 없는 특수적 입장이 저절로서 있지 않은가도 싶다.

위에서 말하였지만 원래 '우익'이라 하지만 조선에는 엄정한 의미로 '우익'은 없다. 자본주의가 발달 안 된 조선, 따라서 독자의 자본주의적 문학이 생성치 못한 우리의 문학이란 것은 다분히 모방일지는 몰라도 완전한 부르주아 문학은 아닐 것이다. 따라서 예술지상주의에까지 올라가지도 못하였거니와 물론 파쇼화한 경향도 보지 못한 것이다. 그러므로 조선에서 구태여 이름 짓자면 '중간파'와 '좌파'는 있어도 '우익'이라는 것은 좀 부당할 것 같다.

어째서 중간적이냐 하면 중정의 길을 걷는다는 데서 말이다. 그러면 무엇에 중정이냐? 계급의식에서라는 말이겠고, 무슨 때문에 중정이냐 하면 문학적 밑바탕을 만들기 위해서다.

그러므로 '중간파' 혹 '중정파'라고 할 사람들의 불안이라는 것은 문학의 밑바탕을 만든다는 순문학적 입장을 버릴 수도 없고, 계급이라는 현실적 사실이나 의식을 부인할 수도 없는 데서 나온 것이기 때문에 자본주의 사회의 중간층에 속한 우익의 고민·불안과 같이 그처럼 심한 것도 아니요, 부조화의 것도 아닐지 모른다. 감정鑑定할 만한 상식을 가진 비평가다. 말하자면 하이플로어(상층)의 비평가는 바랄 수 없더라도 성의, 순정과 관대와 공정과 대아大我를 가진 비평가를 가지기를 갈망하고 있다. 문자유희 속에서 기쁨을 느끼며 남을 중상함으로써 쾌감을 느끼고 있는 듯싶은 동시에 빈 맥주병에 구리동전 한푼을 집어넣고 절렁절렁 흔들어 보이는 학술적 군소 비평가보다도, 작가의 내적 생활을 해부하여 맛보여줄 수 있는 대아를 가진 비평가를 원하고 있다. 조선 문단에는 백주대로에 얼마나 많은 살기가 등등하여 악의와 편협한 완강을 품은, 그 소위 자칭 문예비평가가 횡행하고 있느냐. 제삼자가 실소를 할 만한 무식하고 천박한 논리를 가지고 군림하려고 하며, 기기도 전에 날아보려고 하며 A, B, C의 정도로 셰익스피어를 평하려고 하는 그 소위 자칭 문예 대비평가가 얼마나 많으냐. 어린애에게 장검을 맡긴 위험은 조선 문단에 횡행해 있는 조그마한 주관 속에서만 나타나 헤어날 줄 모르는 그 수많은 소위 문예비평가를 가리켜 말한 것이 아닌가.

키츠John Keats가 그의 유명한 서사시 『엔디미온』을 발표하였을 때 스코틀랜드 비평가 기퍼드William Gifford의 혹독한 비평의 세례를 받은 뒤, 키츠가 시인으로서의 재능이 일반에게 인정된 것은 그 뒤 몇 해 뒤의 일이었다. 그 외에 윌리엄 블레이크William Blake가 그러하였다. 브라우닝Robert Browning, 스윈번Edward Swinburne 등이 그러하였다.

비평가의 생명은 작가의 재능을 발견하는 데 있는 것은 두말할 것 없다.

그러함으로써 비평은 일종의 창작인 것이다! (1934. 1. 10)

이상으로써 문단침체에 대한 각 방면의 고찰을 개설하였거니와 생각하면 구차한 집에 태어난 자식이 한번도 피어보지 못하고 거적자리에 떨어지면서부터 고생살이만 하였더니라는 하소연 같아 새삼스럽게 침체, 침체할 것도 아니요, 듣기에 재미있고 신기한 말도 아니다.

더구나 아무리 다방면으로 원인을 끌어다 대어야 일반적 경제사정과 직접·간접으로 닥쳐오는 각개의 생활고라는 점에 떨어지고 마는 것을 생각하면 조선 문단의 침체라는 말은 언제나 가서 듣지 않게 될지 알 수 없다.

그러나 그렇다고 생활이 있는 다음에야 문학이 없을 리 없을 것이니, 이 이상으로 더 침체될 여지도 없으리라고 생각하면 희망도 생기고 낙관해도 좋을 것이기는 하다.

또 그러나 새해를 맞이하였다고 덕담이나 축원은 얼마든지 해도 좋겠지마는 금시로 수가 날 만치 침체해소의 기별이 올 것 같지도 않다. 다소 유리한 조건이 있으면 그 반면에는 이에 상쇄할 만한 불리한 현상이 있기 때문이다. 일례를 들어보면 작금 조선의 저널리즘이 다소 활기를 드리운 것은 사실이나, 그러면 그만 정도로 문학운동에 기여가 있겠느냐 하면 의문이다. 일반 출판계가 호황이라는 의미는 물론 아니지만 주요 신문사들이 혹은 중흥, 혹은 증자增資로써 정기간행물을 경쟁적으로 내고 문예품의 게재 양도 증대하여가는 경향이 보이지 않는 것은 아니나, 그 반면에는 소자본 잡지의 몰락과 순문예잡지의 경영난을 초래하고 소설단 역시 앞으로는 소위 대중 독물讀物(읽을거리) 전성기는 도래할지 몰라도 문예소설이라는 것은 점점 더 범위가 축소하여 들어가는 경향이 뚜렷하다.

군소잡지가 몰락하고 비예술적 대중독물이 문단뿐만 아니라 전 독자층을 풍미하는 것은 저널리즘이 자본주의 발달을 좇아가는 현상이므로 전자에 문단침체의 한 원인으로 조선의 저널리즘의 발달이 더딘 것을 지적한 점으로 생각하면 물론 좋은 현상이라 하겠으나, 다시 일면으로 관찰하면 저널리즘이 문예에 미치는 폐단이 좋은 영향보다 앞질러온 것이거나 혹은 이해利害가 상반하여 동시병행으로 온 현상이라 하겠다. 저널리즘이 당연히 문단에 기여하여야 할 순문학 발전의 촉발 시기를 주지 못하고 대중문예 유행시대가 서둘러서 이르렀다는 것은 종래의 구소설과 아울러서 전후 이중적으로 받는 순문예의 타격이 큰 것이요, 이러한 추세로 나가다가는 조선의 순문예의 장래는 비관 않을 수 없게 되었다. 이것이 저널리즘의 병폐가 앞질러 왔다는 관찰이다.

그러나 지금의 대중소설의 독자층이 결국은 구소설의 독자층에까지 침식하여 들어가서 확대되는 동시에 독서력의 보급과 신문예에 대한 초보적 이해력을 양성한다는 점으로 보면 신문학운동에 대하여 선구적 효과를 부작용적으로 얻는다는 의미에서 이해상반하다는 말이다.

그러나 그 어떠한 경우를 막론하고 저널리즘의 상업주의를 포기하라 하지 못할 바에야 이러한 현상은 불가피한 일이다.

책임의 대부분이 저널리즘, 대중의 독서력에 혹은 대중의 요구에 달린 것이요, 또 종래의 신문잡지는 그 범위가 보다 더 지식계급을 중심으로 한 그 전후 층에게 있느니보다도 문제는 대중에서 유력한 독자를 얻어졌으나 독자를 넓은 범위에서 얻음에 따라서 소위 대중화하여가는 도중이기 때문에 신문잡지의 편집방책도 변하여갈 것은 당연한 일이다. 가령 종래의 신문이 정치·경제에 주력을 쓰고 사설을 중요시하였으나, 오늘날에 와서는 3면기사라고 경시하던 것을 흥미 면에서 중대하게 취급하는 반면에, 사설과 같은 강경파의 것을 그다지 중요시 안 하게 된 (중략)

요구하였을 것이요, 또 실제 영업상 별반 통증을 느끼지 않았을 것이나 독자를 주로 대중층에서 획득케 됨에 따라서 사회면이 중요한 지위를 점함과 같은 이유로 소설도 중요시하게는 되어가나, 그 질에 있어서 저하하여가는 것도 당연한 추세가 아니면 아닐 것이다. 만일 앞으로 소설이 독자의 증감을 더욱 좌우하게 되면 될수록 대중문예의 황금시대(?)는 올 것이요 그 반면에 순문예는 한층 더 침체의 비운에 쫓길 것이니, 달리 순문예 작품을 소화하고 장려할 방도가 없을 만큼 자본주의 및 자본주의적 저널리즘이 발달되지 못한 조선이기 때문에 이 현상은 더 심절한 바 있을 것이다. (1934. 1. 11)

대중문예의 성행이 반드시 순문예의 발전을 직접 저해하는 원인이 되리라고는 생각할 수 없다. 아무리 앞서 말한 바와 같이 저널리즘과의 관계라든지, 작가들의 소질 혹은 소양 문제라든지, 실생활의 곤궁이라든지 하는 여러 가지 순문학 부진의 원인이 있다 하더라도 춥고 배고픔, 역경과 고투하면서 이에 정진한다면 얼마쯤의 만회할 방법도 있을 것이요, 또 그만한 지조를 가진 사람이 없지 말라는 법도 없을 것이다.

그러나 일편으로 다시 생각하면 조선에만 한한 특수사정이 아니라 대중문예가 전성하고 순문예가 퇴영할 세상의 기운이 돌아온 것이나 아닌가도 싶다. 시대적 불안 동요라든가 사조의 방황 혼돈이라는 점을 생각할 때, 아무리 오래고 빛나는 문학사를 가진 나라일지라도, 또 아무리 새롭고 훌륭한 문학이론을 가진 나라일지라도 좀처럼 이 시대적 기운에 동하지 않고 자기의 지위를 확실히 세워나가기가 어려운 것 같다.

이 '시대적 불안'이라든지 '사상적 동요'라는 것이 대전大戰 이후의 세계적 현상임은 새삼스러이 말할 것도 없다. 또 그 진원震源이 공황에 있고, 보다 표면화하여는 정치적 위기에 직면하게 되었다는 것도 공통한 관찰인 모양이다. 한마디로 말하면 국민생활로나 인류생활로나 대전 이후의 수술도 잘못했고, 예후豫後(섭생이라 할까)도 고르지 못한 까닭이다. 그러므로 나는 제네바를 관망할 때, 늘 세계라는 커다란 병든 몸을 뉘어놓은 병실 같은 연상이 떠오르는 것이다. 15, 6년이나 되었는지 그동안 세계의 유명하다는 국수國手(이름난 의사)는 제각기 번갈아 들어서 재주껏 치료를 해보려다 못 하여 곪아터지려는 환자를 수술실로 다시 끌고 들어가려는 것이 작금의 형세라고도 할 수 있다. 어떠한 모양으로 어디서부터 수술이 진행될는지, 또 대수술을 안 하고도 평상시로 회복될 서광이 보일지 우리 같은 문외한이 아니더라도 예측하기 힘들겠지마는, '비상시非常時'라는 말이 여기에서 나온 것이요 이 말 역시 극동極東(동아시아)만의 유행어가 아니라 세계적 의의를 가진 말인 모양이다.

기왕 말이 났으니 좀 더 비근한 비유를 하자면, 이 거대한 환자는 오락물을 요구하므로 '제네바병원'에 병든 세계가 입원해 있는 15, 6년 동안 비행기, 라디오, 레코드, 영화 등등이 장족의 발달도 되고 대량생산도 된 것이나 아니었던가. 대중소설도 레코드, 라디오, 영화, 비행기의 사촌 격은 되는 것이니 또한 오락물에 참여할 것, '문예적으로 본 대중'을 환자라 하는 것은 아니나 '세계'라는 환자는 깊이 사색하고 관찰하고 비판할 고급 독물을 요구하지는 않는 것이라고도 할까?

너무 실없는 비유였는지는 모르겠으나 공황의 폭풍과 정치적 저기압이 이중으로 테를 매인 세계 속에서 물질적 곤궁과 정신적 불안, 위협을 물리치고 편안히 앉아 좋은 예술을 낳으라는 주문은 어려운 일일 것이다. 행위와 관조는 동시에 행하기 어려운 것이니 세계의 혼돈 격심한 동태를 아무리 초연히 정관靜觀한다기로 자기 자신이 화석이 되어 그 속에서 호흡을 하지 않기 전에는 깊은 관조보다도 역시 행위가 앞을 설 것이다. 예술은 행위 이전의 것에서 구하거나 이후에 구할 것인가 한다.

우리는 지금 세계의 도처에서 정치적 가장행렬이 불협화의 난음難音으로 된 사상적 재즈밴드로 행진하는 것을 멀리 테 밖에 앉아서 사진으로 보고, 방송으로 듣는다. 그만큼 우리는 무대의 와중에서 벗어나서 섰다는 말이다. 그러면 우리는 얼마만 한 거리에 물러서서 초연한 태도로 강 건너의 화재같이 정관하고 사색하고 예술적 삼매경에 자기를 둘 수 있는가 하면, 기실은 아무 하는 바도 없이 (사진이나 방송으로가 아니라) 그 본바닥에서 직접 보고 듣는 그들 이상으로 그 불안, 그 동요, 그 혼돈에 휩쓸리는 것이다. 그것은 마치 호황시대에 큰 부자 났다는 말은 못 들어도 불황이 닥쳐

오면 중소 농공상農工商의 몰락이 사태沙汰같이 나는 거나 마찬가지다. 이러한 사정을 생각해볼 때, 우리와 같이 문학 연령이 약관弱冠(스무살)을 면치 못하고, 전통도 기초도 없고, 그 위에 극도의 빈궁에 빠졌으니 그네들보다 한층 더 문예운동의 앞길이 어려울 것이 아닌가. 대중문예 역시 얼마만 한 발전을 약속하겠느냐는 것도 미지수이거니와 총체로서 어떠한 진전책이 있겠느냐는 것은 누구나 말할 수 있는 상식적 판단 이외에도 별로 묘안도 없기에 군소리는 그만두려 한다. 써놓고 보니 연두어年頭語로서는 구체적 예상을 잊어버린 듯하나, 잊어버린 것이 아니라 일본 말에 10년 앞일을 말하면 귀신이 웃는다던가. 1년 앞일인들 이 밖에 무엇을 더 장담하랴.
(1934. 1. 12)

'자유주의자'의 문학[24]

리버럴리즘이니 리버럴리스트니 하는 말이 도처에 범람한다. 이것도 해방 이후의 한 새로운 현상일 거다. "그 사람은 고작해야 리버럴리스트지." "아니, 나는 리버럴리즘의 입장에서……." 이 따위 대화를 어느 좌석에서나 한두번은 듣는다. '고작해야 리비럴리스트'린 말은 제 아무리 소위 진보적이라 해도 범박한 민족주의에서 털이 조금 난 정도이겠지 하는 가볍게 무시하거나 불만을 품은 어감이요, "아니, 나는 리버럴리스트다"라고 나서는 사람은 자기가 중간파라는 표명이거나 좌익이 아니라는 변명같이 들린다. 대체, 이 리버럴리스트가 조선에 몇 퍼센트나 되는지 조금 있으면 자유당 하나쯤은 나올 거라…….

해방 이후 나의 짧은 신문기자 생활의 경험으로 보면, 신문이 자유주의

---

24 『삼천리』 1948년 7월호.

의 입장에서 초당파적, 초좌우적 사시社是를 걸고 나가는 동안은 인기도 좋고 신용도 커지며 판로개척이 빠르나, 좌우간 어느 편으로나 기울 때에는 평가가 떨어져가는 경향인 것을 보면, 의외로 리버럴리스트로 자처하고 소위 중간노선을 걷는 층이 상당한 퍼센티지를 점하고 있는지 모른다. 하고 보면 실제의 정치세력이라는 것은 별문제로 하고 대중의 지향이라할지 여론의 동향이라는 것이 역시 이 어름에 집중되어 있지나 않은가도 싶다. 나는 지금 정치니 여론이니 하는 것을 말하자는 것이 아니니 별로 깊이 이해하고자 하지도 않거니와…….

일전에 어느 청년이 와서 문단인의 경향을 이야기하던 끝에 나는 어떻게들 보느냐고 물어보니까 한마디로 "리버럴리스트시지요" 하고, 여기서도 리버럴리스트가 또 나왔다.

실상은 요전에 신문사(『신민일보』) 필화사건[25]에 걸렸던 끝이라, 자기 한 개인쯤 사상경향이 어떠한들 천하대사天下大事일 리 아니요, 자기 작품의 팬인들 그리 관심사가 될 것도 아니겠지마는, 자기로서는 의외의 돌발사건이었으니만치 그 후의 자기가 문화인 사이에 어떻게 보이는지 궁금하여 물어본 것이다. 그러므로 그 대답으로서 "리버럴리스트시지요" 하는 말이 귀에 거슬릴 까닭은 조금도 없다. 자유주의자라는 것을 명예로도 불명예로도 생각지 않는 자기이기 때문이다.

그러나 자유주의자란 말은 신문인·사회인으로 볼 때에 붙이는 말일 것이요 또한 오늘날과 같은 정치정세에 있어서는 특수한 의의를 가지고 싸우는 말인지 모르나, 문단인의 경향이나 문예사조로서 자유주의나 자유주의자란 것은 내용이 공소하고 광막한 표현에 불과한 것이다. 근대문명·근대생활이 이미 자유주의에서 출발한 것인 다음에야 지금 자유주의를 특히 표방한다는 것도 새삼스러운 일이거니와, 비록 현재의 조선에서 유행되는

---

25 남한 단독정부 수립에 반대하는 논조 때문에 『신민일보』 편집국장 겸 주필이었던 염상섭은 군정재판에 회부되었고 집행유예로 풀려난(1948. 5. 6) 직후 퇴사했다.

의미로서의 내용이나 개념을 가지고 쓰더라도 문단인의 경향이나 문예사조를 지적하는 용어로서는 맞지를 않는다.

그러나 소설을 의뢰하러 온 이 청년이 "당신은 자유주의자요"라고 하듯이 문학의 일꾼들이나 문학사상의 경향도 정치이념의 분류에 따라서 간단히 구분하여버리고 마는 것이 조선의 현상이다.

민족주의 문학, 프롤레타리아의 문학, 자유주의 문학＝우익문학, 좌익문학, 중간파문학……. 이렇게 구분 못 할 것이 없을지 모르기는 하다. 그러나 만일 그렇다면 '중간파 문학＝자유주의 문학'이란 어떻게 구성되는 것이요, 어떠한 내용으로서 민족주의 문학이나 프로문학과 구별될 것인가? 지금의 조선에서 이르는바 자유주의는 특히 구래舊來의 민족주의에서 자본주의적 요소나 제국주의적 요소를 제거한 것이라는 의미로서 본다면 자유주의 문학, 즉 중간파문학은 프로문학에 일보 접근한 것이라고 규정할 수도 있을지 모른다. 그러나 민족주의 문학은 자본주의나 제국주의를 거리낌 없이 드러내고 칭송하는가 하면 반드시 그런 것도 아니다. 그러면 그 이색異色이 어디 있는가? 모호한 분류일 것이다. 이것은 프로문학과의 경우에도 마찬가지인 것이다.

그야 세밀히 분석하여 유형적 규격을 짓는다면 못 지을 것은 아닐 것이요, 민족주의 그 자체가 중간파니 자유주의자니 하는 사람들의 이론적 근거를 자기의 개념으로 하여 새로운 면모를 갖추고 나오는 날에는 ─ 다시 말하면 민족주의가 지금 우리의 이념하고 있는 것과 같은 자유주의의 내용을 섭취한다든지 포섭한다든지 하여 새로운 경지를 개척하고 전개되는 날이면, 설령 자유주의 문학이라거나 중간파 문학이라는 것이 규정된다손 치더라도 그것은 결국에 '해방 후의 민족주의 문학'이라든지 혹은 '신新민주주의 문학'이라든지 하는 규정 밑에 일치되고 마는 것이리라고 생각된다.

말이 샛길에 흘렀으나 내가 여기에서 말하고자 하는 것은 정치이념을 가지고 문학적 주조를 삼으려 한다든지, 정치적 분야를 그대로 옮겨다가 문학의 분야로 경계선을 쳐놓으려는 지금의 경향은 본도本道가 아니요, 변형태라는 점에 있다.

근자에 나는 모 잡지의 문학 재건에 관한 설문에 대답한 중에 이러한 말을 쓴 일이 있다.

> ……나는 편향을 싫어한다. 사회성과 시대성을 중시하면서도 문학의 자유롭고 넓은 보통적 순수성을 존중도 한다. 팔방미인적이라고 비난할지 모르나 그와 같은 저속한 처세적 의미를 떠나서 문학 자체가 그러한 것이라고 믿기 때문이다……. (「사회성과 시대성 중시」, 『백민』 1948년 5월호)

이것은 문학에 가하여오는 정치성의 중압을 염두에 두고서 한 말이다. 정치력이 직접 문학에 강압을 가하여오는 경우도 있지마는, 요사이의 문학작품은 문화인 간에 빚어진 기분적 분위기 속에서 유동하는 정치성이나 혹은 문학인 자신이 움켜쥔 정치이념 밑에 깔리고 휘둘려서 나온다. 이것은 좌우익이 똑같다. 그러나 문학이 굴레를 쓴다면 문학의 생명은 없어지는 것이다. 하물며 제 손으로 만든 굴레에 머리를 박고 문학을 한대서야 이런 뻑뻑하고 거북하고 답답스러운 문학이 있을 리 없다. 문학은 굴레에서 해방되자는 것이다. 주객이 전도되어서는 안 된다. 어떤 이념에 갇혀서 자유를 잃은 문학은 이념의 충복일지언정 독립한 부단의 생명력을 포지抱持·발휘하기 어려울 것이요, 보편성과 아울러 특이성을 가진 순수한 예술적 가치는 찾을 수 없을 것이다.

그렇다고 시대성과 사회성을 도외시하는 고집을 가진다면 이것도 편견인 것이다. 시대와 사회에서 고립한 인생은 있을 수 없는 것은 아니나 예외다. 그리고 시대성·사회성이라는 데는 그 시간의 또는 그 작업의 정치성 내지 정치이념이 합치되거나 내재한 것으로 볼 수 있다. 그러므로 내가 이

때까지 한 말은 정치성이나 정치이념을 무시하거나 등한시한다는 말이 아님은 자명한 일이다. 물론 시대성·사회성 —— 혹은 정치성·정치이념이라는 것은 유동하고 변개變改되는 것이나, 그것은 또한 인생과 생활의 피요, 살이다. 따라서 그것은 문학에도 피가 되고 살이 된다. 다만 사회성과 시대만이 농후히 비추어야만 문학이 산다는 것은 아니다. 피와 살만이 인생과 생활에 중요한 요소요, 그 주재主宰가 되는 것이 아니라 할 따름이다. 그러나 그렇다고 하여 문학이나 예술의 보편성·특이성·순수성만이 필요하고 그 주재라 하면 사람은 영혼과 뼈만으로 살 수 있다는 논리와 마찬가지다. 이러한 편견은 배척되어야 할 것이다. 그러나 또 여기에서 잊어서 안 될 것이 있다.

'인생은 짧고 예술은 길다'는 말이다. 유동하고 변개되는 사회성·시대성·정치이념은 짧되, 예술과 문학은 길다는 것을 명기銘記하여야 할 것이다. 예술과 문학의 시간을 초월한 보편성, 특수성 내지 순수성을 높이 평가하여야 인류의 문화는 남아간다는 것이다.

지금의 문학인은 마음에 우상을 가지고 있다. 그 우상은 정치이념일 수도 있고, 영웅화한 정치인일 수도 있고, 계급의 이해관계를 대표하는 집단일 수도 있다. 그리하여 그 우상을 어떻게 선전함으로써 더욱 영험 있고 권위 있게 우상화하겠는가에 문학직 사명과 그 목직이 있는 줄 알고 그 비식鼻息(숨소리, 위세의 비유)을 엿봄에 여념이 없다. 그리하여 유행문학에 타락하고 말았고 목소리만 높은 문학을 달게 받아들이려 한다. 이 역시 좌우익이 마찬가지나 우익에 있어서는 좌익처럼 정치공작에 문학을 이용하려고도 않고 문학의 대중성이나 선전가치를 그리 요긴하게 인정치도 않건마는 자청하여서 길잡이도 나서겠다는 경향까지 보이는 것은 웬 까닭인지? 선전사상일 리 없고 엽관獵官(관직을 차지함)의 방편일 리 만무하면 봉건적 타성이랄까? 반드시 자계급自階級 옹호의 의식에서만이라고도 할 수 없다면 호의로 보아서 건국대업에 협력하는 진실된 성의(丹誠)의 충동이라 하겠으나, 문학은 마음의 우상에 바치던 제물은 아닌 것이다. 역시 독자적 권위를 보전하면서 독립적으로 행하는 데에 본령이 있고 또 그러함으로써 문학 자체를 살릴 뿐만 아니라 — 아니, 그러함으로써 문학을 살리고서야 문학을 통한 독립 쟁취와 건국에 매진하고, 정치활동에 이바지하는 협력자도 될 수 있을 것이다.

그러나 문학의 독자성이니 독립이니 하여야 문학이 초인간적 존재로 정치나 사회에서 유리되거나 속세에서 고고한 특수존재라는 것은 아니다. 어디까지든지 인생과 생활과 — 따라서 사회와 정치와 국가와 국민과 붙어 다니는 것이다. 그러면서도 특자特自니 특립特立이니 독행獨行이니 하는 것은 종국에 문학은 편향하지 않는다는 말이다. 그리고 편행偏行을 하지 않는다는 말은 반드시 중정中正을 지킨다는 뜻에 그치지 않는다. 자유무애自由無礙하다는 말이다. 그러나 자유무애는 불기분방不羈奔放(거리낌 없이 뜻대로 함)을 의미하지는 않는다. 또한 불기분방이라는 말이 데카당한 어감을 준다 할지라도 그것은 결코 방종과 동의어는 아니다. 결국 문학은 사회성, 시대성, 정치성 내지 정치이념에 구애되거나 사용되지는 않으나 이것을 무시하고 성립되는 것은 아니라는 말이다. 우리는 — 사람은, 생활에 있어 모든 불합리에 ○성하고 구속에 그 성장이 막혀 있으나, 다만 하나 예술과 문학에서 자기의 의지와 생명력을 펴는 것이다. 이것을 스스로 굴종하여 주저하는 것은 문학인의 할 일이 아니다.

사람이 가리켜 자유주의라 할 때, 자기 스스로도 이를 수긍한다. 그러나 정치이념으로나 또는 현 시점의 정치정세로 보아서 리버럴리스트로밖에 될 수 없다거나 또 그러니까 문학에 있어서도 정치이념이나 그 정세에 추종하여서는 결코 아니다. 다시 말하면 문학인으로서 정치이념에 구속을 받지 않을 뿐 아니라 문학의 자유성과 자주성을 견지하는 자기의 신념이 우연히 정치이념으로서의 리버럴리즘과 합치되는 점에서 아무 모순 없이 스스로 평안을 얻는 것이다. (1948. 6. 16)

나의 창작 여담餘談: 사실주의에 대한 일언—들[26]

근 10년이나 되는 이야기지마는 당시 신문의 월평에서 나의 창작에 대하여 어떤 작품이었던지는 잊었으나 작품으로서는 빈틈없이 짜였다 하더라도 '자, 그러니 어쨌다는 말이냐?'는 뜻의 불평을 말하여준 단평短評이 있었던 것을 기억하고 있다. 무어 귀에 거슬려서 잊지를 않고 두었다가 꺼내는 말이 아니라, 말인즉 솔직한 말이요 작가로서도 언제나 제작에 앞서 생각하는 문제로, 작품을 써나가면서도 늘 염두에 두는 주요한 뼈대가 '무엇을 쓰느냐? 무슨 말을 하려느냐?'는 데서 있기 때문이다. 또한 평자評者뿐만 아니라 깊이 파고들려는 독자라면 대개는 똑같은 의심을 가질지도 모른다.

저 위에서 말한 "작품으로서는……" 운운한 말은 그 평문의 대강의 뜻을 기억에 남은 대로 적은 것이거니와, 바꾸어 말하면 작품의 얼개와 표현에는 허술한 데가 없어도 정작 알맹이가 없다는 말인데, 알맹이와 씨와는 다를지 몰라도 빛 좋은 개살구도 씨는 있지 않은가? 알맹이고 씨고 통 없대서야 인형에 옷치장만 하여놓은 셈이라 얼이 빠졌다는 말이니 그게 될 말이냐고 작가로서는 되짚이 힝의도 함직한 일이다.

그러나 작가로서 가져야 할 사상의 색깔 ― '색깔'이라는 말이 요샛말로는 오해받기 쉽다면, 그 뚜렷한 윤곽, 또 체계는 서지 못하였더라도 생활철학은 있을 것이니 그런 따위, 통틀어 주의 주장이 엿보여야 할 터인데, 작자는 막후에 싹 숨어버리고 말았는지, 애초부터 할 말이 없어서 속빈 강정이 되었는지 작자의 말이 듣고 싶다는 뜻일 거라. 분명한 판가름을 하여주었으면 좋을 터인데, 작자로서의 의사표시가 없고, 비판이 없고, 해결을

---

26   『동아일보』1961년 4월 26~27일자(2회 분재).

짓지 않아서 무슨 말을 하고자 한 것인지 모호하고 어정쩡하다는 것이다. 그도 그럴듯하다.

좀 더 문예사조론적으로 따진다면, 평론가들은 자연주의 내지 사실주의의 작품들은 으레 이러한 특징이나 공통된 폐단(?)에 빠지는 것이라고 밀어붙이기가 실수여서, '자, 그러고 보니 작품으로서는 되었다 하더라도, 작가로는 구태의연히 자연주의 내지 사실주의에서 한 걸음 더 나간 것이 무엇이냐? 그 테 안에서 뱅뱅 도는 것이 아니냐'는 책망이기도 한 것일 거라. 이 역시 무엇인가를 모색하면서 일보전진에의 타개를 갈망하는 사람으로서 있을 수 있는 말이라 하겠다.

그러하니, 실상 문제는 간단하다. 나의 작품이 모두가 그렇다는 것은 아닌지 모르겠으나, 알맹이 없는 빈껍데기를 썼느냐는 것이 그 하나요, 자연주의나 사실주의에서 한 걸음 더 나아가기를 기다렸는데 그렇지 못해서 거기에 실망까지 한 것은 아니되, 그게 그거지 무어냐는 것이 또 그 하나이다. 그러면 그 알맹이 문제부터 따져보기로 하자.

새삼스러운 문학강의 비슷한 말 같으나 원체 자연주의 문학은 객관적 태도를 취하는 것이요 거기에는 여러 가지 필연적인 이유가 있는 것이지마는, 어쨌든 그렇기 때문에 작품의 표면이나 정면에 작자는 나서지 않기로 마련인 것이다.

즉, 작자는 막후에 숨어 있어서 자기를 쑥 빼어놓고, 따라서 주관을 섞지 않음과 동시에 비판적 태도를 버리고 있는 그대로, 본 그대로를 사생화寫生畵나 그리듯이 그려 인생보고서로 내놓으면 작가의 임무는 끝나는 것이요, 변별과 비판은 독자에게 맡기기로 된 것이다. 그러기 때문에 여기에 불만인 사람은 '자, 그러니 어쨌다는 것이냐?'라고 책망을 하게 되는 것인데, 실상은 자연주의 문학이라는 선입견을 뚝 떠나서 본다면 자연주의의 경향을 띤 작품도 결코 독자가 요구하고 알고자 하는 내면적 요소가 빠져 있거나 작자의 바탕이 드러나지 않는 것이 없다. 자연주의 작가인 경우에 아무리 의식적으로 그 틀에 맞추어 순객관성을 내려 하여도 그 작품이 진실한 문학적 가치를 가질수록 어느 구석을 들추어보나 세밀히 분석·검토하면 그 필수조건인 내면적 구성요소를 갖추고 있는 것을 발견할 것이다. 알맹이가 들어 있다는 말이다. 또 그것은 표현, 즉 내용이기 때문이다.

표현과 내용을 따로따로 구분하여 보려는 것은 표현이 서툴러서 내용이 충분히 융해·화합되지 않은 현상으로서, 그러한 경우에는 일쑤 작자가 작품의 표면에 나서서 자기의 주장을 설명하려 들고, 또 이상주의적인 경향이 농후한 때에는 어색한 설교가 되기 쉬운데, 그렇게 되면 내용과 표현이 서로 어긋나고 떨어져서 그 '내용'이란 것, 즉 알맹이만이 특별히 눈에 띄게 되고, 작품으로서의 성과를 거두지 못하는 것이다. 한 과실果實로 말하면, 그 진미眞味가 과육의 전체에 퍼져 있어서 어느 것이 진짜 알맹인지를 몰라도 한 귀퉁이를 맛보고도 그 진미를 알 수 있어서 소위 한 모서리로 전모를 짐작케 되는 것과 다름이 없다. 그러하므로 책임 있는 작가가 쓴 작품이라면, 대수롭지 않아 보이는 한마디의 대화일지라도 범연히 쓰지도 않았겠지마는, 독자로서도 무심히 읽어 넘겨서는 아니 되는 것이, 왜 그러냐 하면 그 한마디 말이 작품을 구성하여나가는 데에 저 맡은 소임을 할 뿐 아니라 그 속에도 독자가 알고자 하고 궁금해하는 알맹이의 편린이 감추어져 있으며 여기저기서 작자의 모습이 엿보이기 때문이다. (1961. 4. 26)

결국에 작품 전체에 퍼져서 서로 관련을 맺고 있는 이 분산된 작자의 의도와 정신을 모아놓으면 그것이 곧 알맹이요, 씨요, 또 동시에 작자 자신의 전모이기도 한 것이다.

그렇다면, 작자는 막후에 숨어 자취를 감춘다 하고, 주관은 버려야 하며, 판별과 판단과 비평 — 쉽게 말하면 시비선악是非善惡을 가리는 데는 손을 떼고 냉연히 관망만 한다는 소위 자연주의적 태도와는 큰 모순이 있지 않으냐고 할 터인데, 그러므로 나는 순객관주의라는 것은 있을 수 없다는 것이다.

'있는 대로, 본 대로'라고 하지마는, 아무래도 감정이 있고 시비를 가리는 이념이 있는 산 사람의 주관이나 이념을 거치고 그 체(篩)에서 걸러 나오는 것이고 보니, 작자 자신도 모르는 사이에 카메라에 비친 듯이 자기의 영상이 나타나 있고 또 작자의 이념은 뒤에서, 밑바탕에서 키질(操舵)을 하여주는 것이라고 보는 것이 온당할 것 같다. 이와 같이 주관을 걸러 나온 주관적인 제작 태도는 비단 자연주의 문학에서만 아니라, 일층 과학적이요 현실적이기를 요구하는 앞으로의 문학에서 더욱 그러하겠거니와, 주관의 혼입混入을 용인하는 비순수 객관주의를 '인상자연주의印象自然主義'라고 구분하여 부르기도 하였던 모양인데, 따지고 보면 소위 '이즘'이라는 것은 우리에게는 아랑곳이 없는 것이다. 나의 경우로 보면 자존심으로나 고집으로나 자기 유流대로 써왔을 뿐이지 자연주의니 인상자연주의니 하는 목표가 있었다든지 틀이 있었던 것도 아니요, 그러한 틀에 맞추어서 작품을 써야 할 의무도 없으려니와 그런 어리석은 짓은 생각하여본 일조차 없었다.

나 보기에는 '자연주의'라는 것은 문학이 근대에서 현대로 넘어오는 데에 겪어야 할 면역성 있는 홍역 같아서, 나도 그 영향을 받고 그 고비를 넘겼지마는 내가 생각하여도 실제의 작품에 나타난 것으로 '자연주의적'이라는 것은 우연한 일치일 것이다. 성격이라든지, 사회환경이나 민족적 처지가 더욱이 자연주의 문학의 색채를 띠게 하였는지도 모르겠다.

또 '무해결無解決'이라는 것, 즉 결론을 내리지 않거나 해결을 짓지 않는다는 것은 과학적이요 따라서 객관적이어야 할 자연주의 문학의 태도로서는 당연한 것인데, 나는 언제나 무해결을 노리기보다도 좁은 주관으로라도 어디까지나 자기 유의 해결을 짓고자 애를 써왔었다. 기실은 해박한 지식과 풍부한 경험과 심각한 사색이나 각오도 없이 좁은 자기의 주관의 일단을 내세워서 섣불리 어떤 결론을 짓는다는 것보다는, 차라리 자유롭게 독자의 판단에 맡긴다는 것이 옳고 너그러운 태도일지 모른다. 순수한 자연주의 작가들도 독단에 흐를까 보아서 '무해결'에 그쳤으나, 그 '독단'이란 비과학적일 것을 두려워하는 과학만능주의의 태도일 따름이요, 내가 '무해결도 무방하였다'는 말은 순전히 겸허한 도의적 견해이다. 그러나 누구나 좁고 작은 자기를 주장하고 나타내려는 본능이나 자긍으로인지는 몰라도 하여간 해결은 짓고자 하였었고, 독단을 두려워하면서도 결론의 힌트라도 주려고 애써왔던 것이다.

다음에 '진일보進一步'라는 점에 이르러서는 객관주의·사실주의에서 더 나간 자취는 나의 작품에서 찾아볼 수 없을 것이요, 자연주의를 떠나서 사실주의에 충실하여왔다 하더라도 그것이 뚜렷한 진일보는 못 되는 것을 자기도 잘 안다. 그러나 나는 자연주의적 제약을 무시하면서도 그 테 안에서 돌던 자기의 작품을 끌어내서 '사실주의'라는 자유로운 경지에 놓았다고 생각하는 것인데, 이것은 자연주의로부터의 해방이라고 할까? 대개는 '자연주의, 즉 사실주의'라고 혼동하거나 서로 그다지 멀지 않은 것으로 보아 넘기는 모양이지마는, 양자는 한 뿌리에서 난 두개의 가지라 하더라도 분명히 구별되어야 할 것이다. 우리는 자연주의는 버려도 사실주의는 버려서는 안 되기 때문이다. 그렇다고 자연주의에서 한 걸음 나서면 반드시 사실주의에 봉착한다는 뜻은 아니다. 또 문예사상의 발전상 반드시 거쳐야 할 한 딘게라고 주장하는 것도 아니다. '봉착'이고 '발전적 단계'이고를 따질 것 없이, 오직 지금 산문문학이 가진 가장 보편적 형태요 자유로운 표현형식이라고 나는 본다.

현실적·과학적·객관적이어야 할 주요 요건으로 보면 자연주의의 분신分身이라 하겠으나, 자연주의에서 그 단점이요 병통인 과학만능의 기계주의를 비롯하여 극단의 객관 태도, 무해결, 또는 지금 와서는 아주 예사가 되고 웃음거리나 되는 현실 폭로라든지 성욕 묘사 같은 진부한 것은 떼어놓고서, 쓸 만한 것을 추려가지고 나선 것이 사실주의라는 것이다.

그러므로 앞으로의 창작이 시문학에 접근하게 될 때가 온다든지, 상징이나 은어隱語[27] 같은 수단으로 표현할 수 있고 또 그것을 일반사람이 이해할 수 있는 아주 최고도의 문화를 가진 그러한 시대가 온다손 치더라도, 이 사실주의만은 내버릴 수 없고 더욱더욱 세련되어서 신시대·신감각에 알맞아나가야 할 것이라고 본다. 또한 앞으로 어떠한 새로운 문예사상을 지닌 새로운 수법일지라도 이 품 안에 들 것이다.

한번은 이야기하여둘 필요가 있겠기로, 초보적 창작론 같으나 쓴 것이다. (1961. 4. 27)

---

27 '특정 부류들끼리 쓰는 말'이라는 사전적 의미가 아니라 글자 그대로 '숨은 뜻이 있는 말'이라는 의미, 즉 비유를 가리키는 듯.

부록

자서自序[1]

문학을 떠난 지 이미 사오년, 늘 생각하는 바이지마는 자기가 문인이거나 문단인이라는 것을 의심합니다. 남이 아직도 문인이라고 인정해준다면 그것은 마치 중경重卿(높은 벼슬) 직함을 택호宅號(집 이름)로 혹은 경칭으로 불러주는 것 같을 뿐입니다. 어떻게 생각하면 섭섭한 일이나, 일편으로는 그닥지도 않습니다. 그러므로 시난날에 괴등되등 쓴 작품을 들치어서 세 일선에 서신 중견작가의 열에 끼운다는 것은 진정히 문학적 가치를 자허自許(스스로 인정함)하기 때문이라기보다도 과거에 대한 애착이거나 단순한 욕기慾氣의 소치라고 생각합니다.

이 『이심二心』으로 말하여도 자기의 머릿속에서 이미 곰팡이 난 것 같으니 이것이 제일선에서 활동하시는 여러분의 생신生新한 최근 작품과 어울릴 것인가 의문이요, 더욱이 현재의 자기가 가진 문학에 대한, 인생에 대

---

1   염상섭 『이심(二心)』, 박문서관 1939의 서문으로 수록된 글.

한, 사회에 대한, 모든 생각과 얼만한 상거相距가 있을지 알 수 없습니다. 혹은 자기 자신이 10년 전 이것을 쓸 때에서 한 걸음도 더 나가지 못하였다는 점으로 지금의 자기를 표현한 것이나 다름없을지도 모르나 십년이라는 시간적 거리가 이 작품에 대한 작자 자신의 감격이나 애착을 희박하게 한 것만은 사실이요, 그러하므로 불안을 느끼지 않을 수 없다는 것입니다.

그러나 이 구작舊作이 아직도 독자에게 얼마라도 흥미를 줄 요소를 가지고 있다면 작자 자신에게도 잠자던 문학적 감흥을 깨어줄지도 모를 것이니 이 점으로 기대하는 바도 있고 출판자에게 감사를 드리는 것이다.

소화昭和 기묘己卯 1월 12일
신경新京(중국 지린성 창춘)에서 저자 지識

서序[2]

문학을 사랑하고 소설을 즐겨하던 한 독서가가 거리를 지나가다가도 땅에 떨어진 신문지쪽이든 헌 책장 찢어진 것이든 간에 주워보아 그것이 소설이면 아무리 바빠도 반드시 길가에 서서 읽어보더라는 말을 어느 선배에게서 들은 일이 있다. 이것은 좀 지나친 기행奇行일지 모르지마는 글을 좋아하고 아끼는 마음가짐에 있어 본받을 만한 일이기도 하다.

해방 후, 더욱이 전란을 겪고 나서 국보와 명승고적은 말할 것도 없고 향토의 조그만 유물·유적이라도 아끼고 거두어 산일(散逸, 흩어짐)과 훼손을 막아야겠다는 소리가 높아진 것은 염려하는 중에도 반가운 소식이거니와, 문헌·전적典籍에 있어 전화戰禍로 말미암은 산일이 적지 않을 것도 섭

---

2   『한국단편문학전집』(전3권), 백수사(白水社) 1958의 서문으로 수록되었으며 1965년의 증
      보판에도 '초판 서문'이라는 제목으로 백철의 서문과 함께 실림.

게 짐작할 수 있는 바요 또는 대수롭지 않게 여겨 휴지로 없애버리는 한편, 출판사정의 군핍窘乏으로 인하여 절판인 채 자취를 찾아볼 수 없게 된 저서도 수를 헤아릴 수 없을 것이다.

그 가운데에도 우리의 현대문학 작품에 이르러서는 각 작가의 개별적으로나 전 문단의 총량으로나 그리 많지 못한 것인데, 그나마 이것을 업신여기고 허술히 다루는 폐단으로 보아서 그 피해가 한층 더하지나 않을까 싶기도 하다. 그러나 아무리 업신여기고 허술히 보더라도 앞날을 위하여서는 추려서 남길 것은 남겨두어야 하겠음이 저작한 사람 개인의 문제거나 욕심만으로가 아니라 우리의 문화·문학의 총체 또는 그 장래의 발전을 위하여 소중히 고려되어야 할 문제인 것이다.

여기에 간행하는 단편소설 전집 3권의 내용과 그 문학적 위치와 가치에 대하여는 강호江湖의 동호同好하는 여러 선비와 독자의 판단에 맡길 바이거니와, 그 목차와 제목만 일견하여도 이 전집 간행회의 의도를 짐작할 수 있으리라고 믿는다. 우선 작가별로 보면 대개가 그 초기작이거나 대표작으로 지목되는 작품을 수록하였으며 산일과 절판으로 말미암아 구하여 얻기 어려운 우수한 작품을 중심 삼은 그 뜻을 짐작할 수 있다. 이 점으로만도 이번 이 전집을 발행한 이명봉李明鳳 형의 착안着眼과 문학을 애호하고 두호斗護(두둔함)하는 그 정성에 경의를 표하여아 하겠거니와, 우리의 현대문학에 관심이 있는 사람이나 앞으로 문학을 전공하는 학도로서는 반드시 한번은 들추어 보아야 할 호개好箇(알맞음)의 간편한 전집이라 하겠다.

그러나 만일 작가를 망라함에 있어 또는 한 작가에 있어서도 산일되기 쉬운 우수한 작품을 수집함에 혹여 소루疏漏(빠트림)한 점이 있었다면 이것은 사계斯界(이 분야에 계신 분들)의 질정叱正을 기다려 앞으로 증보增補될 것이라고 믿는다.

1958년 5월 10일 염상섭 지識

나혜석 연보*

*이상경 편집교열 『나혜석 전집』(2000) 및 서정자 엮음 『원본 나혜석 전집』(2013)의 연보를 기초로 몇몇 사실을 보완한 것임.

연도	나혜석	국내외 주요 사건
1896년 (고종 33년)	* 4월 28일, 나기정(羅基貞, 1863~1915)과 최시의 (崔是義)의 5남매 중 넷째이자 2녀로 출생. 언니 계석(桂錫)은 일찍 시집을 가고 큰오빠 홍석(弘錫)은 큰집의 양자로 가서 둘째오빠 경석(景錫), 여동생 지석과 함께 성장. 부친은 경기관찰부 주사(1900년)를 시작으로 시흥군수, 용인군수를 지냄. 혜석의 초명은 '아기(兒只)', 진명여학교 입학 시 명순(明順)으로 고쳤다가 졸업하면서 혜석(蕙錫)으로 개명. 본적은 수원군 수원면 신풍리 291번지(현 장안구 신풍동 45번지 일대).	* 2월, 아관파천. * 4월, 『독립신문』 창간. * 7월, 독립협회 창립.
1906년 (고종 43년)	* 수원 삼일여학당(현 매향여자정보고등학교, 미국 북감리교 선교사 메리 스크랜턴에 의해 1902년 '삼일소학당'으로 개교, 1906년 남녀 학당 분리)에 동생 지석과 함께 입학. 이때부터 교회에 나감. (11세)	* 2월, 일제 통감부 설치.
1910년 (순종 3년)	* 9월 1일, 순헌황귀비가 1906년 후원한 서울 진명여학교 입학. 동생 지석과 기숙사 생활.	* 8월, 한일병탄조약으로 국권 피탈. 조선총독부 설치.
1913년	* 3월 28일, 진명여자고등보통학교(1912년 인가)를 최우등으로 졸업. 4월 15일, 작은오빠 경석의 권고로 일본 유학. 토오쿄오 사립여자미술학교 서양화부 선과 보통과 1학년(4년 과정)에 입학.	* 2월, 일본 1차 호헌운동으로 가쓰라 내각이 총사직함으로써 이후 '다이쇼오(大正) 데모크라시'라 불리는 사회문화적 자유화 분위기가 형성됨.
1914년	* 토오쿄오 조선인 유학생 잡지 『학지광』 3호에 최초의 글 「이상적 부인」을 발표. 게이오대 재학 중인 소월 최승구와 연인 관계.	* 4월, 토오쿄오 유학생학우회 기관지 『학지광』 창간. * 6월, 사라예보사건으로 1차대전 발발.
1915년	* 아버지의 결혼 강요로 학업을 중단하고 여주공립보통학교 교원으로 1년간 근무. * 학비를 마련해 11월 15일 복학했으나 학교에 다니지는 못함. 12월 10일 부친 사망. (20세)	

1916년	* 봄(정월 대보름 어간)에 고흥으로 가서 요양 중인 최승구를 만남. 곧이어 최승구 사망, 고흥군 남계리 오리정 공동묘지에 묻힘. * 4월 1일, 서양화 고등사범과 1학년으로 복학.	* 10월, 조선총독부 2대 총독으로 하세가와 요세미치 취임.
1917년	* 4월 1일, 사립 여자미술학교 학제 변경으로 고등사범과 3학년이 됨. 여성해방 관련 문필활동 지속하며 김우영과 교제.	* 러시아 10월혁명으로 소비에뜨 정권 수립.
1918년	* 3월, 『여자계』 2호에 단편소설 「경희」 발표. * 4월, 귀국해 모교인 진명여학교에서 교편을 잡았으나 건강 문제로 8월경 퇴직.	* 1월, 윌슨이 민족자결 원칙 등 14개조 강령 발표. * 11월, 1차대전 종전.
1919년	* 1월 21일부터 2월 7일까지 『매일신보』에 9점의 만평 연재. 나혜석의 그림으로서는 첫 등장이며 여성주의적 시각 돋보임. * 3월 2일, 이화학당 교사 박인덕, 신준려, 토오꾜오 여자의학전문학교 재학생 황애시덕, 토오꾜오여학원 재학생 김마리아 등과 3·1운동 참여방안 논의. * 3월 4일, 개성과 평양으로 가서 자금 모금과 만세운동 확산을 위해 이정자, 박충애 등을 만나 협의. 8일경 이화학당 만세시위 사건으로 체포되어 5개월간 옥고 치른 뒤 증거 불충분으로 면소되어 8월 4일 석방. 정신여학교 미술교사로 재직. * 12월, 어머니 최시의 사망.	* 1월, 고종 승하. * 3월, 3·1운동 전국으로 확산. * 4월, 상해임시정부 수립. * 6월, 베르사유 조약.
1920년	* 1월, 조선노동공제회 기관지 『공제』 창간호에 경향적 색채의 판화 〈조조(朝朝)〉 게재. * 4월 10일, 서울 정동예배당에서 김필수 목사 주례로 김우영과 결혼. 신혼여행으로 최승구의 묘를 찾아가 비를 세우고 돌아옴. 여름에 정신여학교 사직. 2개월간 공부를 위해 도일. (25세)	* 8월, 평양에서 조선물산장려회 발족.
1921년	* 3월 19~20일, 임신 9개월의 몸으로 경성일보사 내청각에서 유화 개인전 개최. 60~70여점 출품해 5천여 인파가 몰렸고 다수 작품이 고가에 팔렸으나 아쉽게도 현재까지 전해지는 작품이 없음. * 4월 29일, 첫딸 김나열(金羅悅) 출생. * 9월, 남편 김우영의 임지인 만주 안동현에 이주, 일본 외무성 부영사의 부인으로 사택에서 생활.	* 7월, 중국공산당 창당.
1922년	* 3월, 안동현에 여자야학 설립을 주도. * 6월, 조선총독부 주최의 제1회 조선미술전람회 유채수채화 분야에 출품. 〈춘(春)이 오다〉 〈농가〉가 입선. 입선 61명 가운데 조선인은 나혜석, 고희동, 정규익 3인.	* 2월, 2차 조선교육령 발표.

1923년	* 1월, 출산과 육아 경험을 진술하게 술회한 「모(母)된 감상기」를 발표해 백결생과 지상 논쟁을 펼침. * 3월, 의열단 사건(황옥 경부 사건)에 연루되어 나혜석 부부 곤욕을 치름. * 6월, 제2회 조선미술전람회에 〈봉황성의 남문〉이 4등, 〈봉황산〉이 입선. 9월, 고려미술회에 발기인으로 참가.	* 9월, 관동대지진. 나경석의 만주 이주.
1924년	* 6월, 제3회 조선미술전람회에 〈추(秋)의 정(庭)〉이 4등, 〈초하의 오전〉이 입선. 이해 말엽에 첫아들 선(宣)을 낳음.	
1925년	* 5월, 제4회 조선미술전람회에 〈낭랑묘〉가 3등 입상. (30세)	* 3월, 임시정부에서 이승만 탄핵. * 4월, 조선공산당 창당. 일제 치안유지법 제정. * 7~9월, 을축대홍수.
1926년	* 여성주의 문필 활동 지속하는 가운데 제5회 조선미술전람회에 출품한 〈천후궁(天后宮)〉이 특선, 〈지나정(支那町)〉이 입선.	* 4월, 순종 승하. * 6월, 6·10만세운동.
1927년	* 3월, 만주 안동현 살림을 정리하고 귀국하여 동래 시집에서 세계일주 준비. * 6월 19일 오전 11시, 부산진을 출발하여 봉천행 기차로 유럽 여행길에 오름. 대구, 수원, 서울, 곽산, 남시, 봉천, 장춘, 하얼빈을 거쳐 시베리아 횡단열차 탑승. 모스크바 관광 후 부산을 떠난 지 한 달 만인 7월 19일 프랑스 파리 도착. * 7월 27일, 스위스에 가서 군축회의 총회 방청, 영친왕 알현. 8월 14일, 파리로 귀환. 8월 24일, 벨기에와 네덜란드를 관광. 헤이그에서 이준 열사의 묘를 찾아보려 했으나 찾지 못함. 파리로 돌아와 야수파 화가인 비시에르의 화실에 다니며 그림 공부. * 10월, 한국 유학생 주최 환영회에서 천도교 도령 최린을 처음 만남. * 11월 11일, 세계약소민족회의 부회장 살레의 집을 최린과 방문. 나혜석은 3개월간 이 집에 하숙하며 미술공부. 이 시기에 최린과 자주 만났고 12월 20일 남편이 법률 공부 차 체류하던 베를린으로 감.	* 2월, 민족협동전선 신간회 창립. * 5월, 신간회 자매단체인 여성단체 근우회 창립.

1928년	• 베를린에서 새해를 맞고 4일, 파리로 돌아옴. 최린은 1월 10일, 파리를 떠나 귀국. • 3월, 김우영과 이탈리아 여행. • 7월, 영국행. 영국에서 여성참정권운동에 참가했던 여성으로부터 영어 교습. • 8월 15일, 파리로 돌아왔다 스페인을 여행하고 9월 17일, 미국행. 장덕수, 윤홍섭, 김마리아와 조우. 필라델피아에서 서재필을 만남. • 12월 말, 뉴욕의 재미 조선인 송년회에서 김우영이 친일파로 몰려 피습.	• 2월, 김마리아 등 미주 한인여학생 중심으로 근화회를 조직해 독립운동 후원. • 12월, 코민테른이 조선공산당의 승인을 취소.
1929년	• 나이아가라폭포, 시카고, 그랜드캐넌, 로스앤젤레스, 요세미티, 마리포사 대삼림을 거쳐 2월 14일 샌프란시스코에서 배로 귀국길에 오름.	• 10월, 뉴욕증권거래소 대폭락으로 세계대공황 촉발. • 11월, 광주학생운동.
1930년	• 최린과의 불륜 사실이 사교계에 퍼져나가면서 나혜석과 김우영의 관계가 악화됨. • 6월, 제9회 조선미술전람회에 〈아이들〉과 파리 풍경을 담은 〈화가촌〉이 입선. 문필활동 지속하는 가운데 11월, 김우영과 이혼. (35세)	
1931년	• 가족과 집을 잃고 떠도는 삶이 시작됨. • 5월, 제10회 조선미술전람회에 〈정원〉이 특선, 〈작약〉과 〈나부〉가 입선. 여름 한달간 금강산에 머물며 그림 작업. • 10월, 일본에서 제12회 제국미술원전람회에 〈금강산 만선암〉과 〈정원〉을 출품, 〈정원〉 입선.	• 5월, 신간회 해소. • 7월, 중국 만보산 사건. • 9월, 만주사변 발발.
1932년	• 4월, 일본에서 돌아와 김시 중잉보육원에서 미술교사로 근무. • 6월, 제11회 조선미술전람회에 〈소녀〉 〈금강산 만상정〉 〈창가에서〉가 무감사 입선. • 여름, 금강산 해금강에서 제13회 제국미술원 전람회 출품작을 준비하던 중 화재로 작품을 10여 점밖에 건지지 못함. 이때의 충격으로 병을 얻음.	• 2월, 민주국 긴고. • 4월, 윤봉길 의사 의거.
1933년	• 2월 4일, 서울 종로구 수송동 146의 15호에 '여자미술학사' 개소. 수진증이 생겨 왼팔이 부자유하면서도 미술 개인지도와 개인작업 병행. • 12월, 자전적 장편소설 『김명애』를 써서 이광수에게 보였으나 발표되지 못했고 한국전쟁 중 일실된 것으로 알려짐.	• 3월, 일제의 국제연맹 탈퇴. • 10월, 조선어학회 한글맞춤법 통일안 제정.

1934년	* 8~9월, 김우영을 만나 연애, 결혼, 이혼에 이르기까지 10여년을 솔직하게 회고하고 여성에게만 희생을 강요하는 제도, 인습을 비판한 「이혼고백장」 발표. * 9월 19일, 변호사 소완규를 통해 최린을 상대로 정조유린에 대한 위자료 1만 2,000원을 청구하는 소송을 제기함. 후에 나혜석은 소를 취하하는 조건으로 최린에게 수천원을 받았다고 함.	
1935년	* 2월경, 수원 서호 근처에 집을 마련하고 요양. * 8월 24~25일, 예산공회당 2층에서 조선중앙일보 예산지국 주최로 '나혜석여사 개인미술전람' 개최. * 10월 24일, 서울 충무로의 조선관 전시장에서 〈소품전〉 개최. (40세)	* 5월, 카프 해체. * 7월, 한독당, 조선혁명당, 의열단, 신한민족당, 대한독립당이 통합하여 민족혁명당 결성.
1937년	* 김일엽에 따르면, 이해 시어머니의 부음을 듣고 동래로 달려갔으나 김우영의 완강한 거부로 상청에서 쫓겨나는 수모를 당함. * 이해 말, 김일엽을 찾아 수덕사 견성암으로 갔으나 출가를 하지는 않음.	* 7월, 중일전쟁 발발. * 9월, 중국 2차 국공합작. * 10월, 황국신민서사 제정. 전국 시행. * 12월, 난징대학살(~1938년 2월).
1939년	* 수덕여관에 머무르고 있는 나혜석에게 청년화가 고암 이응노가 찾아와 교분을 나눔. (44세)	* 8월, 독소 불가침조약 체결. * 9월, 2차대전 발발.
1944년	* 수덕사를 떠난 나혜석은 아이들이 있는 서울에 자주 나타남. * 10월 21일, 올케의 주선으로 서울 인왕산 청운양로원에 맡겨짐.	* 6월, 노르망디 상륙작전. * 9월, 여운형 건국동맹 조직.
1947년	* 화가 박인경이 이화여대에서 미술을 공부하던 당시, 안양의 경성보육원에서 나혜석을 만남.	* 5월, 2차 미소공동위원회 개최.
1948년	* 12월, 후암동 박화성의 집으로 나혜석이 찾아옴. * 관보에 따르면 12월 10일, 원효로 시립 자제원에서 별세. 향년 53세.	* 4월, 제주 4·3사건 발생. 통일정부 수립을 위한 1차 남북연석회의 개최. * 8월, 대한민국정부 수립. * 9월, 반민특위 결성. 이듬해 김우영, 최린 등 검거. * 10월, 여순사건 발생.

염상섭 연보*

*김윤식 『염상섭 연구』, 서울대학교출판부 1987의 연보를 기초로 첨삭 및 일부 사실을 보완한 것임.

연도	염상섭	국내외 주요 사건
1897년 (고종 34년)	*8월 30일, 서울 종로구 필운동 야조현 고가나무골에서 당시 전주부 참서관을 지내던 염규환(廉圭桓)과 경주김씨의 8남매 중 넷째로 출생. 본명 상섭(尙燮), 필명 상섭(想涉), 제월(霽月), 횡보(橫步).	*10월, 고종의 황제 즉위. 국호를 대한제국으로 개칭.
1904년 (고종 41년)	*1906년까지 조부 염인식(廉仁湜)에게 한문 수학.	*2월, 러일전쟁 발발.
1907년 (고종 44년)	*9월, 관립사범보통학교에 입학. (11세)	*7월, 대한제국군대 해산.
1909년 (순종 2년)	* 관립사범에서 조선 역사를 가르치지 않고, 이또오 히로부미가 오는 날에 전체 학생을 참가시키고 황제의 거행 시에는 반 대표만 보낸 데에 항의하여 3학년 겨울에 자퇴. 천도교가 세운 보성소학교로 전학.	*1910년 8월, 한일병탄조약.
1911년	*최린(崔麟)이 교장으로 갓 부임한 보성중학에 입학.	*10월, 중국 신해혁명.
1912년	*보성중학 2학년 1학기를 마치고 9월 12일 일본 유학길에 오름. 일본육사 생도였던 맏형 염창섭(廉昌燮)과 둘째형 염명섭(廉明燮)이 이미 유학 중이었음. (16세)	*1월, 중화민국정부 수립.
1913년	*일본 토오꾜오 마포(麻布, 아자부)중학 2학년 편입.	
1914년	* 장학금을 목표로 토오꾜오 성학원(聖學院, 세이카쿠인)중학 3학년에 편입. 찬양대의 일원으로 침례교 세례. * 염창섭, 일본육사 보병과 26기로 졸업하고 쿄오또 주둔 16사단 38보병연대에 배속.	* 4월, 토오꾜오 유학생학우회 기관지 『학지광』 창간. *7월, 1차대전 발발.
1915년	*쿄오또부립제2중학교로 전학. (19세)	
1917년	*토오꾜오 여자미술학교에 다니던 나혜석과 교유.	*러시아혁명
1918년	*쿄오또부립제2중학교 졸업. 게이오대 문과 예과 입학. 1학기 마치고 병으로 자퇴.	*6월, 토지조사사업 완료. *11월, 1차대전 종식.

1919년	* 『삼광(三光)』 동인. 오오사까에서 3·1운동 소식을 듣고 천왕사(天王寺, 텐노오지)공원에서 거사를 도모했다가 3월 18일 피검되어 금고 10월에 처해 졌으나 6월 6일, 2심에서 무죄 방면됨. * 11월, 요꼬하마 복음(福音)인쇄소 직공이 됨. 이 해에 야나기 무네요시(柳宗悅)를 만남.	* 2·8독립선언 및 3·1운동 전 국 확산. * 4월, 상해임시정부 수립. * 5월, 중국 5·4운동.
1920년	* 1~2월, 『동아일보』 창간 정경부 기자로 입사. * 2~4월, 남궁벽, 황석우, 김찬영, 김억, 오상순, 민 태원 등과 『폐허』 동인을 결성. * 5월, 야나기 무네요시의 부인인 소프라노 야나기 가네꼬(柳兼子)의 독창회를 주선하고 사회를 맡음. * 9월, 염창섭이 교감으로 있던 오산학교의 교사가 됨.	* 3월 5일, 『조선일보』 창간. * 4월 1일, 『동아일보』 창간. * 6월 25일, 『개벽』 창간.
1921년	* 7월, 오산학교 사직. * 8~10월, 「표본실의 청개고리」 연재. * 9월, 최남선이 주재한 잡지 『동명』 학예면 기자가 됨.	* 7월, 중국공산당 창립.
1922년	* 7~9월, 『신생활』에 「묘지」(이후 『만세전』으로 개 제)를 연재. (26세)	* 1월, 『백조』 창간.
1924년	* 2월, 『폐허이후』 간행. * 3월, 『시대일보』 사회부장이 됨(사회부에 현진건, 나도향 재직). * 7월, 중편 『해바라기』 출간. * 8월, 중편 『만세전』과 단편집 『견우화(牽牛花)』 출간. * 9월, 보천교 자금 개입 논란을 계기로 『시대일보』 사직.	* 1월, 중국 1차 국공합작.
1926년	* 1월, 2차 도일. 일본 문단 진출을 꾀하며 창작에 전념. 나도향, 이은상 등과 하숙. (30세)	* 6·10만세운동.
1927년	* 봄에 토오꾜오 시내로 들어와 양주동과 1년 남짓 하숙생활. * 8월, 『동아일보』에 장편 『사랑과 죄』 연재.	* 2월, 신간회 창립. * 5월, 근우회 창립.
1928년	* 1월, 『매일신보』에 장편 『이심(二心)』 연재. * 2월, 귀국함.	
1929년	* 5월 23일, 숙명여고 농구선수 출신의 김영옥(金英 玉)과 결혼. * 9월, 사장인 민세 안재홍과 편집국장 한기악의 주 선으로 『조선일보』 학예부장으로 입사.	* 10월, 세계대공황이 시작됨. * 11월, 광주학생운동.

연도		
1931년	• 1월, 『조선일보』에 장편 『삼대』 연재. • 6월, 조선일보사 사직. 이해에 장남 재용(在瑢) 출생. • 11월, 『매일신보』에 장편 『무화과』 연재. (35세)	• 5월, 신간회 해체. • 9월, 만주사변 발발.
1932년	• 11월, 『조선중앙일보』에 장편 『백구(白鷗)』 연재.	• 3월, 만주국 건국.
1934년	• 2월, 『매일신보』에 장편 『모란꽃 필 때』 연재.	• 10월, 중공군 대장정 개시.
1935년	• 매일신보사 입사. 양백화, 김팔봉 등과 함께 근무.	• 5월, 카프 해체.
1936년	• 『매일신보』 정치부장. • 3월, 매일신보사 사직하고 창작생활 중단을 조건으로 『만선일보』 편집국장이 되어 만주 신경으로 이주함. (40세)	• 7월, 스페인내전 발발. • 12월, 조선사상범 보호관찰령 공포.
1937년	• 4월, 일시 귀국하여 가족을 데리고 감.	• 7월, 중일전쟁 발발. • 9월, 중국 2차 국공합작.
1938년	• 7월, 모친 사망. 같은 해 둘째형 염명섭 사망.	
1939년	• 6월, 부친 염규환 사망. • 9월, 만선일보사를 사직하고 안동(安東)의 대동항건설주식회사 홍보담당으로 이직. 경제적으로 유복하게 생활했다고 전함. (43세)	• 9월, 2차대전 발발.
1941년	• 재만조선인 창작집 『싹트는 대지』의 서문 집필.	• 12월 8일, 진주만 공습.
1943년	• 안수길 창작집 『북원(北原)』의 서문 집필.	• 3월 1일, 징병제 공포. • 10월 20일, 학병제 실시. • 11월 27일, 카이로선언.
1945년	• 안동에서 8·15해방을 맞음. 조선인 거류민단을 조식하여 부회장에 피선. • 10월, 신의주에 도착해 11월 신의주학생사건 직접 체험.	• 9월 7일, 남한 미군정 실시. • 12월 27일, 모스크바 3상회의 개최.
1946년	• 6월 중순, 가족과 함께 3·8선을 넘어 서울 돈암동에 안착. • 10월, 『경향신문』 창간 편집국장이 됨(당시 주필은 시인 정지용). (50세)	
1947년	• 7월, 경향신문사 사직.	• 7월 10일, 2차 미소공동위원회 결렬. • 7월 19일, 몽양 여운형 피살.
1948년	• 10월, 『만세전』을 개작하여 수선사에서 출간. • 11월, 『삼대』 상·하 권을 을유문화사에서 출간.	• 8월 15일, 대한민국정부 수립.

1949년	• 2월, 단편집 『해방의 아들』을 금룡도서에서 출간.	• 6월 29일, 백범 김구 피살. • 10월 1일, 중화인민공화국 수립.
1950년	• 6·25 발발 후 피난을 못 가고 9·28수복 때까지 숨어 지냄. • 12월, 이무영, 윤백남과 함께 해군에 입대.	• 9월 15일, 인천상륙작전. • 10월 25일, 중공군 한국전쟁 개입.
1951년	• 3월, 소령으로 임관해 해군본부 정훈감실에서 편집과장으로 근무. 이선구, 안수길이 문관으로 함께 근무함. (55세)	• 1·4후퇴.
1952년	• 7월, 『조선일보』에 장편 『취우』 연재.	
1953년	• 8월 15일, 서울 환도 후 해군본부 서울분실 정훈실장으로 근무. 해군 중령으로 제대.	• 7월 27일, 휴전협정 조인.
1954년	• 『취우』로 서울시문화상 수상. • 서라벌예술대학 학장에 취임.	• 11월, 사사오입 개헌 사건.
1956년	• 3월, 자유문학상 수상. (60세)	• 10월, 헝가리혁명.
1957년	• 7월 17일, 예술원 공로상 수상.	• 10월, 소련 인공위성 스뿌뜨니끄 1호 발사 성공.
1959년	• 상도동 52번지로 이사.	• 10월, 쿠바혁명.
1960년	• 9월, 단편집 『일대의 유업』을 을유문화사에서 발간.	• 4월, 4·19혁명.
1961년	• 11월, 삼양동 784-13호로 이사. • 윤형중 신부와 김돌로로사 수녀의 인도로 카톨릭 입교. (65세)	• 5월, 5·16군사반란.
1962년	• 4월, 성북동 145-52호로 이사. • 8월, 대한민국 문화훈장 서훈(대통령장).	
1963년	• 3월 14일, 오전 9시 직장암으로 성북동 자택에서 별세. 향년 67세. • 3월 18일, 오전 10시 명동성당에서 문단장. 방학동 천주교 묘지 안장.	• 12월, 제3공화국 출범.

찾아보기